国家社科重大项目（11&ZD042）资助

我国西部林业生态建设政策评价与体系完善研究

宋维明　薛永基　温亚利　等　著

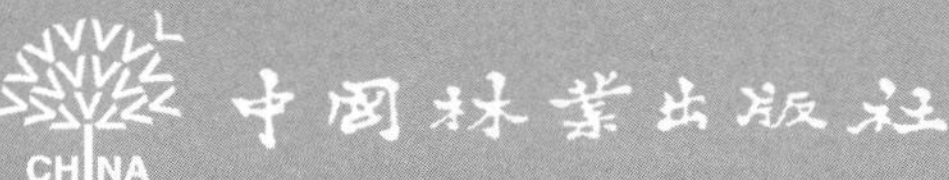

中国林业出版社

图书在版编目（CIP）数据

我国西部林业生态建设政策评价与体系完善研究 / 宋维明等著 .
—北京：中国林业出版社，2018.5
ISBN 978-7-5038-9545-6

Ⅰ. ①我… Ⅱ. ①宋… Ⅲ. ①林业 – 生态环境建设 – 林业政策 – 研究 – 西北地区②林业 – 生态环境建设 – 林业政策 – 研究 – 西南地区 Ⅳ . ①F326.20

中国版本图书馆 CIP 数据核字（2018）第 082713 号

出 版 中国林业出版社（100009 北京西城区刘海胡同 7 号）
网 址 http://lycb.forestry.gov.cn/
E-mail 36132881@qq.com 电 话 010-83143545
发 行 中国林业出版社
印 刷 北京中科印刷有限公司
版 次 2018 年 5 月第 1 版
印 次 2018 年 5 月第 1 次
开 本 787mm × 1092mm 1/16
印 张 15
字 数 365 千字
定 价 60.00 元

前 言

西部地区是我国生物多样性资源最丰富的地区，是我国主要江河的重要源头和流经地区，是生态环境最脆弱的地区，是民族分布最为聚集的地区，是经济欠发达的落后地区，也是国际广泛关注的热点地区。加强生态建设在西部大开发中具有重要的战略意义，林业在生态建设中具有鲜明的主体作用，林业生态建设是西部大开发中最根本、最基础、最长期的基本建设。

基于以上认识，本研究立足于我国西部生态建设的10年实践，以林业生态建设为切入点，科学分析我国西部林业生态建设政策的结构，对我国西部生态建设政策实施效果和政策体系的协调性进行评价，进而归纳出我国西部林业生态建设政策上存在的问题，剖析政策实施及其效果产生的成因，继而对我国西部林业生态建设政策体系进行完善，并运用仿真方法和框架对政策体系进行动态模拟与效果预测，实现对该领域较为系统的研究。

本研究梳理了西部地区生态经济的特点，分析了林业生态建设政策背景及演进，对林业生态建设理论进行了国际比较，剖析了西部林业生态建设区域模式，评价了西部林业生态建设政策综合影响和政府协调性问题，在建立西部林业生态建设政策演进博弈模型的基础上，对西部林业生态建设政策系统分析与动态模拟，提出了林业生态政策创新与政府职能转型。在研究中，重点攻克了西部林业生态建设10年的效果评价问题，剖析了近年来政府政策在林业生态建设中的协调性问题。同时，本研究从系统论角度，对林业生态建设政策体系及功能进行构建，通过系统运行动态模拟等，揭示了中国西部林业生态建设的机理，提出了林业生态政策创新与政府职能转型的建议。

本研究的主要工作和内容有：

（1）**总结和剖析了生态建设理论与政策演进**。本研究总结分析了生态建设理论与国际实践，对天然林资源保护工程、退耕还林工程、三北及长江流域重点防护林体系建设工程等林业重点工程的政策演进进行了剖析，指明了林业生态政策演进的动因和趋势。本研究从中央政府、基层政府和农户三个层面建立了规制模型，并构建相应的激励机制模型。

（2）**分析了西部林业生态建设政策的区域与模式**。本研究根据各生态区的林业生态建设目标和政策实施状况的分析，在主成分分析和因子分析的基础上对各生态区建设模式和重点实施的政策进行总结。

（3）评价了西部林业生态建设政策综合影响，以及政策的协调性。本研究基于社会经济、林业资源和生态环境三个维度，对西部林业生态建设政策的实施效果做了综合评价。评价得出，西部林业生态建设取得积极成效，林业生态效益、经济效益、社会效益、能力建设稳步提高。从林业生态政策的协调性看，西部地区林业生态政策与耕地粮食问题、水利建设、草原畜牧建设、环境保护和基础设施建设等西部开发其他政策总体上具有较高的协调关系，但林业生态政策与草原畜牧建设以及基础设施建设等政策还存在一定冲突。研究表明，西部地区林业生态建体现出经济、社会、生态可持续发展的特点。

（4）建立了西部林业生态建设政策系统分析仿真模型。结合西部地区林业生态建设问卷数据，界定了仿真模型的相关参数，并对参数的拟合进行了检验。在模型构建的基础上，结合甘肃省林业生态建设问卷数据，本研究仿真了林业生态建设的趋势，并就指标优化问题进行了探讨。

（5）提出了西部林业生态政策创新及职能转变。本研究界定了西部林业生态政策创新及政府职能转变的原则，指出了西部林业生态政策管理创新的内容，提出了林业管理部门政府职能转变的思路。

除以上内容外，课题组围绕西部生态建设这一主题，根据国家发展需要，展开了如下探索：

（1）探索社会经济快速发展对西部林业生态政策绩效的影响及变革。随着西部大开发深入推进、一带一路战略具体实施，我国西部地区社会经济发展速度仍然相对较高。社会经济快速发展，使得社会经济对生态环境的压力发生分化。一些地区农村经济活动对森林资源的压力在减小，而另外一些地区为了获得更多经济收入不得不加大对森林资源的利用程度。社会经济发展对生态环境压力的空间差异，使得林业生态建设政策绩效不同：压力变小的地区，生态环境质量变好，但是并非林业生态建设政策的结果；压力变大的地区，则使得现行林业生态建设政策绩效变差。因此，有必要进一步研究社会经济快速发展对西部林业生态建设的影响，以及由此产生的西部林业生态建设政策变革。

（2）探索国家治理体系现代化对西部林业生态建设政策的影响及变革。国家治理体系现代化也是新时期我国社会发展的重要内容，其也会对西部林业生态建设政策产生影响。从行政管理体制来看，我国是单一制国家，但是，具体行政管理中，地方政府具有相对较大的自主性，而且，不同的地区具有不同的民族、文化、风俗习惯等，这些因素共同使得在不同的地方林业生态建设政策及相关政策的实施差异较大，其效果也差别较大。因此，有必要结合我国行政管理体制特点和各个地方的社会治理特征，探索社会治理视角的林业生态建设政策实施及其成效的影响因素，并进一步分析国家治理体系现代化趋势下如何提升林业生态建设政策的效果。

（3）探索生态扶贫制度政策与西部林业生态建设政策的协调融合。生态扶贫是我国补足贫困短板、全面建设小康社会的重要政策手段，包括生态移民、生态补偿、生态产业等。根据相关研究，生态补偿是受到农户欢迎的、比较有效的扶贫方式，但是补偿标准不合理，其作用有待充分发挥。为了如期实现脱贫目标，生态扶贫等扶贫政策的力度势必逐渐加大。那么，生态扶贫政策与林业生态建设政策之间的协调、协同则是需要研究的问题，二者的协同将更好地促进脱贫致富与生态建设。

本书是国家社科基金重大项目“我国西部林业生态建设政策评价与体系完善研究”

（项目编号为 11&ZD042）的研究成果。由宋维明整体设计并组织编写，薛永基、温亚利、陈建成制定写作框架并参与撰写。其中，薛永基和温亚利撰写第一章，袁畅彦撰写第二章，宋洪峰撰写第三章，周莉撰写第四章，王会撰写第五章，侯鹏撰写第六章，李华晶撰写第七章，薛永基撰写第八章，安欣撰写第九章，马宁撰写第十章，吴娟、鲁莎莎和姜雪梅撰写第十一章，薛永基和陈建成撰写第十二章。北京林业大学博士研究生和硕士研究生马奔、汪婧宇、刘欣禺、宋静凡、冯潇、张思敏等参与了资料收集和文稿校对等工作；北京林业大学任恒祺、张立中、张颖、王武魁、胡明形、潘焕学、田明华、田治威、程宝栋、陈文汇、贺超、李强、陈凯、刘雯雯、杜德斌、王刚、侯方淼、庞新生、秦涛等为研究工作开展和专著写作亦做出了重要贡献。在研究工作中，作者们参考了国内外诸多同行文献，部分列示在参考文献中，有些没有列示在参考文献中，一并表示感谢。

著 者

2017 年 8 月 31 日

目 录

第1章 绪论

在西部大开发实施近20年之际，系统研究中国西部林业生态建设政策，并进行整体体系完善的分析，具有重要的理论和现实意义。本研究较系统、深入地讨论这一问题，期望全面诠释中国西部林业生态建设政策。绪论部分主要对整个论文的研究背景、目的、意义、方法、技术路线和主要创新点进行概述，并对主要研究内容作简单介绍。

1.1 研究背景

1.1.1 西部林业生态建设政策取得了初步的成效

西部地区是我国生物多样性资源最丰富的地区，是我国主要江河的重要源头和流经地区，同时也是生态环境最脆弱的地区，是民族分布最为聚集的地区，是经济欠发达的落后地区，是国际广泛关注的热点地区。加强生态建设在西部大开发中具有重要的战略意义，林业在生态建设中具有鲜明的主体作用，林业生态建设是西部大开发中最根本、最基础、最长期的基本建设。为此，实施西部大开发战略以来，国家多部门出台和实施了一系列的林业生态建设政策，取得了一定的成效，也面临一些挑战。目前，西部林业生态建设政策体系的运行需要回答一系列的问题，集中体现在10年来的实施效果如何，政策之间的协调性如何，以及现有政策体系如何优化等方面。本研究对上述问题做出尝试性回答，系统评价我国西部林业生态建设政策的实施效果和政策之间的协调性，提出政策体系完善的方案，为我国西部林业生态建设政策的优化提供理论依据。因此，开展本研究是西部大开发实践的现实需要，是修订和完善林业生态建设政策的现实需求，同时对于丰富、充实和完善林业政策科学也具有重要的理论意义。

自2000年实施西部大开发战略以来，至2010年，10年间在西部12个省（自治区、直辖市）林业投资2150.64亿元，其中基建399.61亿元，财政1751.03亿元，分别占全国总投资比例的56.9%、53.1%、57.9%。累计完成营造林3065万公顷，其中人工造林2390万公顷、飞播造林400万公顷、新封山育林275万公顷，分别占全国同期的

56.6%、53.1%、73.3%、74.7%；根据第七次全国森林资源清查数据，西部地区的森林覆盖率和森林蓄积量分别为17.05%、82.7亿立方米，与第五次清查相比，森林覆盖率提高了6.73个百分点，森林蓄积量增加了近13亿立方米。然而，在投入和产出对比方面，学术界一直存在着不同的声音，政策效果的认识分歧较大。因此，下一步西部地区林业生态建设任务依然艰巨，需要更加系统性的政策体系，现有林业生态建设政策的评估、调整和完善就显得较为迫切。

1.1.2 林业生态建设政策和相关制度效果显著，但“协调性”问题无法回避

国家为了改善西部生态环境的脆弱性，出台实施了一系列相关林业生态建设政策和相关制度，但“政出多门”是个不争的事实，政策之间的协调性是一个无法回避的问题，需要理论上予以探讨。西部地区现有的主要林业生态建设政策包括：一是我国先后在西部地区实施了天然林资源保护、退耕还林、京津风沙源治理、三北防护林体系建设、野生动植物保护及自然保护区建设、湿地保护与恢复、石漠化综合治理等一系列林业生态工程；二是通过制定财政金融税收等政策，积极引导社会资金，扶持西部地区生态林业产业发展；三是加强和完善西部地区生态公益林管护和生态效益补偿机制；四是加大了对西部地区森林防火和林业有害生物防治的基础设施建设投资；五是启动了国有林区棚户区和国有林场危旧房改造工程，并推行集体林权制度改革，极大地调动了广大农民营林致富的积极性；六是积极开展林业援藏援疆及扶贫开发工作，加强对西部地区林业生态建设的扶持。由于这些政策由不同的部门实施，政策之间的协调性问题比较突出。因此，在西部大开发实施10年后，对现有政策的协调性进行系统性认识，无论在理论上还是实践上，都具有一定的积极意义。

1.1.3 完善现有的政策体系是西部发展的客观需要，也是国家战略实施的现实需要

随着西部大开发的不断深入和生态建设的日益迫切，完善现有的政策体系是西部发展的客观需要，也是国家战略实施的现实需要。2009年，温家宝总理在中央林业工作会议上明确提出，在贯彻可持续发展战略中，要赋予林业以重要地位；在生态建设中，要赋予林业以首要地位；在西部大开发中，要赋予林业以基础地位；在应对气候变化中，要赋予林业以特殊地位。2010年7月，温家宝总理在西部大开发工作会议上明确指出，继续深入推进西部大开发，要“以生态建设和环境保护为基础，坚持开发和保护相互促进，全面增强可持续发展能力”。可见，林业生态建设将在未来深入实施的西部大开发进程中持续发挥基础性的关键作用。这就需要系统评价西部地区各项林业生态建设政策的综合绩效和协调性，研究进一步提升林业生态建设政策的实施效果，并进一步调整、重构和完善西部林业生态建设政策制度体系。然而，目前的研究多数系针对单项林业生态建设政策进行评价分析，而缺乏较为系统和深入的针对西部林业生态建设政策体系进行综合性研究，无法完成全面认识现有西部林业生态建设政策体系的研究命题。

1.2 研究意义与目的

1.2.1 研究意义

本研究的研究意义在于：①有利于科学认识10年来我国西部生态建设政策效果；②有利于较为系统地揭示出生态建设政策体系的协调性规律；③有利于我国西部生态建设政策体系的完善；④有利于促进西部地区生态建设和社会经济发展。

本研究的研究价值在于：①对于我国西部大开发和林业生态建设的科学决策具有重要的决策参考和支撑价值；②对于丰富和完善政策科学、决策理论和系统理论具有重要的理论研究价值；③对于促进西部地区生态建设、社会和谐和经济可持续发展具有重要的实践价值。

1.2.2 研究目的

通过系统研究，本研究旨在实现如下目标：

（1）建立一套科学评价西部林业生态建设政策实施效果的指标体系和评价模型，分析政策实施效果及存在的问题，为科学认识政策实施绩效提供参考。

（2）梳理西部林业生态建设的政策体系，分析政策体系的结构，给出西部林业生态建设政策之间协调性的一般性结论，为实践中优化政策体系提供依据。

（3）针对现有政策实施效果的评价结果和政策协调性分析结论，科学分析问题的成因，完善促进西部生态可持续发展的林业生态建设政策体系，为政策改革提供借鉴。

1.3 相关概念界定

1.3.1 生态建设

生态建设简称ECO，ECO是Eco-build的缩写，主要是对受人为活动干扰和破坏的生态系统进行生态恢复和重建，是根据生态学原理进行的人工设计，充分利用现代科学技术，充分利用生态系统的自然规律，是自然和人工的结合，达到高效和谐，实现环境、经济、社会效益的统一。

1.3.2 林业生态建设政策

为实现环境、经济、社会效益的统一，针对林业资源，对生态进行保护，并对受人为活动干扰和破坏的生态系统进行生态恢复和重建的政策体系，包括财政直接补贴、加强政治领导等政策法规。

1.4 研究思路与研究方法

本研究立足于我国西部生态建设的10年实践，以林业生态建设为切入点，科学分析我国西部林业生态建设政策的结构，对我国西部生态建设政策实施效果和政策体系的协调性进行评价，进而归纳出我国西部林业生态建设政策上存在的问题，剖析政策实施及其效果产生的成因，继而对我国西部林业生态建设政策体系进行完善，并运用仿真方法和框架对政策体系进行动态模拟与效果预测，实现对该领域较为系统的研究。

1.4.1 研究思路

本研究首先对西部林业生态建设进行界定，并分析其政策体系的结构，继而对我国西部生态建设政策实施效果和政策体系的协调性进行科学评价，进而分析政策之间的关系、重合性及相关的空白点等。通过上述科学评价，找出我国西部林业生态建设政策上存在的问题，对政策效果的成因进行分析，继而对我国西部林业生态建设政策体系进行完善，最后运用仿真方法对完善后的政策体系进行动态模拟与效果预测，提出完善我国西部林业生态建设的系统性政策建议。其研究思路图如图 1-1 所示。

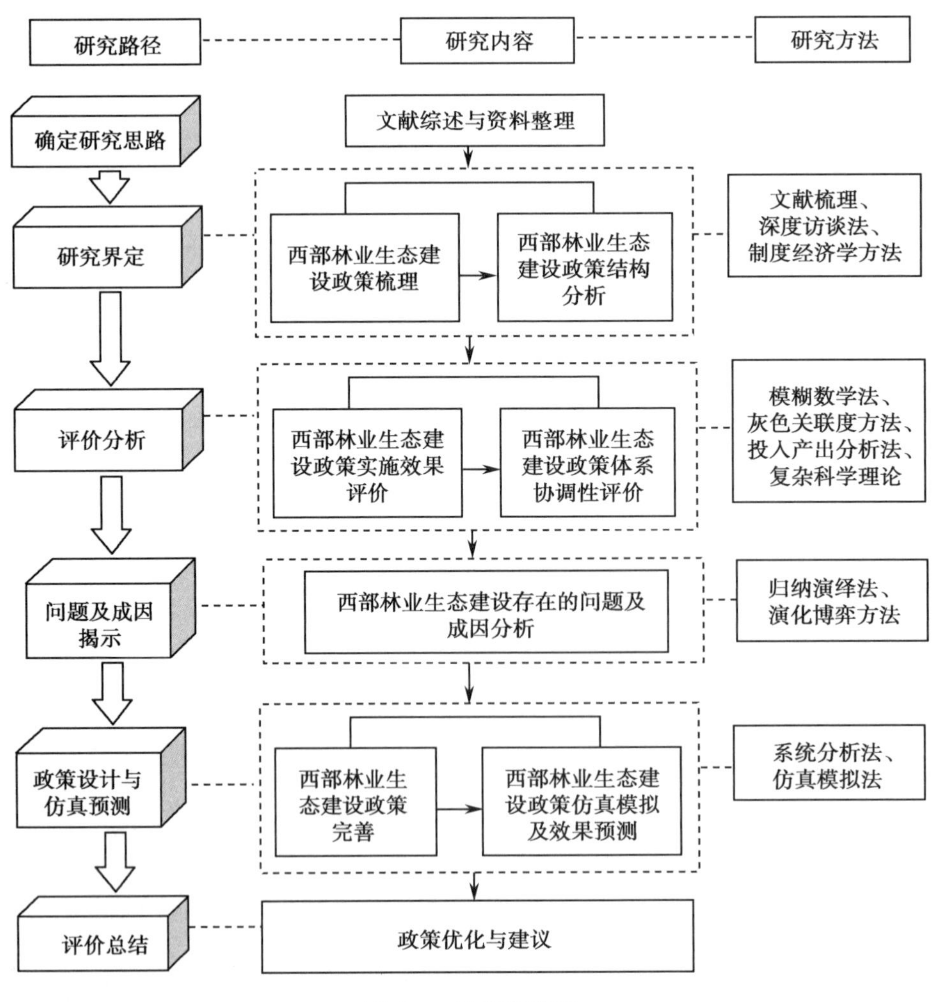

图 1-1 研究思路图

1.4.2 研究方法

本研究采用定性研究和定量研究相结合、实地调查和资料分析相结合、专题研究和系统研究相结合等方法进行研究。具体方法有：

（1）**案例分析方法**。选取西北、西南各3个不同生态功能区作为典型案例，分析其生态建设存在的问题，政策实施现状，以及其他相关问题。

（2）**数学建模方法**。包括模糊数学方法、灰色关联度方法、投入产出方法和博弈论方法等。鉴于生态政策对经济社会的影响无法精确计量，本研究在评价政策对社会经济的影响上采用模糊数学评价法，以实现对定性指标的定量处理；借助灰色关联度方法分析政策之间的关联程度，以及政策效果之间的关联程度；运用投入产出分析法可以有效分析林业工程的成本和“收益”；运用演化博弈方法建立多主体博弈链，分析中央政府、地方政府、普通林农等多个主体之间的博弈问题。

（3）**问卷调查与实证分析方法**。针对生态建设问题，根据评价模型的需要，设计合理的问卷，向特定的调查对象（如农户）发放，在收回问卷后对问卷进行实证分析，得出具体的评价指标。同时，基于省际的统计数据的统计分析也在本研究中有应用。

（4）**系统仿真方法**。基于现实问题和理论分析完善后的政策体系的预期效果无法通过实验等方法予以验证。此时，运用Agent仿真方法，通过构建“节点—关系—结构”模型实现对预期效果的抽象模拟。

（5）**归纳与演绎方法**。在现有的政策体系的梳理、政策体系结构分析、评价后的问题分析、政策的完善等方面均用到归纳与演绎方法；在该领域文献梳理、评价指标体系的制定、政策实施效果的成因分析等方面均用到系统分析方法。

（6）**比较分析方法**。基于西部涵盖多个生态功能区的现状，对各大生态功能区的生态建设进行比较，总结各生态功能区生态建设政策实施效果共性特征和差异之处。

1.5 研究内容与报告结构

第1章，绪论。介绍研究的背景、意义、目的、方法和技术路线，对研究内容和主要创新点进行简要说明。

第2章，生态建设理论与国际实践。本章从“社会——生态系统”的提出、生态环境与经济的协调发展、生态保护和生态修复的政策实践基本过程、区域性生态保护和生态修复的政策和实践、生态建设政策实践变化——从政府全能控制型治理到主导型治理模式5个方面总结分析了生态建设理论与国际实践。

第3章，西部林业生态建设政策背景及演进。本章对天然林资源保护工程，退耕还林工程，三北、长江流域重点防护林体系建设工程等林业重点工程的政策演进进行了剖析，指明了林业生态政策演进的动因和趋势。其中，西部林业生态政策变迁的动因有：国民生态意识提升、政府推动力度加大、生态立法进程加速、区域经济社会发展、林业科学技术进步。西部林业生态政策呈现如下趋势：政策制定程序法制化、政策实施内容透明化、政策参与机制社区化、政策督导体系完备化、政策配套保障创新化。

第4章，西部林业生态建设政策的区域与模式分析。本章根据各生态区的林业生态建设目标和政策实施状况的分析，在主成分分析和因子分析的基础上对各生态区建设模式和重点实施的政策进行总结，分析结论为：生态工程补助、造林和森林生态效益补偿是中国西部林业生态建设主要投资用途，且总额呈上升趋势；农户对林业生态建设政策和林业生态工程实施总体满意，但区域间存在差别；不同生态区归类为 4 类生态模式，因地制宜地采取重点林业生态建设政策。

第 5 章，西部林业生态建设政策综合影响评价。本章通过系统评价得出，西部林业生态建设取得积极成效，林业生态效益、经济效益、社会效益、能力建设稳步提高。生态效益方面，森林面积、森林蓄积量、森林覆盖率均稳步增长。经济效益方面，林业总产值不断上升，木材采伐量波动中呈现上升趋势，林业第三产业产值从 2008 年开始不断上升。社会效益方面，在岗职工年平均工资稳步增长，在岗人数有升有降，基层林业工作站人员文化程度不断提高。

第 6 章，西部林业生态协调性评价。通过 1150 份调研问卷，本研究对西部林业生态政策协调性进行了评价，得出了相关结论。第一，从层次协调性来看，在实行西部大开发政策之后，我国西部地区的林业固定资产、造林面积占国土面积的比重、森林覆盖率等指标都明显提升，反映我国林业生态建设的协调性总体在增强。但是，西部地区单位森林面积蓄积量有所下降。第二，从区域协调性来看，尽管近年来西北地区在体现林业生态建设的指标上都有明显改善，但与西南地区相比还存在很大差距，多数指标的数值还不足西南地区的 50%。第三，从林业生态建设与经济社会发展的协调性来看，我国西部地区业生态建设与经济社会发展的耦合协调度由 2002 年以前的不到 0.5 升至 2011 年以后的高于 0.8，显示西部地区经济社会发展与林业生态的耦合协调发展程度不断提升，目前已进入相互促进、协同发展的极度协调状态。第四，从林业生态政策的协调性看，本研究的问卷调查显示西部地区林业生态政策与耕地粮食问题、水利建设、草原畜牧建设、环境保护和基础设施建设等西部开发其他政策总体上具有较高的协调关系，但林业生态政策与草原畜牧建设以及基础设施建设等政策还存在一定冲突。

第 7 章，西部林业生态建设可持续性评价。本章评价了西部林业生态建设可持续性。研究表明，西部地区林业生态建设在人口、资源和环境方面具有可持续性，在林业产业层面也体现出经济、社会、生态可持续发展的特点。同时，基于农户认知和满意度视角来看，西部林业生态建设通过增加农户经济收入和提高农户生活质量而呈现出更深远意义的可持续性。但是，研究还发现，西部林业生态建设可持续性仍然面临区域间沟通联系薄弱、后续产业发展升级艰难、农户持续发展条件不足、政府间协调性有限等诸多挑战。

第 8 章，林业生态建设政策演进博弈。本章基于两层次规制机制（政府和农户）、三层次规制机制（中央政府、基层政府和农户）分析了规制主体之间的博弈，并建立了相应的规制模型，得出能够有效实施激励规制所需要满足的农户、规制者和中央政府的条件及状态。最后，基于激励性规制理论，建立了企业经营管理者实施林业生态建设决策的激励机制模型，并就激励与企业经营管理者的收益、经营管理者固定工资、经营管理者的分享比例、政府检查投入以及政府检查效率之间的关系进行了探讨。

第 9 章，西部林业生态建设政策效果的分析与评价。本章基于社会经济、林业资源和生态环境三个维度，对比西北和西南两个地区对西部林业生态建设政策的实施效果做了综合评价。对西北地区而言，对林业培训人员数量的投入，无论对社会经济、自然资源和生态环境都产生很重要的影响，对社会经济、自然资源和生态环境的影响相对较小；对西南地区而言，林业能力建设投入对社会经济、自然资源和生态环境有较为显著的影响，其次是当年林业资金投入，但均比西北地区影响小。

第10章，西部林业生态建设政策系统分析与动态建模。本章基于NetLogo平台，将西部林业生态环境看作一个完整的系统。系统中涉及林地、农林工作者、国家政策三方面，而整个西部林业生态环境的效果是具体由这三方面互相影响作用的结果。在此基础上，结合西部地区林业生态建设问卷数据，界定了仿真模型的相关参数，并对参数的拟合进行了检验。在模型构建的基础上，结合甘肃省林业生态建设问卷数据，本研究仿真了林业生态建设的趋势，并就指标优化问题进行了探讨。

第11章，西部林业生态政策创新及职能转变。本章界定了西部林业生态政策创新及政府职能转变的原则，指出了西部林业生态政策管理创新的内容，提出了林业管理部门政府职能转变的思路。其中，转变的原则主要包括协调性的原则、有效性原则、可持续性原则、可操作性原则、以人为本的原则、尊重自然文化的原则。西部林业生态政策创新主要包括政策内容创新、政策过程创新等。林业管理部门政府职能的转变，要通过提高政府治理水平和充分发挥市场机制来实现，主要从规则制定职能、规则维护职能、引导支持职能以及组织协调职能方面进行工作思路和方法上的转变。

第12章，结论、政策启示与研究展望。本章对整个研究进行全面总结，概括出本研究的主要研究结论，给出研究结论的启示，并在指出本研究不足的基础上对未来的相关研究提出建议。

1.6 主要创新点

本研究的创新点体现在以下几个方面：

第一，以政策体系整体为着眼点，分层次和类型进行剖析，实现西部林业生态建设政策的系统性研究，是在研究视角上的创新。已有研究多针对林业生态建设的某一项政策的效果评价，忽视了政策之间的密切联系。本研究着眼于政策体系整体，特别关注于政策之间的关联和协调性研究。

第二，借助了演化博弈的思想和复杂科学等理论方法，以利益协调与信息传递为切入点，分析西部林业生态建设政策效果形成的原因，是在方法上的创新。已有研究主要从政府职能和生态效应的角度分析问题，忽视了生态建设背后的社会经济问题。本研究以生态建设政策为研究对象，但不拘泥于生态问题，借助经济和社会学多学科方法，实现对成因的多角度分析和研究结论的比较。

第三，依托西部林业生态建设政策实施10年实践，以政策评价为切入点，优化西部林业生态建设政策体系，是在研究内容上的创新。本研究首先对西部林业生态建设政策进行梳理，进而对政策体系进行结构性分析，继而对政策体系的效果和政策之间的协调性进行评价。其次，在评价的基础上，分析政策体系实施存在的问题及其成因，进而实现对政策体系的完善。这是一项系统性工作。

1.7 本章小结

作为本研究的绪论，本章分析了研究的背景，指出了研究的理论和现实意义，说明了研究的目的和方法，明确了研究的技术路线。另外，本章还对本研究的研究内容做了简要介绍，总结了研究的主要创新点。

第2章

生态建设理论与国际实践

“生态建设”是在我国走可持续发展之路的背景下于20世纪80年代末提出的。一般而言，“生态建设”经常作为“生态环境建设”的简称出现，很多时候二者的内涵是一致的。生态环境（ecological environment）相当于“自然环境”或“生态地理环境”，自然环境（natural environment）是地球上由自然因子形成的环境，一般是对生物体或生物群落而言的。生态环境建设内在涵义很宽泛，可以理解为一切旨在保护、恢复和改善生态环境的行为总称，其核心是要限制或取消那些引起生态系统退化的各种干扰，充分利用系统的自我修复功能，达到恢复和改善生态环境的目的。生态环境建设的基本任务应当是保护和恢复重建自然的生态环境。在这里，生态建设和生态环境建设是同一概念。需要注意的是，生态环境建设简称生态建设的说法并不规范，因为环境建设偏指对人为环境方面的固体废弃物、废水和废气的“三废”治理。具体而言，生态建设是指采取生态工程或生物技术手段，使受损生态系统恢复到原来或与原来相近的结构和功能状态，其内涵着重体现的是采用比较宏观的技术和措施使退化生态系统达到恢复。与生态建设对应的概念有生态恢复、生态重建、生态修复等。在目前情况下，生态建设基本上与生态修复类似，强调的是将受损的生态系统从远离初始状态的方向，通过一定方式恢复到初始状态。水土保持、小流域治理工作者习惯用生态修复这一术语，而环境生态和林学工作者常常用生态建设这一术语。联合国教科文组织“人与生物圈计划”有关论述认为，生态建设就是运用生态学的方法，研究人与环境的关系，特别是人类活动对生态系统的影响，以及在人类活动影响下资源合理利用，并用各种手段使生态系统恢复到原来的状态。

2.1 “社会—生态系统”的提出

生态学的概念首先是德国生物学家赫可尔（Ernst Haeckel）于1869年提出的，他将生态学定义为“研究生物与环境之间相互关系的科学”。1898年波恩大学A. F. W. Schimper教授的《以生理为基础的植物地理学》和1909年丹麦植物学家E. Warming的《植物生态学》两本著作的发表，标志着生态学作为一个独立学科的诞生。如果从生态学的历史发展来看，虽然生态学的真正兴起是由于20世纪60年代的环境保护运动，但其思想来源却可以追溯到18世纪对“自然的经济体系”和生物进化的研究。这一时期不仅产生了诸如“自然的丰饶”“食物链”和“平衡”等生态学的基本概念，而且形成了生态学研究上的两大对立传统：一种是自然主义式的或田园式的，一种是人类中心主义式的或帝国式的；前者来自于人对生命的一种自然情感和赞美，以生命为中心，后者源于基督教对待自然的统治态度，以人类为中心。随着社会历史的发展，生态学也经历了不同的发展阶段，但其一直深受人类的自然观和价值观的影响，而具有人文的色彩，同时它又影响着人们的自然观和价值观。因此，基础生态学对本研究的借鉴意义，更多地集中在其与人类社会相互耦合的关系当中。

过去的几十年中，学术界逐渐认识到人类社会与生态系统的相互依存关系。我国学者提出的“人地关系地域系统”（吴传钧，1991；陆大道，1998、2002）、“社会—经济—自然复合生态系统”（马世骏，1984；赵景柱，1999）、“有序人类适应”（叶笃正等，2001）等学术思想都在强调人类社会经济系统与自然生态系统的整合。从国外研究状况看，“社会—生态系统”的提法较早，其理论体系也较为成熟，是近年来全球可持续性研究的一个重要趋势（Holling，1973；Adger，2003）。

社会—生态系统是人与自然紧密联系的复杂适应性系统，具有不可预期、自组织、多稳态、阈值效应、历史依赖等特征（Gunderson & Holling，2002；Brian et al.，2004）。社会—生态系统在运行过程中时刻受到来自外部的干扰，系统内部则是按照业已形成的某种规则，自动地协调形成某种结构从而改变运行状态。因此，社会—生态系统的这种自组织能力使其具有恢复和产生新功能的能力。社会—生态系统的阈值效应和多稳态机制是指当干扰超过系统可以承受的阈值时，系统就会进入到一个新的状态中。Walker等（2004）提出了表征社会—生态系统演化轨迹三个属性：恢复力（resilience），指系统能够承受的并且可以保持系统的结构、功能、特性以及对功能、结构的反馈在本质上不发生改变的变化的数量；适应力（adaptability），指系统参与者影响恢复力的能力；转化力（transformability），指当生态、经济或社会结构使现存系统难以维持时创造一个全新系统的能力。在社会—生态系统研究中，可以通过评价这三个重要属性而关注社会—生态系统变化的动态性和可持续性。

社会—生态系统中的“适应力”概念对于本研究具有重要的启发意义。在深入的理论研究中发现，著名国际性学术组织“恢复力联盟（Resilience Alliance）”（Primm，1984；Folke et al.，1995、2002；Gunderson & Holling，2002；Beisner et al.，2003）将适应性循环理论嵌套于对社会—生态系统的动态演化机制进行描述和分析的过程中，提出了社会—生态系统在运行过程中将依次经过开发（r）、保护（K）、释放（Ω）、更新（α）四个阶段，构成一个典型而完整的适应性循环过程。适应性循环理论由“潜力”（potential）、“连通度”（connectedness）和“恢复力”（resilience）三个重要属性构成。这里的恢复力概念同前文所介绍的一致。潜力是决定系统未来可供选择的范畴，包括生态、经济、社会和文化的积累资本及无法表示的创新和变化等；连通度是指系统各组分之间相互作用的数量和频率，表示的是系统控制和组织自身状态的程度（Primm，1984；Gunderson et al.，1995）。适应性循环各阶段的时间分配是不平均的，r阶段以增长和稳定为主，到K阶段，系统生产和积累达到最大化；从Ω到α的过程则是创新和重组最大化的过程，以改良和更新为主。r~K 和 Ω~α 的两个过程不能同时发生，只能按先后顺序进行。如果适应性循环以 α 阶段的结束代表循环的终结，那么 α 阶段就代表新一轮适应性循环的开始，这是一个既富有生态意义又颇具哲理的过程。

2.2　生态环境与经济的协调发展

生态经济学（ecolomics）是 20 世纪 50 年代产生的由生态学和经济学相互交叉而形成的一门边缘学科，它是从经济学角度，研究生态经济复合系统的结构、功能及其演替规律的一门学科，为研究生态环境和土地利用经济问题提供了有力的工具。它所观察思考的客观实体是由生态系统和经济系统组成的有机统一体，因此，生态经济学的研究对象也只能是生态经济系统。但它不是一般地考察生态系统和经济系统，也不是简单地把生态系统与经济系统加在一起，而是研究生态系统与经济系统的内在联系，即内在规律性。生态系统与经济系统之间的联系虽然多种多样，但最本质的联系是两者间存在着物质、能量、价值的循环和转变。生态系统与经济系统相联系还需要一个中间环节，即由各种技术手段组成的技术系统。所以，概括地讲，生态经济学是研究生态系统、技术系统和经济系统所构成的复合系统的结构、功能、行为及其规律性的学科。

传统经济学作为一门“研究如何将稀缺的资源有效地配置给相互竞争的用途的科学”（莱昂内尔·罗宾斯，1935），注重研究人与物的关系（资源配置）而不研究人与人之间的关系（生产关系），见“物”不见“人”。这种“鼓吹个性贪婪的经济学”只关心如何最大化、高效率地配置和利用稀缺性资源，而不会从源头上关心是否永远有足够的稀缺性资源可供配置和利用，更不会前瞻性地去关心子孙后代的未来资源配置问题会是一个什么样的状况。所以即使世界上只剩下了最后一个单位的资源，它仍会专注于运用市场机制这架精巧的机器以最大化的法则进行配置而不问其他。可见，生态保护价值观念在传统经济学中是没有地位的。新理论范式构建的基本逻辑需要遵从在对其反思的基础上进行再思考。

2.2.1　生态环境破坏的发生

历史唯物主义的基本原理是社会存在决定社会意识，社会存在即社会物质生活条件，主要指社会生产方式，一定社会的生产力和生产关系结合而构成的生产方式决定着该社会形态存在与发展的性质和水平。从原始社会后期，生产力的发展引起了几次大的社会分工，既推动了社会的进步，也标志着生产工具的进步，生产工具作为人类身体的延伸和作用于自然环境的方式和手段，使人类具备了越来越强的改造自然的能力。人在不断强化自身生存技能的同时向赖以生存的自然环境伸出攫取之手，所以从人类社会诞生以来就存在人类活动与生态环境破坏的矛盾，作为社会存在的两个约束条件，人口与自然环境之间的矛盾贯穿于人类社会发展始终。但是无论原始社会、奴隶社会、封建社会甚至包括工业革命之前的资本主义社会时期，人类的一切生产、生活资料都主要由自然界本身提供，无论多么先进的生产工具充其量只能算是自然力运行过程中衍生出来的自然环节，人类运用生产工具改造（破坏）自然的能力相对于自然界庞大的容量而言是非常有限的，落后的生产方式决定了当时的生态环境破坏被局限在一个很小的范围内。

2.2.2 市场体制与生态破坏

现代经济学中，市场失灵是广泛用于解释经济活动和生态环境破坏关系的重要理论，造成市场失灵的原因主要有以下几种：①产权不清晰。某些生态环境要素的产权具有非排他性，对资源环境的开发、利用和保护的责、权、利是模糊的，从而导致相关的生产与消费决策只考虑私人边际成本和收益，完全忽视社会边际成本，造成严重的负外部性问题。②资源垄断定价。某些自然资源往往由政府或垄断企业定价，价格机制扭曲导致了资源的过度使用和浪费，导致市场对这部分资源的配置完全失效。③某些生态环境要素如开放型资源的公共产品属性过强，作为公共产品的生态环境要素难以定价或计费，个人或投资者对生态环境的保护无利可图。由于消费和使用的非排他性，经济主体缺乏激励节约能源和减少污染排放。市场对这部分生态环境要素的保护是无能为力的。

2.2.3 生活方式与生态破坏

莱因哈德·普夫里姆（1988）认为环境遭到破坏的主要原因不在于“外部效应”，而在于“特殊生产者和消费者使用的具有决定意义的模式所造成的结果”，即人类不当的经济增长方式和消费方式是环境破坏的主要原因。资本主义为了维护资本追求利润和稳固资本统治的目的，把人们引入到由广告所操纵的商品消费中体验自由和幸福，经济增长不断刺激消费增长，“不消费就衰退”成为共识，而鼓励消费就是不断扩大人的基本需要，不断将奢侈品转化为“必需品”，消费成为满足人的需要的唯一方式，并变异为生产进一步扩张的内在动力。发达国家的发展模式通过经济高压和意识形态灌输给其他国家，并被提升为普遍理想的高集约市场秩序的社会实践，进而成为世界公认的最佳发展模式，世界各国普遍赞同采取鼓励消费、扩大内需以刺激 GDP 增长的发展方式，消费成为推动经济增长的三驾马车之一。自然生态的承载能力是有限的，仅占世界人口 20% 的发达国家消费的能源、资源量就占世界产量的 80%，资本主义高消费的生活方式被推广到全球，必然对全球自然生态造成巨大压力。以发达资本主义国家为范例进而扩展成为全球理想的“奢侈型”消费模式主导的消费主义和不文明的生活方式造成了过度消费，导致消费异化和对自然生态系统的破坏，是引发生态危机的重要诱因，已成为全球可持续发展最大的障碍之一。

2.2.4 从不协调到协调：基于内生性市场经济的一种改进

人类经济社会发展过程中出现的生态问题是一个综合的社会问题，既涉及社会性质和社会制度，又涉及社会的科学水平和技术使用方式、人们的价值观念、生态文化与生态意识等，因此从根本上来说，生态环境与经济协调发展的实现有赖于构建一种维护生态的经济社会文化体制，关键在于形成一种维护生态的市场经济体制，建立生态友好的生产方式和生态文明的生活方式。

市场经济作为当今社会最具活力的经济体制，实质上是一种利益经济。现代市场经济条件下不同的市场主体在不同的领域通过不同的途径各自获得尽可能多的利益，它满足了利益关系是人类一切社会关系的基础。建立一种维护生态的市场经济体制的根本途径在于将建立在私有制条件下市场主体个体利益基础上的市场经济提升为建立在公有制条件下符合社会普罗大众总体利益的市场经济。从维护生态的角度看，传统市场经济倚重于经济规模和经济人的作用，忽视自然对经济的约束力，将经济运行看作是“生产—分配—交换—消费”的封闭式单向度循环过程，生态环境被独立于经济运行之外，从而缺乏一种内生性的可持续增长机制和自我调控运行协调机制。经济发展过程不仅受社会经济系统本身规律支配，而且受自然生态系统进化和发展规律的制约，因此需要将这种把“自然生态”纬度排除在经济运行之外的外生性市场经济提升为将生态系统及其要素内生化于经济社会发展过程中的内生性市场经济。在社会主义市场经济体制不断完善的背景下，要使人们保护生态环境的行为主动化、自觉化并持之以恒，从可行性及可操作性考虑，就必须抓住调节利益关系这个关键。

内生性市场经济决定了生态要素是除劳动、资本等传统要素之外的一种新的生产要素，这就首先需要建立一个充分流动、价格信号传递充分及时的、完善的生态要素市场。现实中部分生态问题如资源耗竭现象往往是由于资源的非市场定价致使价格传导机制不畅通，进而导致价格扭曲和资源配置失效，引起过度使用和消耗。以生态环境要素化、商品化的方式将其纳为市场经济的内生要素，充分利用个人利益动机，通过市场价格机制配置生态要素，使生态要素的配置状态由市场自动表达出来，在利益的驱动和诱导下自动解决部分生态问题如资源过度耗费问题，从客观上引导人们走维护生态环境的发展道路。同时由于部分生态产品属于公共产品，有的会产生负外部性（如环境污染），有的会产生正外部性（如生态建设），纯粹的市场机制对其无能为力，离不开制度供给者——政府的规制，通过制定相关的法律法规，界定产权结构，建立政府规制下的排污权交易市场、生态补偿机制等，通过市场机制和政府机制的整合来降低外部性，通过社会性的管理体制来调节经济与自然的关系。

2.3 生态保护和生态修复的政策实践基本过程

生态建设是一种以追求社会公益效益为主要目标的政府行为，具有浓厚的政府行为和政府投资属性。现行政府投资于生态建设的资金通过财政部门向下划拨。以中央财政投资为例，财政部先拨给各项目省财政部门，各项目省财政部门再向下转贷给各项目县财政部门，由政府机构（如国家林业局）按照管理的要求统一组织实施，具体承担生态建设管理的是各省、县林业的政府部门。政府投资生态建设包括“政府提供”和“政府生产”两方面含义。

埃莉诺·奥斯特罗姆（Elinor Ostrom）对公共物品提供与生产差异进行了分析，她认为提供是指通过集体机制对公共物品的提供者、数量与质量、生产与融资方式、管制方式等问题做出决策；生产则是指“将投入变成产出的更加技术化的过程，制造一个产品，或者在许多情况下给予一项服务”。因此，物品的提供者主要是对某种物品的融资，对物品的数量和质量等做出决定。物品的生产者主要是组合各种生产要素，将投入转化为产出。由此看来，在物品的供给方面，提供（provision）和生产（production）是有区别的。在私人物品市场上，一般来说由私人部门予以提供和生产；但在公共物品的“市场上”，或是政府建立企业，亲力亲为，进行“政府生产”，或是间接生产，斯蒂格里茨称之为“政府提供”。

明确了“提供”和“生产”这两个概念之后，我们可以得出这样的结论：生态建设是一种准公共产品，应以政府投资建设为主，即应主要由“政府提供”。而由“政府提供”并不等于由“政府生产”。如果单纯由政府职能部门完成“政府生产”，可能由于以下多种原因出现效率低下的现象：其一，政府在生产和经营林业生态建设项目时，没有私人部门与之竞争，处于垄断地位，容易造成效率低下；其二，从政府部门生产和经营林业生态建设项目的非营利性来看，缺乏利润动机的刺激，因而不可能实现高效率；其三，政府部门生产和经营林业生态建设项目的支出来自预算，不同的部门为了各自的利益，往往强调本部门公共产品的重要性，尽可能地扩大预算比例，结果势必造成某些部门的过度供给，损害效率。因此，本研究建议采取“政府提供”+“政府生产”和“政府提供”+“私人生产”的两种生态建设模式。但这里所说的“政府生产”并不是由现行政府职能部门直接生产，而是由政府成立专门机构进行生产。生态建设在采取“政府生产”或“私人生产”的过程中，都要引入市场竞争来经营。

2.4 区域性生态保护和生态修复的政策和实践

社会管理对于生态建设的驱动关系，是指管理驱动力通过行政管理部门的监督、管理和服务，或直接参与组织实施生态建设；同时，各社会主体通过一系列正规或非正规机制使公众直接参与生态建设决策的过程，从而对生态建设产生的一种原始驱动力。在这一内涵中，社会管理对于生态建设的驱动力量主要包括两个方面的内容：

2.4.1 国家意志驱动，主要表现为政府的宏观生态环境政策工具

通常，政策工具是人们为解决某一社会问题或达成一定的政策目标而采用的具体方式和手段，而生态环境政策工具则是人们为解决生态问题或达成一定的生态政策目标的手段。政策工具的实体内容是为了影响某些行动领域而精心设计的制度规则的组合，则生态环境政策工具的实体内容就是生态政策安排。

生态政策安排是生态政策的具体实现形式，也就是某一项生态政策是如何设计和应用的。例如排污收费政策包含哪些规定，如何进行操作等，这就是一种生态政策安排。简单地说，生态政策安排可以说就是通过管束某种特定的环境行为而调节利益的一套规则或者说一套“约束”。生态政策安排的重要性是显而易见的：第一，生态政策安排是国家生态建设意志与生态环境现实之间的“桥梁”。这是因为没有可供实施和操作的政策规定，环境政策就只是一种理念，不能进入实践。而没有这种实践，当然没有相应的环境绩效。第二，生态政策安排还是生态环境政策发展的基础。这是因为生态政策作为一个庞大的体系，只有通过它所构成的具体政策安排的进展才能不断走向成熟。虽然环境政策安排只能是渐进发展的，但在环境政策安排渐进积累的基础上，在适当时候环境政策就有可能快速地发展，进而有效推动生态环境建设的发展。所以，生态政策安排的每一步进展都可能孕育着某种大的政策体系的变革，并带来某一较大的生态建设活动。

专题 2-1 国家规划纲要的制订对于生态建设的驱动作用

我国从“八五”计划（1991—1995）开始，将国土开发整治列入国家计划，提出“有重点地对大江大河大湖进行综合治理”,“防止土地沙化,保护森林和草原植被”。“十五”计划首次提出了加强生态建设的任务，组织实施重点地区生态环境建设综合治理工程、天然林保护工程、退耕还林还草工程、京津风沙源治理工程、防护林体系建设等。

“十一五”规划纲要首次将“保护和修复自然生态”作为独立的一章，提出“生态保护和建设的重点要从事后治理向事前保护转变，从人工建设为主向自然恢复为主转变，从源头上扭转生态恶化趋势。在天然林保护区、重要水源涵养区等限制开发区域建立重要生态功能区，促进自然生态恢复”。该国家规划纲要还按照生态保护与修复的任务，提出了“限制开发区域”和“禁止开发区域”的功能分区，明确了“对限制开发区域，要突出生态环境保护等的评价，弱化经济增长、工业化和城镇化水平的评价；对禁止开发区域，主要评价生态环境保护”。可以说，国家五年计划或规划纲要对生态保护与修复越来越重视，对我国客观、科学分析生态状况与变化的需求越来越强烈。

2.4.2 公众参与下的生态建设行为

专题 2-2 美国旧金山海湾带生态恢复工程

美国旧金山海湾带是美国西海岸最大的河口之一，也是太平洋西海岸最具生物价值的一个海港（Geen，1999），生态系统及基因多样性极为丰富，它对于养分储存和循环、海岸线的保护及污染物的过滤有重要作用，也是人类活动的热点区域。面对高度发达的经济和密集的人口需求与生物多样性保育及自然生态系统和生境维持之间的矛盾，美国旧金山海湾带主要遵循以下流程对整个流域在地理区域上进行生态恢复建设：①概念性规划；②重建和最小人为干预下的完全恢复；③遗留问题的解决和经验总结；④宣传教育。海湾生态恢复建设过程中，环境保护局和旧金山水质控制委员会（The San Francisco Bay Regional Water Quality Control Board）对海湾生态健康实施实时监测与公告，以保证监测数据的有效性，同时保护并关注那些对于生态系统健康至关重要的基础物种，这样将会大大减少在维持生态系统健康方面的投入。生态恢复后期科学管理体系的持续应用和实施过程中的公众与社区参与使生态系统健康和水质状况逐步提高（Breaux，2005）。

可以说，旧金山海湾的生态恢复建设不单单是一项生态恢复工程，同时也是一项成功的政治结合体，该项目得到了美国前总统克林顿、州政府及相关利益群体的密切关注和相关政策及法律法规的支持，海湾带恢复项目的贯彻和执行也并非是以政府为主导，官方指示为导向，而是由普通民众、政府相关部门和私营组织等相关的利益群体相互协商，相互协作，共同努力完成的。旧金山海湾带生态恢复建设的成功也为国际上其他类似的生态恢复建设项目提供了经验和指导（Marcus，2000）。

从生态保护的角度讲，社会公众的生态建设行为划分为两个层次，日常性生态行为和参与性生态行为，即以个人、社团或组织为主体，对生态系统的诊断、生态恢复规划、实施及管理等方面参与的行为，该行为把防止生态系统退化，维护生态系统健康，促进人与自然和谐发展作为目标。具体而言，日常性生态行为指个人在日常生活中所做的有益于生态系统健康可持续发展的行为，这些行为不需要与他人互动，如垃圾分类、购买绿色产品、节约能源及加强生态恢复知识学习等；而"参与型"是一种深层次的参与，即指个体主动倡导生态恢复，并号召身边人参与共同维护生态环境的行为，如参与讨论生态恢复有关的话题和公益性活动，参加生态恢复决策和执法监督，或主动向政府、环保部门或社区反映生态问题等。

公众参与生态建设的广度和深度对我国生态建设的可持续发展起到一定的促进作用，使环境得到持久的恢复。公众作为生态建设的受益者，其参与过程能让他们真正意识到维护生态环境的重要性，从而自发地规范自身的行为，自觉遵守环境法律法规。不仅如此，公众参与还弥补了政府对环境问题失灵的现象。由于环境治理效益具有长期性和隐蔽性，政府对环境现状无法正确判断，同时在治理环境问题方面，各级政府很有可能出现权责不一、职责部门分工不合理等现象，公众参与则为生态环境的治理与恢复提供了最广泛的监督力量。

2.5 生态建设政策实践变化——从政府全能控制型治理到主导型治理模式

对于包括生态建设的组织管理在内的生态系统保护与治理一直是我国政府职能的重要组成部分，因此，政府治理模式的类型很大程度上影响着我国生态建设发展的状况。我国生态建设的政府管理模式具体体现为政府全能控制型治理与政府主导型治理模式的演进。

2.5.1 政府全能控制型治理模式

这种模式具体体现为以政府意志作为最高标准，在政治、经济社会领域实行全权管理，对于相关的生态建设与管理治理也是依据国家的基本决策为依据，采取计划方式进行治理。生态建设与政府对生态环境重要性的认识程度紧密相连，其具体特点有以下几个方面：

（1）政府是生态建设的权威主体，治理决策表现为政府贯彻国家的意志。全能控制型管理模式表现为权利的高度集中，政治体系内部，政府牢牢锁定国家权力，在中央政府与地方政府的权力关系中，中央政府垄断控制权，对地方政府牢牢控制。这一时期，在社会治理中，由于还存在诸多的不稳定因素，政府便强化对社会的控制与管理，对民间社会组织采取限制发展的策略，不容许其参与政治管理；在公共事物供给与治理中，国家垄断权力现象依然是主要模式，国家掌控权利，压制市场或民间组织的经济参与，几乎全部社会资源都由国家和政府全能主管，对于公共事物的供给和治理也由政府独自承担。如，1949 年通过的《中国人民政治协商会议共同纲领》中首次提出了“保护森林，并有计划地发展林业”等关于自然资源保护的内容，1954 年新中国第一部宪法也明确规定了“矿藏、水流，由法律规定为国有的森林、荒地和其他资源，都属于全民所有”。

（2）政府扮演全能政府角色，依靠计划、行政命令方式实施治理。在生态建设过程中，政府垄断全部生态资源，生态资源全部属于国有资产，政府依靠计划和行政命令、行政划拨等手段来最大限度地调动全部生态资源、社会资源，推动社会发展。在传统的行政管理体制下，我国政府长期扮演着“全能政府”的角色。它突出表现为政府对整个社会治理采取的大包大揽：在经济领域，国家实行高度集中的计划经济，承担着配置社会资源的职责，各种生产任务都由国家下达指令性计划进行控制；在社会领域，实行严格的行政控制，抑制了社会参与；在文化领域也是由国家出资兴办各种文化事业。

2.5.2　政府主导型治理模式

政府主导型治理是指政府作为公共利益的主要提供者，政府掌握权威，依据法律政策等规制性手段对其他社会主体进行干预和管理，从而实现和维护公共利益的治理模式。生态建设的政府主导型治理具体体现为政府及其林业和环境保护部门、相关行政部门构成生态建设的主体，主要运用法律政策等手段推动生态建设发展。

在我国，法律上赋予政府及其相关行政主管部门是生态环境建设治理的合法主体，而其他社会组织、公民在生态环境保护中的地位尚未明确规定。因此，在目前生态建设过程中，政府及其相关行政主管部门构成合法的主体，始终处于主导地位，对生态建设实行统一的管理。按照《中华人民共和国环境保护法》的相关规定，国务院环境保护行政主管部门对全国环境保护工作实施统一监督管理。《中华人民共和国环境保护法》进一步明确规定：各级人民政府对具有代表性的各种类型的自然生态系统区域，珍稀、濒危的野生动植物自然分布区域，重要的水源涵养区域，具有重大科学文化价值的地质构造、著名溶洞和化石分布区、冰川、火山、温泉等自然遗迹，以及人文遗迹、古书名木，应当采取措施加以保护，严禁破坏。各级人民政府应防治土地沙化、盐渍化、贫瘠化、沼泽化、地面沉降以及防治植被破坏、水土流失、水源枯竭、种源灭绝等生态失调现象。

生态建设主体由各级政府及其环境保护部门、林业部门、农业部门等相关组织构成。管理主体是来自于政府系统的行政组织，行政组织的权威性、强制性、公共性构成了其主体的特点。国务院是中央人民政府，是生态建设实践的最高领导和决策机构，决定生态治理的方向。如国家林业局是国务院下设的林业建设管理行政主管部门，对全国林业生态建设实施统一监督管理，各级地方林业厅对所辖区域内的林业生态环境进行具体管理。需要注意的是，在生态建设管理过程中，政府仍然实际主导着生态建设的全部事务，政府几乎包揽了生态建设的规划者、决策者、实施者和监督者全部重要角色。如在预防沙漠化活动中，本着预防和治理土地沙化的目的，《中华人民共和国防沙治沙法》第十四条明确规定了预防土地沙化的基本原则，规定国务院林业行政主管部门组织其他有关行政主管部门对全国土地沙化情况进行监测、统计和分析，并定期公布监测结果。中国各级政府肩负和行使生态环境治理职能，对所辖区域生态环境质量全权负责。尽管，在经济和社会领域管理过程中，政府放权成为必然，但是在生态环境建设中，由于生态环境治理的公共性，环境保护组织不发达等因素，政府仍实际地掌控着我国生态建设整个过程。从生态建设政策到生态建设的具体行动，再到生态建设效果的监督，政府处于主导地位。

专题 2-3　政府法规驱动下的生态建设

1998 年长江、松花江与嫩江流域洪涝灾害以后，国务院制订了灾后恢复重建的“32 字方针”，即封山育林、退耕还林、退田还湖、平垸行洪、以工代赈、移民建镇、加固干堤、疏浚河道。国务院先后通过了《全国生态环境建设规划》和《全国生态环境保护纲要》等。1998 年至今我国约有 20 类正在实施的生态保护与恢复项目。其中退耕还林（草）、退田还湖、天然林保护、退牧还草等生态工程，对遏制生态退化的趋势起到了积极的促进作用。在退耕还林（草）和天然林保护工程中，仅中央财政投资就超过 1000 亿元，我国的生态保护与修复进入了实质性实施阶段。

➢ **我国正在实施的 20 类生态保护与恢复项目：**

天然林资源保护、退耕还林（草）、京津风沙源治理、重点防护林体系建设、种苗建设、森林防火、森林病虫害防治、野生动植物及自然保护区建设、水土保持、黄河上中游水土保持、长江上中游水土保持、天然草原恢复和建设、西部地区天然草原退牧还草、农村沼气建设、牧草种子基地建设、易地扶贫搬迁试点、平垸行洪、退田还湖移民建镇（长江中游）、春季禁渔（长江干流与主要支流）、三江源保护区建设工程。

➢ **目前在我国实施的生态系统恢复与管理的国际项目（举例）：**

世界银行水土流失项目（黄土高原、南方红壤区）、ADB/GEF 干旱生态系统土地退化伙伴关系项目、UNDP/GEF 中国湿地生物多样性保护与可持续利用、中国—欧盟生物多样性保护项目、中国—欧盟流域管理项目、ADB/GEF 白洋淀保护与生态系统综合管理、UNEP/GEF 白鹤湿地项目、WWF 长江项目、CI 关键生态区项目、TNC 生物多样性保护蓝图（Blue Print）项目等。

专题 2-4　印度的联合森林经营管理

印度共和国位于南亚次大陆的印度半岛上，国土总面积 297.47 万平方公里，2003 年全国人口已达 10.69 亿，其中农业人口约占 73%。20 世纪 70 年代，政府开始鼓励公众参与国有森林的管理，促使了联合森林经营形式的出现。1997 年，印度政府在全国实施“联合森林管理法令”，并在村一级建立非政府性的管理委员会——村级林业发展执行委员会（VFDC），以组织实施及协调村级森林管理活动。VFDC 代表了村社所有的农户，一般由 9~12 名成员组成，其中 5 位来自自然村寨，并且至少要有一位代表来自村寨的弱势群体。在所选择的农户代表中，要充分考虑妇女的参与，妇女代表所占比例要达到 50%。其主要任务是说服社区居民开荒营林，协助林业部门根据认可的管理计划实施计划、造林、管护等活动，在确保现有资源合理利用与公平分配的基础上，开展生态建设活动。联合森林经营管理是印度独创的社会林业发展新模式，值得发展中国家认真研究和效仿。印度实行联合森林经营管理取得的成果已通过遥感资料得到证实：在大多数实行联合森林经营的社区，原来遭破坏或退化的森林已不同程度地得到恢复，生物多样性也得到丰富。另外，该模式还拓宽了解决各种问题的可能性，如树种选择、最终利益分享、产品定价和一系列林业部门不能单独处理的其他问题。

2.6　本章小结

本章从“社会—生态系统”的提出、生态环境与经济的协调发展、生态保护和生态修复的政策实践基本过程、区域性生态保护和生态修复的政策和实践、生态建设政策实践变化（从政府全能控制型治理到主导型治理模式）5 个方面总结分析了生态建设理论与国际实践。

第3章

西部林业生态建设政策背景及演进

西部地区是我国的生态屏障，其生态环境状况关系到我国全体居民的生存质量和整个社会的发展空间。生态建设是西部大开发的重点，实施退耕还林、天然林资源保护、三北防护林建设等林业政策，既是改善环境的重大举措，也是促进西部地区经济可持续发展的重大战略措施。林业在西部生态建设过程中发挥着至关重要的作用，《中共中央 国务院关于加快林业发展的决定》和2009年中央林业工作会议明确提出，在贯彻可持续发展战略中，要赋予林业以重要地位；在生态建设中，要赋予林业以首要地位；在西部大开发中，要赋予林业以基础地位；在应对气候变化中，要赋予林业以特殊地位。西部大开发战略实施以来，国家为了改善西部生态环境的脆弱性，陆续实施了天然林资源保护、退耕还林、防沙治沙和建设防护林等政策，积极推进生态建设。

3.1 研究背景

随着西部林业生态建设的重要性日益凸显，越来越多的研究开始聚焦这一领域，例如农户参与退耕还林行为研究、西部生态补偿机制研究、西部生态建设绩效研究以及西部生态建设中林业财政政策的研究等。尽管现有研究已经关注到了上述多个层面，但是始终缺乏对于西部林业生态建设政策的整体性研究和评价，加之这些政策数量繁多、内容庞杂，这就使得对西部林业生态建设政策进行梳理并分析其演进过程变得尤为重要，是对西部林业生态建设政策进行系统评价和制度创新研究的基础性步骤。

本章首先对相关政策进行了详细搜集，并引用QSR NVivo质性分析软件对政策进行编码和归类。在政策类别研究的基础上，重点分析了八大林业重点工程建设政策的演进过程，并对政策演进的动因和趋向进行了总结，旨在系统梳理西部林业生态建设相关政策内容，为西部林业生态建设的政策和制度创新提供理论依据。

3.2　西部林业生态建设政策归类

3.2.1　政策搜集与编码

本次搜集参考多部门对于政策的界定方法，涉及林业法律、行政法规、部门规章、相关法律法规、发展规划、司法解释和名录等相关内容，共搜集到涉及西部林业生态的相关政策 590 条，其中由中央出台的相关政策有 223 条，地方出台的政策有 367 条。其中关于天然林资源保护工程，退耕还林工程，三北、长江流域重点防护林体系建设工程，京津风沙源治理工程，野生动植物保护及自然保护区建设工程，重点地区速生丰产用材林基地建设工程六大重点工程的政策有 327 条。涉及时间跨度为 1963—2012 年。

通过对政策内容进行编码以及关键字提取的方式，对搜集到的 590 条与西部林业生态建设相关的政策进行梳理和分析。首先课题组对学界各学者在政策分类尤其是在林业政策分类方面的研究成果进行了总结分析，同时对目前林业生态政策的普遍分类逻辑进行总结和思考，将生态工程、政策类型、政策功能、制定部门作为本次政策编码过程中的一级关键词。在此基础上进一步提取，得到 43 个从属于一级关键词的二级关键词，如野生动植物保护工程、天然林保护工程、条例、意见、批复、全国人大法律、国务院行政法规等。进一步提取得到 190 个三级关键词如濒危野生动植物进出口、养殖业、捕捞业、三北工程、森林管理、沙化土地、财政部、林业部等。得到三级关键词后，将三级关键词作为编码进行四级关键词的提取，分析得到 23 个从属于三级关键词的四级关键词，如城市园林绿化、城市绿化、植物检疫、植物保护、植物新品种等。

为了确保研究的精确性和科学性，课题组对上述提取出的四级关键词之间的逻辑关系进行进一步的分析和梳理。对各级关键词间是否符合其逻辑关系与现有搜集的政策内容进行对照和整理，得到最终的关键词提取结果，将不符合学术逻辑和与本次收集的政策无关的关键词剔除或升级、降级，从而得到最终的关键词，并据此进行政策分类。

3.2.2　政策分类

在最终四级关键词的基础上，课题组将搜集的 590 条西部林业生态建设政策进行归类。归类过程按照从西部大开发、西部林业生态环境建设政策的大方向出发然后落实到具体的各项政策措施这一途径，根据生态工程、政策类型、政策功能、制定部门这四个关键词将 590 条西部林业生态建设相关政策按照不同标准进行了分类。

首先，西部大开发政策。这是我国中央政府的一项重要政策，目的在于“把东部沿海地区的剩余经济发展能力，用以提高西部地区的经济和社会发展水平、巩固国防”。生态建设是西部大开发战略的主要组成部分之一，西部大开发战略的实施为西部地区开展林业生态建设提供了政策背景。其次，林业生态环境建设政策。林业是生态环境建设的主题，西部林业建设的主要政策目标是林业生态环境体系的重建及现有林业生态环境和资源的保护。第三，在涉及具体政策时，按照颁布主体划分，可分为中央和地方两个层面；按照具体内容，可分为计划类、补偿类、税费类、投资类、管理类、科技类以及与保护、扶贫相关的政策（见表 3-1）。

表 3-1　编码得出的政策分类结果

<table>
<tr><th>第一类政策</th><th>第二类政策</th><th>具体政策</th><th colspan="2">政策分类</th></tr>
<tr><td rowspan="17">西部大开发的方针政策</td><td rowspan="17">林业生态环境建设总体政策</td><td rowspan="17">具体政策</td><td rowspan="2">主体</td><td>中央层面</td></tr>
<tr><td>地方层面</td></tr>
<tr><td rowspan="7">具体内容</td><td>计划类政策</td></tr>
<tr><td>补偿类政策</td></tr>
<tr><td>税费类政策</td></tr>
<tr><td>投资类政策</td></tr>
<tr><td>管理类政策</td></tr>
<tr><td>科技类政策</td></tr>
<tr><td>与保护、扶贫相关的政策</td></tr>
<tr><td rowspan="6">重点工程</td><td>天然林资源保护工程</td></tr>
<tr><td>退耕还林工程</td></tr>
<tr><td>三北及长江流域重点防护林体系建设工程</td></tr>
<tr><td>京津风沙源治理工程</td></tr>
<tr><td>野生动植物保护工程</td></tr>
<tr><td>自然保护区建设工程</td></tr>
</table>

此外，按照工程分类是林业生态建设具体政策的主要分类方式，本次通过编码得出的林业生态建设工程主要有六类，分别为天然林资源保护工程、退耕还林工程、三北及长江流域重点防护林体系建设工程、京津风沙源治理工程、野生动植物保护工程、自然保护区建设工程。具体如下：

（1）**天然林资源保护工程**。天然林资源保护工程是我国林业建设方面一项投资重大的工程，主要是通过禁伐天然林和大面积减少商品木材产量等措施来达到天然林的休养生息和恢复发展的目的。我国西部除广西以外的 11 个省（自治区、直辖市）和新疆生产建设兵团都有涉及此工程。本次搜集的关于天然林保护的政策共有 23 条，时间跨度为 1982—2011 年，政策主要分布在 2001—2011 年这 11 年间，其中中央层面颁布的政策有 11 条。

（2）**退耕还林工程**。退耕还林工程是我国所有工程里面参与度最高的一个生态建设工程，西部退耕还林工程重点解决西部地区的水土流失问题，该工程最先于四川、山西和甘肃三个省份启动，目前西部 12 个省（自治区、直辖市）都已经展开。本次搜集的政策中关于退耕还林方面的政策共有 118 项，其中时间跨度为自 1990—2011 年，西部大开发正式提出之后，即 2000 年以来退耕还林的相关政策开始增多，其中中央层面发布的政策占据了此次搜集的退耕还林相关政策的一半左右。

（3）**三北及长江流域重点防护林体系建设工程**。西部地区涉及重点防护林建设方面的地区主要是三北、长江和珠江防护林建设，其中三北防护林建设工程涉及青海、内蒙古、宁夏、甘肃、陕西、新疆（含建设兵团）6 个省（自治区）；长江流域防护林建设体系涉及云南、贵州、四川和重庆 4 个省（直辖市）以及西藏、陕西、青海、甘肃的部分地区；珠江流域防护林体系涉及云南、贵州和广西 3 个省（自治区）。西部地区的工程造林任务在工程造林总规模中占据着重要位置，中央对于西部地区的造林投入数字可观。本次政策搜集中，重点地区防护林建设方面的政策共 10 条，时间跨度为 1991—2012 年，主要集中在 1999 年以后，其中中央层面的政策占据了大部分。

（4）**京津风沙源治理工程**。风沙治理工程涉及范围主要包括北京、天津、河北、山西、内蒙古 5 个省（自治区、直辖市）的 75 个县，国家期望通过这个工程来遏制土地沙化拓展的趋势，改善京津地区的生态环境。工程主要涉及西部地区的内蒙古自治区，本次搜集的政策中关于风沙治理工程的政策共有 18 项。

（5）**野生动植物保护工程**。野生动植物保护主要解决自然保护、物种保护和湿地保护等问题，工程初期重点实施大熊猫、金丝猴、藏羚羊、兰科植物等 15 个野生动植物保护项目，其中西部地区覆盖了除扬子鳄以外的 14 个项目，西藏、云南和青海等地的民族自治地区是本项目的重点实施点。在本次搜集的政策中，关于野生动植物保护的政策有 90 条，时间跨度为 1981—2011 年，主要的政策集中年份是 1999 年至 2015 年，其中中央层面的政策有 35 条，1999 年以前国家就野生动植物保护方面的政策出台有 17 条，西部大开发之后关于这方面的政策也在不断修订。

（6）**自然保护区建设工程**。西部的自然保护区保护着我国 30% 的陆地生态系统种类、50% 的野生动物种类和 40% 的高等植物种类，我国特有的珍稀濒危野生动植物大多集中于西部自然保护区，如大熊猫、金丝猴、朱鹮、银杉等；同时，许多自然保护区还成为我国目前代表这一地理分布的原生态系统的仅存，部分关系国家生态安全的重要环境也被纳入自然保护区。本次政策搜集中，与自然保护区建设工程相关的政策有 71 条，时间跨度为 1981—2011 年，这部分政策主要都是地方就自然保护区出台的相关政策，中央关于自然保护区的政策只有一个自然保护区条例。

以上六类工程为结合编码工具得出的政策分类结果，为进一步保证结果的准确性和科学性，课题组联合专家进行讨论，最终决定将编码分类结果与国家实施项目保持一致，将上述六类工程中重新规划为五类，其中（5）、（6）两项合并为一类，即“野生动植物保护及自然保护区建设工程”。同时，“重点地区速生丰产用材林基地建设工程”作为国家实施的六大林业生态建设重点工程之一，也被课题组列入研究范围。此外，随着环境问题的日益凸显以及受重视程度的逐渐提升，湿地保护和石漠化防治问题逐渐被提升到政策层面，列入林业生态建设重点工程之列，课题组同样对其进行了较为系统的研究。本报告对天然林资源保护工程、退耕还林工程、三北及长江流域重点防护林体系建设工程、京津风沙源治理工程、野生动植物保护及自然保护区建设工程、重点地区速生丰产用材林基地建设工程、湿地保护与恢复工程和石漠化综合治理工程八个大工程的政策演进做了详细的描述性分析，并在此基础上归纳总结了政策演进的动因和趋势。

3.3 西部林业生态建设政策演进

3.3.1 天然林资源保护工程政策演进

1998 年 1 月的全国林业计划会议在京召开，对启动长江、黄河流域生态环境重点治理项目和国有林区天保工程进行了重点研究。8 月，天保工程在四川省率先启动，对部分地区原始森林停止采伐，实行长年管护，并决定从 10 月 1 日起，全省范围内所有天然林一律停止采伐。随后，云南、山西、甘肃等省相继决定，停止一切天然林采伐。

1999 年 3 月的《政府工作报告》拓展了需限量采伐或停止采伐的天然林区的范围，并强调抓好重点生态工程建设。随后，国家林业局天保工程管理中心成立，标志着天保工程政策实施的组织机构开始完善，也反映出国家对工程建设的重视程度进一步提高。

2000 年 12 月，天然林资源保护工程首次正式工作会议在北京召开。会议总结了 1998 年以来工程试点的经验，研究解决试点工作中出现的问题，全面部署工程实施工作，标志着天保工程的全面实施。之后，国家林业局印发《天然林资源保护工程管理办法》和《天然林资源保护工程核查验收办法》，规范天保工程管理。

2003—2006 年，国家林业局会同相关部门先后出台多项有关天保工程区森工企业债务处理工作的文件，对森工企业债务进行合理免除。这反映出国家在财政方面对天保工程给予的大力支持。

2010 年 12 月，国务院相关会议决定于 2011—2020 年实施天然林资源保护二期工程，实施范围在原有基础上增加丹江口库区的 11 个县（市、区）。力争经过 10 年努力，实现总体森林面积、森林蓄积、森林碳汇的大幅度增加。

2011 年 2 月，国家林业局等多部门联合下发《长江上游、黄河上中游地区天然林资源保护工程二期实施方案》，标志着天然林资源保护二期工程正式启动。

3.3.2 退耕还林工程政策演进

退耕还林工程开始时间较早，其演进过程受国家经济发展的大政方针影响较为明显，根据经济发展的不同时期，将退耕还林工程归纳为以下几个阶段：

3.3.2.1 计划经济时期的创立阶段（1949—1977 年）

1949—1957 年间，晋西北行政公署及国务院层面先后出台相关工作条例及指示，对保护和发展林业及水土保持做了初步规划。严格地说这一时期是退耕还林的萌芽时期，仅出现了退耕还林的思想，还未上升到政策层面，更谈不上政策设计。20 世纪 50 年代，退耕还林仅在西北、西南的一些环境恶劣地区的局部范围内进行，多为营造用材林和薪炭林，个别地区也造了一些防风固沙林，而 1958 年以后，仅有的退耕还林萌芽基本上处于停止状态。

3.3.2.2 改革开放后的恢复时期（1978—1983 年）

20 世纪 70 年代，一些遭到长期开荒以后水土流失严重的地区（如黄土高原地区）开始探索退耕还林。1978 年，随着改革开放的推进，国家对环境的重视程度有所提升，三北防护林工程的启动对纳入其中的西北地区的退耕还林起到了促进作用。

这一时期退耕还林表现出如下特点：以乡县为主，调动农民采用“大兵团”方式进行规模造林，绿化荒山；多在人烟稀少的高山区进行，水土流失严重的中低山区基本未退耕，且以营造人工用材林为主，在生态保护方面并不理想；个别地方（如四川省）开始探索“以钱粮促退”政策，有些地区的退耕地化为社员的“自留山”“管理山”后，林木成片采伐严重，使其重新变为荒山或返耕地。

1983年，胡耀邦同志提出“种草种树，发展畜牧，恢复生态，促进农业”的“反弹琵琶”治理方针，退耕还林的政策重新得到重视。但由于当时发展商品经济意识正在萌动，加上客观上缺乏统一的生态环境政策，且以地方推动为主，于是出现了以经济价值高、短期效益好的用材林种植为主的方式，退耕还林的生态效益并没有得到特别的强调。

3.3.2.3　以市场为导向的加快发展时期（1984—1998年）

1984年中共十二届三中全会提出“社会主义是有计划的商品经济”的理论，国家进入以市场为导向的经济发展时期。20世纪80年代后期，国家着力解决农民致富问题，在政策上允许自留山和承包荒山造林，农民以利益为导向，以经济林建设为主，生态环境保护的意识仍然薄弱。

1992年，党的十四大确立了我国社会主义市场经济体制，这一体制的确立加快了我国的林业立法步伐，《中华人民共和国森林法》《中华人民共和国草原法》《中华人民共和国水土保持法》以及《中华人民共和国土地管理法》相继出台，明确规定“禁止毁林开荒及陡坡耕作，有计划地退耕还林”，标志着退耕还林工程开始步入依法治理的轨道。

1998年发生特大洪灾，国务院临时出台《关于灾后重建、整治江河、兴修水利若干意见》，把“封山育林、退耕还林”作为灾后重建的首要战略目标。这一时期中央政府对退耕还林、恢复和重建生态的作用和认识得到强化，政策出现频率逐渐加大，各项政策明显地表现出法律约束和直接控制的特点，但因在政策设计上缺乏对微观主体即农民的利益激励，还林格局仍以经济林为主，生态功能仍没有明显改善。

这一时期存在的问题：一是仍以经济效益为主决定退耕还林的营造格局，农民个人决策受市场影响较大，退耕不稳定；二是由于营造的多是经济林，且有的实行林粮间作，退耕地水土保持作用仍不突出；三是一些省市虽实行了补贴政策，但因政策缺乏持续性而导致退耕后又普遍返耕。

3.3.2.4　作为林业重大工程的试点示范阶段（1999—2001年）

1999年下半年，四川、陕西、甘肃3省率先开展试点工作，随后试点范围逐步扩大，截止到2001年，累积退耕还林和荒山造林面积都有了大幅提升。这一时期有如下特点：在行动上由局部零星分散治理转变为西部地区集中治理，以中央补助为主、地方配套为辅；以营造生态林和经济林为主，探索出了较为成功的建设机制（如公司+基地+农户等）和有效的建设模式（如林草型、林药型模式等）。这一时期存在的问题包括：一些政策规定有较大的认识弹性；经济补偿政策缺乏灵活性，对农民补偿标准偏低，缺乏工作经费；技术服务体系建设等配套措施不完整；没有提及退耕还林后续补偿机制；科研及规划严重滞后；计划管理与造林生产脱节；经济林比重过大。

3.3.2.5　工程全面建设阶段（2002—2006年）

2002年，国务院西部地区开发领导小组办公室和国家林业局联合宣布全面启动退耕还林工程。《退耕还林条例》的公布，标志着退耕还林工作正式步入法制化轨道。条例中明确规定了各地区在钱粮方面的补助标准，并规定由国家向退耕户提供种苗和造林费补助。

2006 年，国家林业局印发《退耕还林工程质量评估办法（试行）》，对工程实施效果的评估方式和标准作了详细规定，对工程的绩效评价体系作出初步搭建，这标志着退耕还林工程建设体系得到进一步完善。

3.3.2.6　工程延续和完善阶段（2007 年至今）

2007 年，国务院下发《关于完善退耕还林政策的通知》，该通知明确提出，现行退耕还林粮食和生活费补助期满后继续对退耕农户直接补助，并根据验收结果兑换补助金。8 月，全国退耕还林工作会议在长沙召开，会议总结了退耕还林工程建设的经验成效，安排部署当前和今后一个时期的退耕还林工作，表彰为退耕还林事业做出突出贡献的先进典型。

3.3.3　三北及长江流域重点防护林体系建设工程政策演进

该项工程在成立之初就对三北和长江地区的工程推进作了明确的规划，根据不同阶段实施目标的不同，分别总结其政策演进过程如下：

3.3.3.1　三北防护林工程建设

3.3.3.1.1　第一阶段（1978—2000 年）

第一阶段分为三期工程（1978—1985 年、1986—1995 年、1996—2000 年），用 23 年时间（1978—2000 年）造林 2177.4 万公顷（占总任务的 62%），初步建成一批区域性防护林体系。

一期工程，把农田防护林作为工程建设的首要任务，集中力量建设平原农区的防护林体系，在农牧交错地带的长城沿线确定重点建设县，通过国家专项投资，重点开展以营造农田防护林、牧场防护林、重点地区防风固沙林、水土保持林为主体的防护林建设。

二期工程，提出了建设生态经济型防护林体系，改变单一生态型防护林建设模式，做到农林牧、土水林、带片网、乔灌草、多林种、多树种、林工商七个结合；重点安排京津周围、京包—包兰铁路两侧等 5 个重点工程，并将山西昕水河流域等确定为生态经济型防护林示范区。

三期工程，以农田防护林为主的区域性防护林体系作为工程建设的重中之重。在三北农牧业生产迫切需要、自然条件较好的地区，选定一批县旗进行重点扶持，有计划、有步骤地建成一批区域性防护林体系。

3.3.3.1.2　第二阶段（2001—2020 年）

根据第一阶段实施成果，第二阶段分为二期工程（2001—2010 年、2011—2020 年），用 20 年时间造林 801.7 万公顷（占总任务的 23%），总体防护林体系基本建成。

四期工程（2001—2010 年），根据日益严峻的防沙治沙形势，提出了以防沙治沙为主攻方向。提出了“建设一个亮点、统筹三大区域”的工程建设思路，开展了新农村建设试点、农防林更新改造和重点农区、重点沙区、水土流失区的高标准防护林建设。

四期工程已经完成，第四期工程共涉及 13 个省（自治区、直辖市），覆盖近 600 个县（旗、市、区），保护了工程区内大面积的森林资源，森林覆盖率明显提升，沙化土地得到初步治理。在黄土高原建成了重要的后备森林资源和干鲜果品基地，防护林体系框架初步建成。

3.3.3.1.3 **第三阶段（2021—2050 年）**

第三阶段分为三期工程（2021—2030 年、2031—2040 年、2041—2050 年），规划用 30 年时间造林 523.3 万公顷（占总任务的 15%），主要任务是防护林体系的巩固、完善和提高。到 2050 年，工程全面完工后，将使三北地区的森林面积累计达到 6057 万公顷，覆盖率由 5.05% 提高到 14.95%，届时三北地区的沙漠化土地将得到有效治理，水土流失将得到基本控制，人民的生产生活条件得到根本改善。

3.3.3.2 长江流域防护林建设工程

长江流域防护林建设工程规划由三期完成，分别如下：

一期工程为 1988—2000 年，在水土流失重点地区的 114 个县（市）34 万平方公里面积内，造林 1580 万公顷。到 2000 年底，一期工程共完成造林 1371.66 万公顷，累计完成投资 56.08 亿元。长江上中游防护林体系建设一期工程累计完成营造林面积 685.5 万公顷。其中，人工造林 422.5 万公顷，飞播造林 7.5 万公顷，封山育林 221 万公顷，幼林抚育 34.5 万公顷。

二期工程建设期为 10 年（2001—2010 年），涉及全国 31 个省（自治区、直辖市）的 1900 多个县（市、区），基本覆盖了我国主要的水土流失、风沙和盐碱等生态环境脆弱地区。二期工程实现了森林资源、防护林总量的显著提高；在防护林体系构成方面基本覆盖水源涵养、水土保持功能显著的九大二级树种，大大提高了水土保持效率；森林经营管理体系和基础设施得以完善，工程区基本具备了管理能力。该阶段也存在相关问题：布局配置不合理，部分河流干流、湖库周边防护林体系配置标准偏低，一些水土流失重点区防护林布局偏弱；林分整体质量偏低，低效林、中幼林比重较大；林区道路密度、森林防火以及有害生物防控水平需进一步提高。

三期工程为 2011—2020 年，规划分 2011—2015 年、2016—2020 年两个阶段完成，目前工程运转良好，相关规划也在持续推进。

3.3.4 京津风沙源治理工程政策演进

京津风沙源治理工程自 2001 年开始，2006 年国家对工程实施的首个五年进行了总结，并出台了更加规范化的制度规定，在此基础上部署下一阶段的工作安排，因此以 2006 年为界，该工程的演进过程如下：

3.3.4.1 第一阶段（2001—2005 年）

2000 年春天，华北地区连续发生沙尘暴或浮尘天气，党中央、国务院对此高度重视。京津工程于 2000 年 6 月启动试点，2001 年全面铺开，2002 年 3 月国务院批复工程建设规划，工程全面实施。

2001 年 6 月，支持中国履行《联合国防治荒漠化公约》建立伙伴关系暨筹资国际会议在北京举行，京津风沙源治理工程得到国际社会的高度关注。8 月，九届全国人大常委会第二十三次会议审议通过《中华人民共和国防沙治沙法》，标志着该工程的实施有了法律保障。同年 12 月，环北京地区防沙治沙工程项目区全面实行“禁牧、禁樵、禁垦”。

2002 年，国务院批准《京津风沙源治理工程规划》。2003 年，相继出台了《京津风沙源工程建设管理办法》《全国荒漠化和沙化监测管理办法（试行）》，京津风沙源治理工程开始了规范化运作。

2004 年 6 月，国家林业局、全国人大环境与资源保护委员会、全国政协人口资源环境委员会联合在北京召开“加快防沙治沙步伐，促进农民增收”座谈会；随后，国家林业局下发了《关于加快京津风沙源治理工程区沙产业发展的指导意见》，出台了《营利性治沙管理办法》《关于建立健全重大沙尘暴灾害应急体系的通知》等。风沙治理工程开始产业化运作，在获取生态效益的同时谋取经济利益。

2005 年，国家相关部门又出台一系列政策，对工程的重视程度进一步提高。

3.3.4.2 第二阶段（2006 年至今）

2006 年，我国推行了省级人民政府防沙治沙责任制度，先后启动了 39 个全国防沙治沙示范区，实施了石漠化综合治理工程，对京津风沙源治理工程起到了较好的推动作用。2006 年 12 月，全国人大环境与资源保护委员会、国家林业局在人民大会堂联合召开《中华人民共和国防沙治沙法》实施五周年座谈会，对上一阶段治沙成果进行了详细的总结，并对下一阶段工程的开展进行了展望。2009 年第 4 次全国荒漠化沙化监测数字显示，我国土地荒漠化、沙化呈持续净减少之势，京津工程成果显著。

这一阶段主要政策进展如下：一是明确责任，实行“五到省”责任制度；二是优化政策机制，充分调动社会各界治沙积极性；三是强化抚育管理，保护了治理成果，在工程项目区实行“三禁”（禁牧、禁樵、禁垦）制度；四是加强产业建设，促进了区域经济增长；五是强化科技支撑，开展技术培训、科技送乡活动，提高了工程建设质量；六是规范工程管理，建立了一系列规章制度，合同制、招投标制、监理制等得到广泛运用。

3.3.5 野生动植物保护及自然保护区建设工程

该工程的实施进程受“文化大革命”影响较大，工程在此期间几乎处于停滞状态，过后工程才得以恢复，重新规划起步，在改革开放浪潮的推动下，保护区建设事业得以顺利推进并逐步发展。具体演进过程如下：

3.3.5.1 起步阶段（1956—1965 年）

1956 年，全国人民代表大会提出建立自然保护区的问题。同年 10 月林业部草拟了《天然森林伐区（自然保护区）划定草案》，提出了自然保护区的划定对象、办法和地区，并在广东肇庆建立了我国第一个自然保护区——鼎湖山自然保护区。据此，各地开始建立保护区，我国的保护区建设事业开始启动。1962—1964 年，我国政府先后发出和发布了建立自然保护区的相关通知和条例，为自然保护区设立提供依据。到 1965 年我国建成的功能比较完善的自然保护区一共有 19 处，总面积 64.88 万公顷。

此阶段自然保护区建设的速度缓慢，保护区类型主要是森林植物和动物两种类型。这一阶段的自然保护区建设仅以封山育林、抢救一批保持自然状态的森林以供科学研究为主要目的。

3.3.5.2 停顿阶段（1966—1972 年）

“文化大革命”使国家的社会经济遭到严重破坏，我国自然保护区事业基本上处于停滞状态，不仅没有建立新的保护区，一些已建的自然保护区，由于在区内进行毁林开荒、狩猎采伐等活动，也受到了冲击和一定程度的破坏，正待建立和完善的管理体系遭到削弱，部分保护区甚至停止管理。

3.3.5.3　恢复阶段（1973—1978 年）

我国从 1973 年开始逐步对自然保护区进行恢复建设。1973 年 8 月召开了第一次全国环境保护工作会议，会议提出了我国《自然保护区暂行条例（草案）》供会议讨论并获通过。1978 年底，我国的自然保护区数量达到 34 个，总面积也有所扩大。1978 年 3 月，第三部《中华人民共和国宪法》的通过，使我国的自然保护事业纳入了法制轨道。

3.3.5.4　加强规划与迅速发展阶段（1979—2000 年）

20 世纪 70 年代末以来，我国自然保护事业发展迅速。由于改革开放带来的新思想，人们思想水平的提升，工业的发展造成的自然资源需求都导致对保护区的关注度提升，保护区进入一个良好管理的循环圈。1979 年，建立我国第一个国家级自然保护区——福建武夷山国家级自然保护区。并于 1985 年、1988 年先后出台了《森林和野生动物类型自然保护区管理办法》和《中华人民共和国野生动物保护法》，进一步完善法制化管理体系。自然保护区的类型也从较为单一的野生植物、野生动物和森林生态 3 种保护类型发展为 9 种保护类型。

为了加强自然保护区的建设和管理，充分保护自然资源环境，1994 年 9 月，国务院通过《中华人民共和国自然保护区条例》。1997 年以来，自然保护区建设进入高速增长阶段。

3.3.5.5　全面规划与管理阶段（2001 年至今）

2001 年 12 月，全国野生动植物保护及自然保护区建设工程正式启动。规划工程建设期为 2001—2050 年，分近期、中期、远期三期进行。建设期内，拟拯救一批国家重点保护野生动植物，扩大、完善和新建一批国家级自然保护区、禁猎区和野生动物种源基地及珍稀植物培育基地，恢复和发展珍稀物种资源。同年 12 月，国家林业局自然保护区研究中心成立，标志着我国自然保护区的建设和发展进入了一个以科技为支撑的新阶段。这将从政策、资金、技术等方面为我国自然保护区事业的健康发展提供保证。

在此期间，2008 年南方发生雨雪冰冻灾害，国家林业局临时出台《促进野生动植物资源和自然保护区生态系统灾后恢复的指导意见》，要求遭受低温雨雪冰冻灾害的相关省份严格控制自然保护区内受害林木的清理工作，合理恢复野生动植物种群及其栖息地。

3.3.6　重点地区速生丰产用材林基地建设工程政策演进

速生丰产林的培育和成长是能够带来生态和经济双重效益的林业项目，国家对该项工程一直给予了高度重视，并且随着时间的推移，国家对该项工程的重视程度也在不断提高，政策导向、财政支持、科技投入等力度都在不断加大。按照时间顺序总结该工程演进过程如下：

3.3.6.1　20 世纪 70 年代初期

我国速丰林基地建设开始起步。

3.3.6.2　20 世纪 80 年代初期

在 20 世纪 80 年代初期，我国开始在南方发展人工用材林。1983—1984 年间，由国家科学技术委员会、计划委员会和经济委员会联合主持制定了国家 12 个领域的技术政策，其中包括发展速丰用材林的技术政策，发表在《国家科委蓝皮书第十号》上，系统阐述了发展速丰林的必要性、可能性、目标和布局、主要技术措施及有关经济政策。有力推动了速丰林在“七五”“八五”期间的快速发展。

3.3.6.3 20世纪80年代后期

1988年国家计划委员会批准了林业部制定的《关于抓紧一亿亩速生丰产用材林基地建设报告》，1989年国务院批准实施《1989—2000年全国造林绿化规划纲要》，将速生丰产用材林基地建设推向一个新的高潮。林业部对速生丰产用材林基地的建设作了明确规定，包括涉及的县、林场、森工企业以及速丰林面积等。按远景规划30年时间营造速生丰产用材林1.3万公顷。国务院于1989年正式把发展速丰林列入国家的产业政策。

3.3.6.4 20世纪90年代

20世纪90年代初开始利用世界银行贷款实施速丰林建设项目的经验，以及借鉴国外林业先进国家的经验,立足本国大力发展速丰林。"国家造林项目"从1988年着手准备，于1997年全面竣工，我国速丰林基地建设累计保存面积及分布的地域范围都有了非常可观的数字。

速丰林基地建设初期，基地建设布局限于南方一些省份，在造林树种的选用上，以杉木为主，树种比较单一。随着我国速丰林经营目标的多样化，造林树种逐渐得以丰富。近年来，速丰林经营技术和管理水平不断提高，从后期林分生长状况看，速丰林一般都好于其他类型人工林。但基地建设存在不少问题：一是投入严重不足，制约建设进程；二是税费负担过重，阻碍了资本流入；三是培育与加工脱节，影响了建设效益发挥；四是树种单一、纯林多、林地隐患重重；五是生产周期较长，经营风险较大。

3.3.6.5 21世纪以来

进入21世纪,我国速丰林建设进入了一个崭新的发展时期。按照"大工程带动大发展"的思路，2001年通过对林业生产力布局的调整，国家提出了"重点地区以速丰林为主的林业产业基地建设工程"，并列为六大林业重点工程之一。2002年8月，该工程正式开始实施，分两个阶段三期。分别为2001—2005年和2006—2015年两个阶段，其中第一阶段为第一期，2006—2010年为第二期，2011—2015年为第三期。以高投入、高产出、高度集约经营，企业化、市场化、商品化的模式，建设一批具有相当规模的速丰林基地。

2005年8月，《速生丰产用材林建设导则》公布，对速丰林建设的验收标准和质量评价标准做出了规定。2010年速丰林基地建设工程初步形成我国南方、中东部和东北地区三大用材林产业带。近年来，随着集体林权制度改革的全面推进与深入发展以及相应配套政策与措施的提出，各地出现了营造速丰林的热潮，速丰林建设成为社会投资的热点和亮点。

3.3.7 湿地保护与恢复工程政策演进

该工程成立之初，国家虽然在某些层面上出台了一定的政策进行支持，但是该工程并没有被放在林业生态建设的重要战略性地位上，国家的重视程度尚待提高。2000年之后湿地系统对于生态环境保护的重要性逐渐得到重视，湿地保护作为重要内容被纳入林业重点工程，成为国家重点支持项目。因此以2000年为界，可将该工程分为初始阶段和全面建设阶段。

3.3.7.1 初始阶段（1992—1999年）

我国政府于1992年加入湿地公约，明确由林业部负责组织、协调履约工作。湿地保护示范工程将在相关地区开展48项示范工程，并进一步加强我国国际重要湿地的建设工作，建立湿地监测站点，形成湿地监测体系并加强湿地保护的科研工作。示范工程将按照国际重要湿地标准对这些保护区进行保护和管理，提高保护区的科研和监测水平，直接受益面积为200万公顷。

1993年9月国务院批准了《中国环境保护行动计划（1991—2000）》，把湿地自然保护区的建设指标单列一项，就湿地保护规定了具体目标。1996年国务院批准发布了相关规划，将湿地保护列为自然保护的重点之一。

1998年制定《全国生态环境建设规划》，逐步有计划地停止对湿地的开发。1999年5月《国际湿地公约》（RAMSAR）第七次缔约方会议举行，中国政府代表团出席了会议。大会期间，中国代表团介绍了我国履约工作和湿地保护方面取得的成就，引起了与会代表的高度关注。

3.3.7.2　全面建设阶段（2000年至今）

2000年，国务院17个部门联合颁布了《中国湿地保护行动计划》。2001年，国家将湿地保护作为重点内容，纳入林业重点工程建设，并成为国家重点支持项目。

2002年1月，国际湿地公约秘书处批准我国新指定的14块国际重要湿地，使我国国际重要湿地达到21块。8月，国际湿地公约秘书处给中国政府颁发《国际重要湿地名录认可证书》，中国的湿地保护事业得到国际社会空前的广泛关注。

2004年，由国家林业局等10个部门共同编制的《全国湿地保护工程规划（2002—2030年）》得到国务院批准。该《规划》打破了部门界限、管理界限和地域界限，明确了到2030年，我国湿地保护工作的指导原则、主要任务、建设布局和重点工程，对指导开展中长期湿地保护工作具有重要意义。

2004年6月8日，我国国际重要湿地达到30处。2005年8月，国家林业局成立国际湿地公约履约办公室（国家林业局湿地保护管理中心），标志着我国履行联合国《湿地公约》的能力得以提高，进一步促进并强化了全国湿地保护管理工作。2010年，国家林业局关于印发《国家湿地公园管理办法（试行）》的通知，开始加强国家湿地公园管理。

为加强湿地保护，地方上相继出台湿地保护条例。2010年以来，民进中央、致公党中央等纷纷建议尽快出台国家层面的《湿地保护条例》。2013年3月，国家林业局发布《湿地保护管理规定》。

3.3.8　石漠化综合治理工程政策演进

该工程自20世纪90年代末开始实施，其发展过程具有明显的阶段性，可分为初始治理、试点和全面推进三个阶段。

3.3.8.1　初始治理阶段（1999—2007年）

我国的石漠化综合治理始于1999年，当年6月17日，纪念世界防治荒漠化和干旱日活动在全国展开。

2001年3月，“十五”规划纲要中提出“加快小流域治理，减少水土流失。推进黔桂滇喀斯特地区石漠化综合治理”，这是在国家政策层面，第一次明确提出对土地石漠化的防治。同年5月，广西壮族自治区发布《关于2001年全区石漠化治理封山植树工程试点建设实施方案的通知》，这是地方最早对石漠化防治的专门规范性文件。

2002年，国家环境保护总局印发《全国生态环境保护“十五”计划》，明确提出了针对滇桂黔岩溶地区的土地石漠化治理，这一提出标志着土地石漠化概念首次在国家部门规章中公开使用。

2003 年 9 月，在贵阳召开的“中国西南（贵州）喀斯特生态环境治理与可持续发展”会议上，与会专家从生态环境的高度对土地石漠化进行了重新认识和定位，真正把荒漠化和石漠化进行了明确区分。

2004 年，国家发展和改革委员会正式发布了《关于进一步做好西南石山地区石漠化综合治理工作指导意见的通知》，这是国家部级机关第一次对土地石漠化问题做出的防治通知。同年 11 月，国家发展和改革委员会颁布《关于进一步做好西南石山地区石漠化综合治理工作指导意见的通知》，表明国家对石漠化的治理已经从关注和重视落到了实际操作的层面。

2005 年年底，中共中央和国务院再次出台相关意见，对土地石漠化作为影响我国耕地数量和质量的重要因素，做出了正确认识和治理方向。

2006 年 3 月，土地石漠化和荒漠化作为重点防治工程被列入“十一五”规划纲要，在政策防治层面上，土地石漠化的防治被第一次提到了空前的高度。5 月，相关报告显示西南地区土地石漠化问题有加重的趋势。8 月，《全国土地利用总体规划纲要（2006—2020 年）》对西南地区的土地石漠化治理做出详细规定。此外，国家规定由发改委具体指导土地石漠化治理工程。2006 年年底，土地石漠化的防治实施正式拉开序幕。

2007 年 6 月，国务院印发《中国应对气候变化国家方案》，在该方案中，土地石漠化被列为影响气候变化的重要因素之一，从一种新的角度，对土地石漠化进行了重新认识。

3.3.8.2 试点阶段（2008—2010 年）

2008 年 3 月，国务院出台相关通知，将工程负责部门在国家发改委的基础上，扩充了财政部、国务院扶贫办等机关。

2008 年 4 月，国务院批复了国家发展改革委会同林业局、农业部、水利部共同编制的《岩溶地区石漠化综合治理规划大纲（2006~2015）》，并启动岩溶地区石漠化综合治理试点项目。

2009 年 3 月，国家林业局批准实施《岩溶地区石漠化综合治理林业专项规划（2006—2015 年）》，同年 4 月开始实施。规划对截至 2015 年工程应取得的成果做出了详细规定。

2010 年 3 月，国家林业局在广西南宁召开石漠化试点工程林业建设暨经验交流会，总结上一阶段工程成果，交流结果表明治理区域生态状况得到初步改善。

3.3.8.3 全面推进阶段（2011 年至今）

2011 年 11 月，国家林业局石漠化监测中心在湖南省长沙市国家林业局中南林业调查规划设计院揭牌成立，这标志着我国石漠化监测、预警、评估工作步入正规化轨道。石漠化综合治理工程进入全面推进阶段，工程规模将由“十一五”期间的 100 个县扩大到 200 个石漠化治理重点县，并逐步将 451 个岩溶地区石漠化县全部覆盖。

3.4 西部林业生态建设政策演进动因和趋势分析

对林业生态工程建设的演进及发展问题进行研究，仅有对政策演进过程的还原性描述是不够的，分析林业生态建设政策演进的动因，并在此基础上预测其演进趋势，才是研究的关键所在，也是梳理西部林业生态建设政策，研究其演进机理并在此基础上进行制度创新的前提和基础。

3.4.1 动 因

3.4.1.1 国民生态意识提升

继退耕还林工程在中华人民共和国成立之初最先展开之后，其他林业生态建设工程也陆续得以开展。但是对各大工程的演进过程进行总结发现，20 世纪 90 年代之后才是各大工程开始全面发展的黄金阶段，各项工程的规划和建设才真正步入正轨。进入 21 世纪，生态环境的持续恶化以及自然灾害的连续频发，将人们对生态环境的关注推向了一个新的高度，国民生态意识日益提高，对于改善生态环境的愿望和热忱也愈加高涨，社会各界对经济和生态、短期和长期、发展和保护等各种关系的反思也愈加深刻。这种来自民间的最初始的呼声和需求最终作用于政府部门，进一步使得全民普遍关注的生态环境问题不断被提升到政策的高度。2001 年，国家开始进行森林生态效益补偿试点，实行森林生态效益有偿使用，承认森林的生态价值，这种从上到下的推动形式，既体现了国家对林业生态建设的重视和支持，同时也有效增强了全社会对森林生态价值的认识，进而推动了全民参与林业生态建设大环境的初步形成。

处于这种大环境下的社会各阶层，上至国家部委，下至普通百姓，尤其是生态林业建设政策的主要利益相关者——农民，都对于林业生态建设工程的作用和意义有了全新的认识，对于国家政策的支持和执行力度大大提高，主动参与林业生态建设工程的积极性也不断提升，这种上行下效的推动方式得以良性循环，从而推动林业生态建设政策的持续优化演进。

3.4.1.2 政府推动力度加大

西部林业生态建设工程是关系到全国生态环境好转和西部人民脱贫致富的利国利民工程，是涉及多级政府、部门和千千万万人民群众利益的事业。对各大林业工程的演进过程进行归纳总结发现，政府在工程的规划和实施过程中发挥着极其重要的作用，没有政府的参与和组织，工程的成效几乎是不可想象的。政府主要通过不断提升对林业部门的重视程度，以及不断加大在工程建设过程中的推动力度，进而作用于林业生态建设政策的持续演进。

进入 21 世纪，随着西部大开发战略的实施，林业在其中的作用和地位日益彰显，林业部门的任务也明显加重。为此，国家适时出台相关配套政策，不断加强林业部门的职能。同时，在西部各级政府机构改革中，不断深化对于林业系统的改革和优化，以专设部门或机构小组的形式，在林业部门增设了相应工程的政府管理机构，并保证了相应人员的编制。这些配套举措从组织上确保了林业工程的重点实施，同时也保证了每一项政策的出台和工程的实施都有政府人员精心策划、合理组织。各级政府对林业重视程度的增强，在林业生态建设政策演进的过程中扮演了催化剂的作用，推动着林业生态建设政策的合理制定以及生态工程的有序开展。

政府作用增强的又一表现，是政府在规划协调以及资金投入方面的推动力度。在林业生态建设工程演进的过程中，每一项工程的建立，政府都指定相应部门切实考察工程牵涉区域的自然特点和当地实际情况，在此基础上制定详细规划，明确工程实施的范围、时间、组织机构、管理办法、保障措施、效益估算等。这些看似简单的工作其实蕴含了巨大的工作量，正是政府对每一项工程进行了合理的统筹安排和规划协调，才使得各级政府部门能够明确要求，负责具体工程的实施。此外，国家先期资金的投入在西部林业生态建设工程的实施过程中发挥了决定性的作用。国家对林业生态建设资金配套政策的不断修订和完善，直接作用于工程实施的具体过程及各项阶段性成果，保证了林业生态建设主体政策的顺利演进。

3.4.1.3 生态立法进程加速

加快生态建设是我国的基本国策，是一项宏伟的社会公益性系统工程，具有较强的社会性，涉及方方面面的利益关系，需要有一系列的法律规章制度作为政策执行的保障。自20世纪70年代以来,伴随着中国的改革开放,林业法制建设的重要性得到重视。1979年《中华人民共和国森林法》开始试行，1984年正式施行，至1998年，重新修订的新《中华人民共和国森林法》颁布施行，反映我国的林业事业发展走上了依法治理的发展轨道。

在实施依法治国方略的今天，伴随着我国生态建设的深化发展，政府在不断总结生态建设经验教训的基础上，用法律的形式肯定了被改革实践证明了行之有效的做法，循序渐进从多个方面推进生态建设相关的法律制度,包括:《中华人民共和国环境保护法》《中华人民共和国森林法》《中华人民共和国防沙治沙法》等。此外，国家还制定颁布了一系列与生态建设和资源保护相关的行政法规和规章，如《中华人民共和国自然保护区条例》《中华人民共和国森林法实施细则》等。在此基础上，地方人大也颁布实施了800余件与环境和资源保护相关的法律法规，具有中国特色的生态建设法律法规体系已经初步形成。

3.4.1.4 区域经济社会发展

西部地区传统计划经济力量较强，导致市场发育缓慢和滞后，地区国民经济明显落后。随着西部大开发战略的实施，西部地区国民经济有了明显好转，市场经济体制得以有效建立，这一变化通过影响林业经营方式直接作用于林业生态建设工程的开展。随着区域经济社会的发展，市场经济体制导向下的农民开始更加注重利益最大化，既要保护环境效益，又要兼顾农民利益，对林业市场的培育和建设成为西部林业生态建设政策演进的必然道路。近年来，西部地区逐渐完善了林产品市场，为林区及广大林农在政策范围内发展经济林业提供了条件；建立了活立木市场，推动青山的转让和买卖，有效调动了广大农民承包荒山造林的积极性；同时建立了土地的评估和流转市场，有效推动了集体林权制度改革的深化进行。林业市场的建立又进一步作用于政府的宏观调控和国民经济的发展，在西部林业生态建设政策的演进过程中，不断开辟新的方向和道路。

3.4.1.5 林业科学技术进步

科学技术的进步对政策变迁有着普遍而深刻的影响。林业科学技术的进步主要作用于推动林业产业创新，进而推动林业政策的演进。技术创新是林业产业演进的根本动力，大大提高了林业产业系统的生产率，降低了资源的消耗，使消费品升级换代，增加了系统的产品数量，促进了林业产业结构升级，并推动林业主导产业及其相关产业由低级到高级不断演进。

技术创新作用于林业产业演进的机理可大致概括为：首先，宏观主体及微观主体在经济利益及社会利益驱动下，通过技术研究与开发投入完成技术创新，即将研发成果转化为新材料、新工艺、新产品、新方法等；其次，通过技术扩散使新材料、新工艺、新产品、新方法等创新成果从某一家林业企业扩散到其他林业企业，一个领域扩散到其他领域，从而使林业产业及相关产业的生产力水平提高，知识与技术积累逐渐增多，分工逐渐细化、专业化水平逐渐提高；最后，需求及供给将由于生产力水平的提高、分工的细化发生变化，两者共同作用引致林业产业的创新发展，推动林业产业系统向现代化、高层次方向演进。在西部林业生态建设政策演进的过程中，林业技术创新对于林业产业演进的推动进而影响到了林业政策的制定和实施，产业发展与配套政策是分不开的，产业的演进推动了林业市场的发展，从而影响到政策的制定和实施。

在以上对政策演进动因的分析中，各因素并不是相互割裂的，而是在相互作用与影响的过程中共同推进政策的演进。而在政策演进的不同阶段，各动因的影响程度也有所不同。比如：在政策的初始阶段，国民对于生态环境的需求以及政府的推动就显得尤为重要，这关系到政策的出台是否顺利以及政策的执行能否延续，而西部地区国民经济的发展会作用于林业技术的创新以及财政的投入，这对于政策制定质量及政策执行效果无疑具有积极的影响。各动因之间相互影响、相互作用、相互博弈，只有当其达到一个均衡状态时，政策安排才会相对稳定；反之，各动因之间的不均衡就会导致其向均衡的方向调节，致使政策不断出现反复，并最终在政策的演进过程中得以体现。

3.4.2　趋　势

3.4.2.1　政策制定程序法制化

由于林业的弱质性和巨大的外部效应，在促进一国或某一地区发展林业时，政府应出台必要的制度和政策安排，对相关利益主体的行为进行约束。目前，以《中华人民共和国宪法》《中华人民共和国森林法》《中华人民共和国水土保持法》《中华人民共和国农业法》《中华人民共和国农村土地承包法》为主的涉及非公有制林业发展的主要法律法规已经基本齐全，政策体系也在日益完善。以《中共中央 国务院关于加快林业发展的决定》为核心的林业政策已明确了大力发展非公有制林业的科学定位、体制机制安排和法律、科教等方面的主导政策，地方性法律法规也不断出台，它们共同构成了非公有制林业发展的政策与法律环境。但是着眼于林业事业发展的长远需要，进一步制定并完善发展林业生态建设的法律法规、创立良好的政策与法律环境仍然任务艰巨。在林业生态工程建设的过程中，尤其是经历了集体林权制度改革后，林业的生产和经营应更多地体现以法治林的法治精神，通过法律规制，尽可能地约束林业生态建设的所有环节。在保持法规延续性的同时，适时更新相关法律，加强宣传、执行与执法监督。同时，在未来的法律保护与管制方面也要借鉴国外的成功经验，对政策演进的过程进行法制化约束，新政策的出台必须是基于科学研究的对旧政策的完善和修订，保障不同时期的政策之间能够有良好的衔接，保证西部地区林业生态建设政策演进的科学化与规范化。

3.4.2.2　政策实施内容透明化

通过明确主体政策及后续政策的实施细节，加大对政策的宣传力度，提高政策实施内容的透明度，以便让地方政府和农户等相关利益主体形成稳定的收益预期，减少他们的风险心理预期成本。政策实施的相关利益主体，尤其是农户，对风险的心理预期高，政府势必就要以较大的成本投入，采取具有相当力度的措施来保障他们的利益，降低实际风险，保证大多数地方政府和农户积极执行政策，才能促进林业生态建设制度路径的形成。通过加大政策宣传力度，增加持有积极态度的地方政府和农民在政策落地初始时所占的比例，经过一段时间的学习和模仿，最初选择消极态度的参与者也会逐渐转变行为，最终会使各项政策实施或工程建设作为一种成功的制度安排被固化下来。如果起初上级政府对地方政府及农户利益的保障并没有使大多数人采取积极态度，那么后续无论投入多少行政努力，最终相关利益方仍有可能以消极态度来对待生态建设工程，甚至形成一种不好的风气。在这一过程中，农户群体会强化自己的风险心理预期，并且持续时间越长，该预期就越巩固，也就越需要耗费更高的成本来逆转。因此，后续的政策制定及实施应尽可能公开化、透明化，切实促进形成地方政府对上级政府、基层农户对地方政府的信任关系，为政策落地提供先行的实施保障。

3.4.2.3 政策参与机制社区化

林业生态建设不是一个临时性工程，它的实施是一个长期的动态过程，不可能总是使用“运动”的、全面动员的方式来推进，亟待加强的是乡镇一级的工程管理制度。一个长期的稳定的制度必须要有社区组织的参与，变自上而下的任务分配制度为自下而上的社区申请制度，将社区和农户参与的机制引入各大工程的建设中来，才能真正贯彻农户自愿的基本原则。把各大工程的精神深入贯彻给地方政府机关，指导并协助地方政府制定出属于自己管辖范围内的工程计划，这对于调动当地社区和政府的积极性具有重大意义。同时在工程的计划、设计、实施、监测与评估中应建立农民参与的机制，确立农民对林业生态建设工程的主人翁意识。针对个别工程，如退耕还林工程、速生丰产林基地建设工程等，建立农户参与的监测评估制度，这些工程的成败同农户的经济关系最为密切，农民对荒山造林的真实情况也最为了解。现实中，“对上负责”的检查验收制度的操作成本非常高，难以长期有效地维持下去，为了在林业生态建设工程中更好地贯彻社区参与机制，需要对基层的技术人员和农户进行社区林业参与式培训，从而保证把林业生态建设工程的政策落到实处。

3.4.2.4 政策督导体系完备化

在林业生态建设工程的实施过程中，由于各主体间利益存在不一致性，如地方政府与农户的短期行为较多，在现实中出现了相当多的投机行为与寻租行为。地方政府官员和林管部门为了短期利益，容易出现寻租行为，一个现象就是以手中的补贴款寻租，比如拿种苗款购买质量价格不相称的种苗，造成农民利益损失等。另一个现象就是利用相关工程条款赋予的权利寻租，比如退耕还林工程中，把本不需要退耕的荒山作为退耕地，从而骗取国家补贴。同时投机行为也是一个不容忽视的问题，其中最为突出的一个现象就是面子工程，比如在退耕还林工程中比较普遍的做法是将公路两边的土地退耕，而陡坡地却照种不误。就农户而言，在相关工程建设中也存在一些投机行为，如偷工减料、违规间作、毁林复耕等。因而，督导体系的进一步完备对于投机与寻租行为的减少非常必要。未来的政策建设要遵循以下原则，切实将政策督导体系落到实处：首先，应该规范政府各部门的职责，避免出现问题后相互推诿现象的发生；其次，效果监督要与经济报酬的惩罚联系起来；第三，强化对农户的组织及其行为的监督。

3.4.2.5 政策配套保障创新化

从长远看，农户的脱贫致富需要找到更好的途径，政府补贴只能是短期的促进政策。从林业生态建设工程实施以来的效果看，林业工程影响下的农民，尤其是退耕还林工程影响下的农民，致富之路无非在于两条途径：一是农户转移到其他产业；二是依托林业，依靠技术，发展林草业特产，而这两条途径都需要政府的支持。一方面，政府应该给农户提供良好的技术、生资等服务；另一方面通过营造良好的政策环境，促进退耕户向加工业、服务业转移，或者促进农户依托林草业找到可持续的致富之路。因此，政府及林管部门应不断创新配套保障机制，包括建立和完善多元补偿激励机制、林权安全保障机制、退耕林木收购机制、退耕风险规避机制、林业投资激励机制、生态效益补偿机制、产业扶持激励机制等。通过健全、创新和优化一系列服务机制体系，促使生态建设工程影响下的农户走向自我发展之路。从具体工程运行的配套保障来看，通过引入参与式工程运行机制，创新参与式的工程规划机制、工程竞标机制、监测评估机制、工程管理机制等，可以创造和谐的工程实施环境并增强农民的参与积极性和主动性，有助于提高农户自我组织和自我发展能力，有利于农民在生态建设工程中获得利益并实现农村经济的可持续发展。

3.5　本章小结

本章系统梳理了中国林业生态政策，并对政策进行了归类整理。同时，本章对天然林资源保护工程、退耕还林工程、三北及长江流域重点防护林体系建设工程、京津风沙源治理工程、野生动植物保护及自然保护区建设工程、重点地区速生丰产用材林基地建设工程六大重点工程的政策演进进行了剖析，指明了林业生态政策演进的动因和趋势。其中，西部林业生态政策变迁的动因有：国民生态意识提升、政府推动力度加大、生态立法进程加速、区域经济社会发展、林业科学技术进步。西部林业生态政策呈现如下趋势：政策制定程序法制化、政策实施内容透明化、政策参与机制社区化、政策督导体系完备化、政策配套保障创新化。

第4章

西部林业生态建设政策的区域与模式分析

中国西部地区是国家重要的生态安全屏障，是中国大江大河的发源地，是森林、草原、湿地等生态资源的集中分布区和重要的生物多样性聚集区。

自2000年西部大开发战略实施以来，西部地区实施了天然林资源保护、退耕还林、退牧还草、京津风沙源治理、自然保护区建设、防沙治沙、湿地保护与恢复、石漠化综合治理、水土流失治理、防护林体系建设等重点生态工程，加快推进了三江源、青海湖、塔里木河、黑河、石羊河、渭河、黄河水源补给区、西藏生态安全屏障等重点区域和流域的生态综合治理，西部地区生态环境明显改善。森林面积及蓄积量实现双增长，森林覆盖率由10.35%提高到17.05%，森林蓄积量增加了近13亿立方米。退牧还草工程区的草原植被盖度、牧草高度和产草量均有较大幅度提高，草畜矛盾趋缓。沙化、荒漠化、石漠化防治取得明显成效，三北防护林工程有效保护了西部地区2000万公顷耕地。水土流失面积和土壤侵蚀强度均呈下降趋势，黄土高原新增水土流失治理面积15万平方公里，每年减少流入黄河的泥沙3.5亿~4.5亿吨。

但受气候变化和人类活动影响，西部地区生态环境依然十分脆弱。西南地区石漠化和生物多样性降低问题突出，西北地区草原荒漠化和土壤盐渍化问题严重，青藏高原地区冰川和湿地面积萎缩、草地退化和生物多样性降低问题明显，黄土高原地区植被破坏、水土流失问题严峻。生态环境脆弱降低了西部地区生态环境承载能力，加剧了自然灾害危害程度，制约了经济社会可持续发展。

由于西部地区各生态区的生态、经济和社会特征明显不同，在生态环境治理政策的制定和实施过程也有所不同。本章根据中国现有西部地区五大生态区域的生态特征和建设目标，进一步对现有政策进行区域归类。从省域和样本县两个层面，分析了五大生态区林业生态建设政策的实施现状，并通过调查地样本区农户的认知，归纳区域林业生态建设政策实施的特征。最后应用主成分分析法和因子分析法，系统分析五大生态区及区域重点地区的林业生态建设模式，因区制宜，制定未来应重点实施的林业生态政策。

4.1　中国西部地区区域生态特征与林业生态建设政策类型

4.1.1　中国西部地区区域分布、生态特征与建设目标

按照中国西部大开发“十二五”规划，将西部地区按照生态类型划分为 5 个区域，即：西北草原荒漠化防治区、黄土高原水土保持区、青藏高原江河水源涵养区、西南石漠化防治区和重要森林生态功能区。

中国西部地区五大重点生态区域，共计包括西部地区“12+2”个省份，574 个县（市、旗、区）及新疆生产建设兵团所属相关团场，总面积约 400 万平方公里。

4.1.2　西北草原荒漠化防治区区域范围、生态特征与建设目标

西北草原荒漠化防治区包括内蒙古草原、宁夏中部干旱带、石羊河流域、黑河流域、疏勒河流域、天山北麓、塔里木河上游等荒漠化防治区，涉及内蒙古、宁夏、甘肃、新疆 4 个省（自治区）122 个县（市、旗）及新疆生产建设兵团所属相关团场，总面积约 151 万平方公里。

西北草原荒漠化防治区是我国典型的草原荒漠化、沙化集中分布区，重要沙尘源区，以及北方的重要生态屏障。西部大开发“十二五”规划，在该区域的林业生态建设目标是以草原恢复、防风固沙为主要内容的综合治理，加强沙区林草植被保护、草原禁牧休牧轮牧工作，以及牧区水利设施、人工草场和防护林建设。实施退牧还草、退耕还林还草、三北防护林体系建设、京津风沙源治理、自然保护区建设、水土流失综合治理等工程。实行草灌乔相结合，宜草则草，宜林则林，宜荒则荒，防治土地沙化，充分发挥自然生态系统的自我修复能力。合理分配河流上、中、下游水资源，严格控制地下水开采，维护河湖健康。积极发展高效节水农业，大力实施大中型灌区续建配套与节水改造，降低农业用水比重，增加生态用水量。

4.1.3　黄土高原水土保持区区域范围、生态特征与建设目标

黄土高原水土保持区，包括陕西北部及中部、甘肃东中部、宁夏南部等水土保持区，涉及陕西、甘肃、宁夏 3 个省（自治区）116 个县（市），总面积约 28 万平方公里。黄土高原位于大陆腹地，该区域河流众多、沟壑纵横，沟壑面积约占总土地面积的 50%。主要河流有黄河及其支流渭河、泾河、洛河、延河、无定河及窟野河等。河水补给主要来源于降水，但气候较干旱、降水稀少、蒸发强烈的特征导致水源短缺。全区地表水资源 105.56 亿立方米，人均 536 立方米，亩均 263 立方米，泾阳、富平、蒲城一带亩均不足 100 立方米。该地区由于地理位置特殊，即处于从平原向山地高原过渡、从沿海向内陆过渡、从湿润向干旱过渡、从森林向草原过渡、从农业向牧业过渡的地区，各种自然要素相互交错，自然环境条件不够稳定，抗灾能力弱。表现为地质地震灾害、水旱灾害和气象灾害，以及水土流失、土壤侵蚀等自然灾害比较频繁和严重。

黄土高原水土保持区，是中国水土流失最严重的区域，以减少泥沙入黄为主要目标，

兼顾土壤次生盐碱化和土壤沙化治理。西部大开发“十二五”规划中，在该区域开展以防治水土流失为主要内容的综合治理，大力开展植树造林、退耕还林、封山育林育草、淤地坝建设，加强小流域山水田林路综合整治。实施退耕还林还草、水土流失综合治理、天然林资源保护、三北防护林体系建设、自然保护区建设等工程。以小流域为单元，支流为骨架，集中连片、规模治理。区分水土流失重点预防区和重点治理区，变“被动补救”为“超前设防”。

4.1.4 青藏高原江河水源涵养区区域范围、生态特征与建设目标

青藏高原江河水源涵养区包括祁连山、环青海湖、青海三江源、四川西部、西藏东北部三江水源涵养区等，涉及西藏、青海、四川和甘肃 4 省（自治区）61 个县（市），总面积 88 万平方公里。该区域是中国大江大河的主要发源地，生态系统脆弱，同时也是我国高寒特有物种资源的集中分布地。周围大山环绕，南有喜马拉雅山，北有昆仑山和祁连山，西为喀喇昆仑山，东为横断山脉。长江、黄河、澜沧江、怒江、森格藏布河、雅鲁藏布江以及塔里木河等都发源于此，水力资源丰富。青藏高原动植物物种丰富，其中野生哺乳动物约 210 种，占全国野生哺乳动物总种数的 50% 左右；维管植物 12000 种以上，占全国维管植物总种数的 40% 左右。桫椤、巨柏、喜马拉雅长叶松、喜马拉雅红豆杉、长叶云杉、千果榄仁等珍稀濒危植物都在这一地区有分布或特产于此。

西部大开发“十二五”规划的林业生态建设目标，是在青藏高原江河水源涵养区，开展以提高水源涵养能力为主要内容的综合治理，保护草原、森林、湿地和生物多样性，扎实推进三江源国家生态保护综合试验区、祁连山水源涵养区和西藏等生态安全屏障区的保护与建设。

4.1.5 西南石漠化防治区区域范围、生态特征与建设目标

西南石漠化防治区，包括贵州、云南东部、广西西北部、重庆东部等喀斯特石漠化防治区，涉及广西、云南、贵州和重庆 4 省（自治区、直辖市）100 个县（市），总面积约 27 万平方公里。西南地区江河、林木、牧草资源十分丰富，拥有大面积高山区和草场以及常年生的林木和牧草，无霜期长，是我国发展橡胶、甘蔗、茶叶等热带经济作物的宝贵地区。西南地区矿产资源种类多、储量大，已发现矿种 130 种，有色金属约占全国储量的 40%。例如四川，钒、钛储量分别占世界总量的 82% 和 33%；云南有色金属达 112 种，其中铅、锌、锗均为全国之首；贵州拥有 64 种矿，其中汞、煤、铝、磷等 30 种矿物居全国前茅。

西南石漠化防治区是我国土地石漠化最严重区域。以扩大林草植被、遏制石漠化、减少坡耕地水土流失、南方草地保护为重点，实施石漠化综合治理、封山育林、人工造林种草、退耕还林还草、天然林资源保护、防护林体系建设、自然保护区建设等工程。大力发展沼气池、节柴灶、小水电代燃料、太阳能等农村能源，适当发展能源林，减少森林砍伐，改善农村地区生产生活条件。西部大开发“十二五”规划的林业生态建设目标，是开展以恢复林草植被为主要内容的综合治理，加大退耕还林、封山育林育草和人工造林力度，因地制宜发展草食畜牧业，加强基本口粮田和农村能源建设。

4.1.6　重要森林生态功能区区域范围、生态特征与建设目标

重要森林生态功能区，包括秦巴山、武陵山、四川西南部、云南西北部、广西北部、西藏东南部高原边缘、新疆东北部、内蒙古东北部等森林综合保育区，涉及陕西、甘肃、四川、重庆、广西、云南、西藏、内蒙古、新疆 9 省（自治区、直辖市）175 个县（市、旗）及新疆生产建设兵团所属相关团场，总面积约 106 万平方公里。

重要森林生态功能区是我国天然林保留完好、生态系统类型和生物物种最为丰富的地区之一，特别是青藏高原东南部和秦岭山区，是我国乃至世界生物多样性的热点地区。以保护生物物种、基因和生态系统的多样性及涵养水源为重点，西部大开发"十二五"规划的林业生态建设目标，是开展以森林生态和生物多样性保护为主要内容的综合治理，加强自然保护区、天然林资源、野生动植物和湿地保护。实施天然林资源保护、防护林体系建设、湿地保护、水土流失综合治理、自然保护区建设等工程。

4.1.7　林业生态建设政策类型与重点区域范围

根据《关于西部大开发若干政策措施的实施意见》，以及西部地区重点生态区综合治理规划纲要（2012—2020 年），本研究将林业生态建设政策主要归为 5 类，即：财政与投资政策、金融与税收政策、生态工程与土地政策、生态补偿与生态移民和林业产业政策，并具体分析不同政策实施的重点区域范围，具体内容见表 4-1。

表 4-1　林业生态建设政策类型与重点区域范围

政策	主要内容
财政与投资政策	提高生态建设和环境保护支出标准及转移支付系数，加大中央财政对重要生态功能区均衡性转移支付力度，建立省级财政对省以下生态补偿转移支付体制。 在国土资源调查计划中，优先安排西部地区调查评价项目，工作经费向西部地区倾斜；加大财政转移支付力度，实施天然林保护一、二期工程，开展退耕还林还草工程、京津风沙源治理工程、石漠化治理工程、防护林体系建设工程、水土流失综合治理和生态移民。 健全造林、抚育、保护、管理投入补贴制度。
金融与税收政策	利用农村集体所有荒山、荒地等未利用地进行造林、种草等生态建设者，可以通过承包、租赁、拍卖等方式取得土地使用权，实行土地使用权 50 年不变；土地使用权可以继承、转让（租）、抵押。 对保护生态环境，退耕还林（生态林应占 80% 以上）还草产出的农业特产收入，自取得收入年份起 10 年内免征农业特产税。 完善森林资源税费政策和征收管理办法，建立资源型企业可持续发展准备金制度。
生态工程与土地政策	完善土地管理体制，依法保证重大项目建设合理、节约、集约用地，适当照顾利用荒山、荒坡进行重点建设的用地需求，适度开发后备土地资源。加强土地整理复垦工作，国家集中资金继续向西部地区粮食主产区、基本农田保护区和重大工程区倾斜。 按照西部大开发"十二五"规划，对生态工程区进行治理。

续表

政策	主要内容
生态工程与土地政策	**生态工程与重点区域：** **退耕还林还草：**新增退耕地造林任务，配套实施宜林荒山荒地造林、封山育林。在江河源头、湖库周围及石漠化严重等生态地位重要区域，重点安排划区轮牧和季节性休牧围栏建设任务5亿亩，退化草原补播改良任务1.5亿亩。扩大岩溶地区草地治理试点范围。 **天然林资源保护二期：**长江上游、黄河中上游地区继续停止天然林商品性采伐，内蒙古重点国有林区进一步调减木材产量，对森林进行有效管护，加强公益林建设和森林经营。 **防护林体系建设：**开展三北防护林体系建设五期和长江、珠江流域及沿海等防护林建设，增加林草植被，形成生态屏障。 **京津风沙源治理：**实施二期工程，对沙尘源区与路径加强区有效治理。 **水土流失综合治理：**在长江中上游、黄河中上游和珠江上游水土流失严重地区，积极开展坡耕地水土流失治理、淤地坝建设、小流域综合治理和水土保持生态修复，新增水土流失治理面积 14.48 万平方公里。 **石漠化治理：**逐步扩大石漠化综合治理试点县规模，通过加强林草植被保护和建设、合理开发利用草地资源等措施，加大石漠化治理力度。
生态补偿与生态移民政策	**生态补偿：**按照谁开发谁保护、谁受益谁补偿的原则，逐步在森林、草原、湿地、流域领域建立健全生态补偿机制。建立补偿试点，建立区域补偿机制，制定生态补偿条例。 **重点区域：**完善青海三江源、南水北调中线水源区、国家级自然保护区等生态补偿试点，建设祁连山、秦岭—六盘山、武陵山、黔东南、川西北、滇西北、桂北等生态补偿示范区。 逐步建立区域间生态补偿机制，鼓励和引导下游与上游地区、开发与保护地区、生态受益与生态保护地区之间开展生态补偿。 积极探索水权交易、碳汇交易等市场化生态补偿模式。 **生态移民：**对生活在生态条件恶劣、不适宜人类生存地区的农村人口实施搬迁，达到保护自然生态、改善生产生活的双重目标。 **重点区域：**安排巩固退耕还林成果专项资金生态移民任务约 74 万人。积极支持宁夏中南部地区生态移民。
林业产业政策	加快发展现代林业，努力构建林业产业体系，增加林业产值。 实施重点地区速生丰产用材林、生物质能源林建设，积极发展林产工业和木材精深加工。 依法合理利用林地资源，开发特色林下种养业，发展森林旅游。 有条件的地区发展林浆纸一体化产业。 **重点区域政策：** 木本粮油生产：以提高产量和优化品种结构为重点，在广西、四川、贵州、云南、陕西、新疆、甘肃等省（自治区）建设油茶、核桃、板栗、枣、柿子、油橄榄等木本粮油基地，加快山区综合开发步伐。 速生丰产用材林：重点在内蒙古东部、云南南部、秦巴山、武陵山等地建立高效木材生产基地，增强木竹等原材料供应能力。 林产化工业：在广西、四川、重庆、贵州、云南等省（自治区、直辖市）发展松香、松节油、紫胶、香精香料深加工，提高产品档次和质量。 林下经济：充分利用林下空间资源发展种植业、养殖业，实现林草、林药、林畜、林禽等多种模式相结合。 林浆纸一体化：利用西南地区林竹资源，建设林浆纸一体化生产加工基地。

4.1.8 小　结

本节主要对中国西部五大生态区的林业生态基本特征和建设目标进行了描述，并在此基础上，对林业生态建设政策内容进行区域归类。西北草原荒漠化防治区是以治理和恢复退化草地、防沙治沙为重点。黄土高原水土保持区是我国水土流失最严重的区域，以减少泥沙入黄为主要目标，兼顾土壤次生盐碱化和土壤沙化治理。青藏高原江河水源涵养区以保护草原、湿地、湖泊、森林、生物多样性为重点。西南石漠化防治区是以扩大林草植被、遏制石漠化、减少坡耕地水土流失、南方草地保护为重点。重要森林生态功能区是以保护生物物种、基因和生态系统的多样性及涵养水源为重点。根据各区域林业生态建设重点目标，将林业生态与建设政策归纳为 5 类，即财政与投资政策、金融与税收政策、生态工程与土地政策、生态补偿与生态移民和林业产业政策。融合 5 类政策在不同生态区域因地制宜实施，才能有序实现区域林业生态建设政策目标。

4.2　中国西部林业生态建设政策实施的区域特征分析

4.2.1 数据来源

本部分数据主要来源于两个层面，即区域层面的省级统计数据和调查省份样本县的农户数据。区域层面的省级统计数据包括西部大开发的 12 个省份（表 4-2）。调查样本地区包括云南、宁夏、广西和甘肃，每省份 200 份农户问卷。

表 4-2　样本数据的区域范围分布表

生态区域	西北地区					西南地区					“+2”地区	
	陕西	甘肃	宁夏	青海	新疆	云南	重庆	贵州	四川	西藏	内蒙古	广西
西北草原荒漠化防治区		√ 灵台县 静宁县	√ 青铜峡		√						√	
黄土高原水土保持区	√	√ 皋　兰 榆中县	√ 灵武县 彭阳县									
青藏高原江河水源涵养区		√		√					√	√		
西南石漠化防治区						√	√	√	√			√ 马山县 凌云县
重要森林生态功能区	√	√			√	√ 思茅区	√		√	√	√	√ 阳朔

注：“√”号表示生态区域所在地，“√”号下方的县表示实地调查的样本县。

4.2.2 中国西部林业生态建设政策实施的区域特征分析

4.2.2.1 中国西部区域林业生态建设政策实施的基本特征

按照《中国林业统计年鉴》(2011—2013 年),将中国林业生态建设投入分为 7 类,即:造林、更新、森林抚育、野生动植物保护及自然保护区建设、湿地恢复与保护、森林生态效益补偿和其他(主要是生态工程补助资金)。由于数据的可行性,本研究计算的中国西部五大生态区域,其林业生态建设投入总额和投资结构是按照省为单元进行统计汇总和分析(图 4-1、表 4-3)。

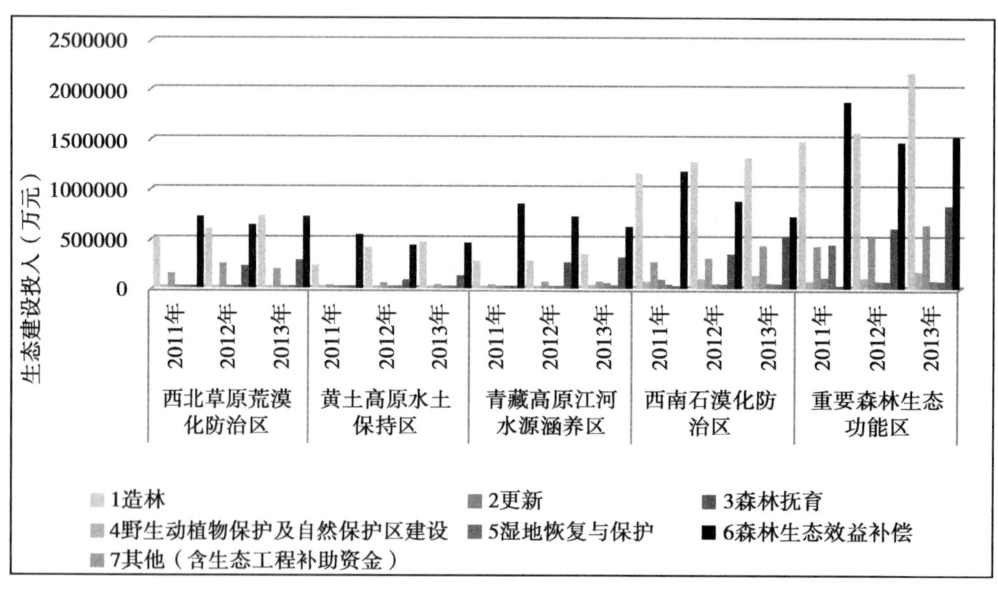

图 4-1 中国西部区域林业生态建设投资及其用途情况

通过 2011—2013 年中国西部林业生态建设的投资对比,五大生态区域的投资总额均呈上升趋势。投资用途主要用于生态工程补助支出和造林支出,且 2012 年开始投资于森林生态效益补偿,投资金额占比较大。其中,投资额度从大到小依次为:重要森林生态功能区、西南石漠化防治区、西北草原荒漠化防治区、青藏高原涵养区和黄土高原水土保持区。

西北草原荒漠化防治区的总投资增长且主要用途为生态工程建设、造林支出、森林抚育和森林生态效益补偿。该区域 2013 年比 2011 年林业生态建设投资总额增长了 42%。各种投资用途均呈上升趋势。在该区域的林业生态建设投资中,森林更新投资额度增加了 16 倍,湿地恢复与保护、森林抚育和野生动植物保护及自然保护区建设投资分别比 2011 年增加了 39%、30% 和 94%。从该区域投资结构而言,2011 年,生态工程补助投资占总投资的 50% 以上。2012 年和 2013 年,该区域投资主要用途为生态工程补助和造林支出,两年二者合计分别为 71.38% 和 74.52%;其次为森林抚育和森林生态效益补偿支出,两年二者合计分别为 26.6% 和 23.76%。

黄土高原水土保持区的总投资增长且主要用途为造林支出和生态工程建设。该区

表 4-3　中国西部区域林业生态建设投资与用途

西部区域	项目	生态建设与保护投资合计	1 造林	2 更新	3 森林抚育	4 野生动植物保护及自然保护区	5 湿地恢复与保护	6 森林生态效益补偿	7 其他（含生态工程补助资金）
西北草原荒漠化防治区	2011 年投资总额（万元）	1369627	494858	327	142781	7735	9713	0	714213
	2011 年投资结构（%）	100	36.13	0.02	10.42	0.56	0.71	0	52.15
	2012 年投资总额（万元）	1728945	600762	5568	242550	12122	17369	217292	633282
	2012 年投资结构（%）	100	34.75	0.32	14.03	0.7	1	12.57	36.63
	2013 年投资总额（万元）	1948020	726592	5157	186025	15005	13496	276769	724976
	2013 年投资结构（%）	100	37.30	0.26	9.55	0.77	0.69	14.21	37.22
黄土高原水土保持区	2011 年投资总额（万元）	796516	226273	252	27631	3858	4986	0	533516
	2011 年投资结构（%）	100	28.41	0.03	3.47	0.48	0.63	0	66.98
	2012 年投资总额（万元）	1009963	412863	3510	50874	7675	10819	90316	433906
	2012 年投资结构（%）	100	40.88	0.35	5.04	0.76	1.07	8.94	42.96
	2013 年投资总额（万元）	1103404	466921	113	39381	10522	7771	123200	455496
	2013 年投资结构（%）	100	42.32	0.01	3.57	0.95	0.70	11.17	41.28
青藏高原江河水源涵养区	2011 年投资总额（万元）	1199648	272616	4598	34078	19226	18451	0	850679
	2011 年投资结构（%）	100	22.72	0.38	2.84	1.6	1.54	0	70.91
	2012 年投资总额（万元）	1341979	277757	1972	60305	23019	22750	248192	707984
	2012 年投资结构（%）	100	20.7	0.15	4.49	1.72	1.7	18.49	52.76
	2013 年投资总额（万元）	1422728	336045	25196	64073	45166	31921	301968	618359
	2013 年投资结构（%）	100	23.62	1.77	4.50	3.17	2.24	21.22	43.46

续表

西部区域	项目	生态建设与保护投资合计	1 造林	2 更新	3 森林抚育	4 野生动植物保护及自然保护区	5 湿地恢复与保护	6 森林生态效益补偿	7 其他（含生态工程补助资金）
西南石漠化防治区	2011 年投资总额（万元）	2760136	1141060	63445	264325	84316	38225	0	1168765
	2011 年投资结构（%）	100	41.34	2.3	9.58	3.05	1.38	0	42.34
	2012 年投资总额（万元）	2945671	1265574	93626	296699	45397	39618	331714	873043
	2012 年投资结构（%）	100	42.96	3.18	10.07	1.54	1.34	11.26	29.64
	2013 年投资总额（万元）	3157912	1306804	130875	427339	43890	38335	501817	708852
	2013 年投资结构（%）	100	41.38	4.14	13.53	1.39	1.21	15.89	22.45
重要森林生态功能区	2011 年投资总额（万元）	4165946	1461640	64024	413285	106335	434773	0	1869907
	2011 年投资结构（%）	104	35.09	1.54	9.92	2.55	10.44	0	44.89
	2012 年投资总额（万元）	4358706	1556562	99194	527639	57206	58490	599513	1460102
	2012 年投资结构（%）	100	35.71	2.28	12.11	1.31	1.34	13.75	33.5
	2013 年投资总额（万元）	5417197	2154574	157510	631356	66299	59723	822025	1525710
	2013 年投资结构（%）	100	39.77	2.91	11.65	1.22	1.10	15.17	28.16

域 2013 年比 2011 年林业生态建设投资总额增长了 28%。其中，生态工程补助下降了 26%，更新支出下降 55%，森林生态效益补偿下降了 15%，其余投资用途均呈上升趋势。与 2011 年比较，在该区域的林业生态建设投资中，野生动植物保护及自然保护区建设投资总额增加近 2 倍，造林支出额增长了近 1 倍，森林抚育比 2011 年增加了 43%。从该区域投资结构而言，2011—2013 年，该区域林业生态建设投资主要用途为生态工程补助投资支出和造林支出，3 年二者合计分别为 95.39%、83.84% 和 83.60%。

青藏高原江河水源涵养区的总投资增长且主要用途为生态工程建设、造林支出和森林生态效益补偿支出。该区域 2013 年比 2011 年林业生态建设投资总额增长了 19%。其中，生态工程补助下降了 27%，其余投资用途均呈上升趋势。森林抚育投资增加了 88%，湿地恢复与保护、野生动植物保护及自然保护区建设投资分别比 2011 年增加了 73%、135%。从该区域投资结构而言，2011—2013 年，该区域林业生态建设投资主要用途为生态工程补助投资支出、造林支出和森林生态效益补偿，2013 年，分别为 43.46%、23.62% 和 21.22%。

西南石漠化防治区的总投资增长且主要用途为造林支出、生态工程建设、森林生态效益补偿支出和森林抚育。该区域 2013 年比 2011 年林业生态建设投资总额增长了 14%。其中，野生动植物保护及自然保护区建设投资与生态工程补助分别下降了 48% 和 39%,其余投资用途均呈上升趋势。投资增长最大的用途是森林更新投资,增加了 1 倍多，森林抚育和造林投资分别比 2011 年增加了 62%、15%。从该区域投资结构而言，2013 年与 2011 年比较，该区域林业生态建设投资主要用途为造林支出、生态工程补助投资支出，分别占投资总额的 41.38% 和 22.45%，次之为森林生态效益补偿和森林抚育，分别为 15.89%、13.53%。

重要森林生态功能区的总投资增长且主要用途为造林支出、生态工程建设、森林生态效益补偿支出。该区域 2013 年比 2011 年林业生态建设投资总额增长了 30%。其中，湿地恢复与保护投资、野生动植物保护及自然保护区建设投资和生态工程补助分别下降了 86%、38% 和 18%。投资增长最大的用途是森林更新投资，增加了 146%，森林抚育投资比 2011 年增加了 53%。从该区域投资结构而言，2013 年与 2011 年比较，该区域林业生态建设投资主要用途为造林支出、生态工程补助投资支出，分别占投资总额的 39.77% 和 28.16%。次之为森林生态效益补偿和森林抚育，分别为 15.17% 和 11.65%。

4.2.2.2　中国西部区域样本县林业生态建设政策实施的基本特征

根据上文分析结果，中国西部林业生态建设投资于林业生态工程的比重很大。下文将以生态区样本县农户的调研为基础，对中国西部区域政策实施状况，尤其是林业生态工程的政策进一步分析（表 4-4）。

表 4-4　中国西部区域样本县农户林业生态建设政策实施效果的认知

项目＼区域		西北草原荒漠化防治区			黄土高原水土保持区				西南石漠化防治区		重要森林生态功能区	
		甘肃灵台	甘肃静宁	宁夏青铜峡	甘肃皋兰	甘肃榆中	宁夏灵武	宁夏彭阳	广西马山	广西凌云县	云南思茅区	广西阳朔
对林业生态建设政策满意吗？	非常满意	43%	47%	38%	77%	56%	33%	32%	60%	50%	16%	50%
	比较满意	53%	43%	19%	20%	38%	33%	34%	32%	32%	38%	50%
	一般满意	2%	10%	6%	3%	6%	18%	27%	6%	18%	32%	
	不满意			3%			4%	7%	2%		9%	
近十年来你村的生态环境是否改善？	明显改善	67%	85%	56%	72%	54%	46%	34%	54%	55%	40%	50%
	有些改善	28%	15%	41%	23%	46%	47%	56%	38%	39%	37%	50%
	没有变化	5%		3%	5%		5%	7%	8%	6%	10%	
林业生态工程重要吗？	非常重要	69%	61%	50%	89%	70%	57%	37%	62%	68%	43%	75%
	比较重要	29%	33%	31%	3%	28%	25%	22%	26%	27%	37%	25%
	一般重要		3%	9%	8%	2%	15%	32%	6%	5%	15%	
对工程种苗政策满意吗？	非常满意	38%	45%	13%	64%	44%	22%	12%	56%	49%	20%	50%
	比较满意	43%	55%	9%	28%	32%	30%	17%	36%	40%	33%	50%
	一般满意	5%		6%	5%	12%	8%	17%	4%	11%	32%	
	没有参加不清楚	12%		69%		10%	38%	46%				
对工程采伐政策满意吗？	非常满意	31%	32%		57%	24%	13%		38%	26%	4%	75%
	比较满意	52%	50%	22%	30%	36%	13%	10%	36%	24%	18%	
	一般满意	12%	13%	9%	5%	20%	10%	17%	17%	26%	43%	25%
	不满意	5%	5%	16%	8%	20%	6%	22%		19%	23%	
	没有参加不清楚			53%			58%	51%	8%	5%	12%	
对工程补偿标准满意？	非常满意	27%	17%	9%	49%	28%	18%	5%	26%	11%	18%	
	比较满意	41%	35%	13%	20%	30%	23%	32%	36%	27%	22%	50%
	一般满意	12%	47%	13%	13%	18%	27%	22%	28%	35%	37%	50%
	不满意	11%	5%	6%	18%	24%	16%	22%	6%	27%	18%	
	没有参加不清楚	9%		50%				17%				
问卷内容	问卷数量	58	40	32	40	50	60	41	53	62	60	4

注：表中显示的部分区域，其问卷统计结果小计并非 100%，原因在于存在调查问题回答空白或与回答问题不相符等情况。如：对甘肃灵台县的调查中，“林业生态建设政策满意吗？”对该问题回答统计小计是 98%，另外 2% 的农户对该问题的回答是不清楚，所以不在表中列示。

根据区域间样本农户的政策调研，可以得出以下两点结果：

第一，总体农户认为近十年周边的生态环境有所改善，并对国家出台的林业生态建设政策表示满意，一定程度上存在区域间的差别。

60% 以上的生态区样本县农户对林业生态建设政策表示满意。重要森林生态功能区的云南思茅 10% 的农户认为近十年周边环境没有变化，其他生态区域样本县的 90% 以上的农户认为近十年周边环境得到改善。其中，西北草原荒漠化防治区和西南石漠化防治区调查样本县的 50% 以上农户认为周边环境得到显著改善。

第二，农户总体认为林业生态重点工程重要，重要程度和对工程政策的认可程度在区域间存在差别。

4 个生态区样本县近 80% 以上的农户认为林业生态重点工程的实施比较重要，但也有个别区域认为林业生态工程开展的重要性一般，如：黄土高原水土保持区的宁夏彭阳和灵武县，重要森林生态功能区的云南思茅，分别有 32%、15% 和 15% 的农户认为林业生态工程在该地域实施的重要性一般。

在受访的农户中，80% 以上的农户对工程的种苗政策比较满意，近 50% 的农户对工程种苗政策非常满意。不存在显著的区域差别。

在 4 个生态区域样本县总体对工程采伐政策满意的农户比例达到 74% 以上（剔除 50% 左右农户没参加工程的宁夏 3 个县），但有些区域样本县也存在对采伐政策显著的不满态度。黄土高原水土保持区的甘肃榆中县、西南石漠化防治区的广西凌云县和重要森林生态功能区的云南思茅对工程采伐政策不满意的农户比例分别为 20%、19% 和 23%，即在这 3 个生态区样本县的调查农户中有 1/5 的农户对此政策存在不满。

4 个生态区样本县调查农户 60% 以上对工程补偿标准满意，但区域间存在显著差异。黄土高原水土保持区 4 个样本县平均 20% 的调查农户对工程补偿标准不满意。西南石漠化防治区广西凌云县和重要森林生态功能区的调查农户中分别有 27% 和 18% 的农户对工程补偿标准不满意。

4.2.3 小　结

本节从西部五大生态区统计数据和样本县农户认知两个层面，对中国西部林业生态建设政策实施的区域特征进行分析。第一，中国林业生态建设投资用途主要为 7 类，即：造林、更新、森林抚育、野生动植物保护及自然保护区建设、湿地恢复与保护、森林生态效益补偿和其他（主要是生态工程补助资金）。五大生态区域投资用途主要是生态工程补助支出、造林支出和森林生态效益补偿，各项投资总额均呈上升趋势。其中，西北草原荒漠化防治区重点用途投资增长排序为生态工程建设、造林支出、森林抚育和森林生态效益补偿支出；黄土高原水土保持区重点用途投资增长排序为造林支出和生态工程建设；青藏高原江河水源涵养区重点用途投资增长排序为生态工程建设、造林支出和森林生态效益补偿支出；西南石漠化防治区重点用途投资增长排序为造林支出、生态工程建设、森林生态效益补偿支出和森林抚育；重要森林生态功能区重点用途投资增长排序为造林支出、生态工程建设和森林生态效益补偿支出。第二，西部大开发以来，农户总体认为近 10 年周边的生态环境有所改善，并对国家出台的林业生态建设政策表示满意，一定程度上存在区域间的差别。而且农户总体认为林业生态重点工程重要，重要程度和对工程政策的认可程度在区域间存在差别。

4.3 中国西部林业生态建设区域的政策模式

中国西部在五大林业生态区域中，其投资重点均为生态工程补助支出、造林支出和森林生态效益补偿，且各项投资总额均呈上升趋势。但由于各区域生态特征不同，其投资侧重点也有所不同。因此，本部分首先根据不同区域生态特征进行区域归类，据此确定不同生态区域的具体实施政策以及重点省份，从而初步建立西部林业生态建设政策的区域模式。具体分析思路为：运用主成分分析方法，对中国西部地区 12 个省份的林业生态建设政策进行区域分类，通过 16 个与林业生态建设相关的指标建立指标体系，提取 4 类主要成分，并按照公因子将各省排序。结合主成分类型和排序，初步建立西部林业生态建设政策的区域模式。

4.3.1 分析方法

主成分分析是把反映样本某项特征的多个指标变量转化为少数几个综合变量的多元统计方法。具体是将原来的指标重新组合成一组彼此无关，即信息互不重叠的新的综合指标，同时，根据一定原则和实际需要，从中抽取较少的几个综合指标，来反映原来指标所携带的较高比例的信息量，也是数学上处理降维的一种多元统计方法。

因子分析法，其基本思想是通过研究中多变量之间的内部依赖关系，寻求这些数据的基本结构，并用少数几个被称为公因子的不可观测变量，来表示基本数据结构。这些公因子能够反映原来众多变量所代表的主要信息，从而有利于研究者达到简化数据结构，方便研究目的。运用因子分析可以反映某些区域综合特征的众多变量中的几个主要公因子，每个公因子代表一种重要影响，通过公因子的分析，可以分析出影响区域发展的不可观测的主要影响因素，而且可以简化数据结构，确定综合评价数学模型的权重，从而计算出综合评价值。

4.3.2 指标选取

在选取指标时，本研究遵循科学性、完整性、层次性、代表性、有效性和可操作性原则，力求较全面、真实、完整地反映出西部林业生态建设政策状况。根据以上原则，以《中国林业统计年鉴》（2003—2013 年）的数据为基础，将指标分为 3 类 16 个指标，即：林业自然资源与社会状况、林业生态建设投资与林业经济情况和林业生态建设治理状况。具体指标包括：

第 1 类，林业自然资源与社会状况：人口（万）、林地面积（万公顷）、森林面积（万公顷）、沙化土地面积（万公顷）、活立木蓄积量（亿立方米）、森林蓄积量（亿立方米）。

第 2 类，林业生态建设投资与林业经济状况：林业产业总产值（万元）、营林更新改造投资（万元）、野生动植物保护及自然保护区建设投资（万元）、林业固定资产投资完成额（万元）。

第 3 类，林业生态建设治理状况：造林面积（千公顷）、重点工程造林面积（公顷）、累计水土流失治理面积（千公顷）、荒漠生态区面积（万公顷）、野生动物区面积（万公顷）、森林覆盖率（%）。

4.3.3 计算过程与分析结果

本研究运用 SPSS18.0 软件对 12 个样本地区、16 个指标的数据进行分析，KMO（Kaiser-Meyer-Olkin）值为 0.637，且 sig 值显著，证明分析结果是有效的，其结果见表 4-5 所示。

表 4-5　KMO 值和 Bartlett's 检验

Kaiser-Meyer-Olkin	度量	0.637
	近似卡方	2817.942
Bartlett's 球形度检验	df	120
	Sig.	0.000

通过验证，本研究所采用的指标和数据可以进行主成分分析和因子分析，因此，可以运用 SPSS18.0 统计软件进行进一步的主成分分析。同时，为了便于解释因子意义，本研究采用方差最大法对数据进行因子旋转，得到的分析结果见表 4-6。

表 4-6　主成分计算结果表

成分	初始特征值			提取平方和载入			旋转平方和载入		
	合计	方差的百分比（%）	累积百分比（%）	合计	方差的百分比（%）	累积百分比（%）	合计	方差的百分比（%）	累积百分比（%）
1	5.222	32.638	32.638	5.222	32.638	32.638	3.596	22.475	22.475
2	3.399	21.244	53.883	3.399	21.244	53.883	3.556	22.225	44.699
3	2.689	16.809	70.691	2.689	16.809	70.691	3.239	20.245	64.945
4	1.635	10.221	80.912	1.635	10.221	80.912	2.555	15.967	80.912
5	0.952	5.949	86.861						
6	0.517	3.234	90.095						
7	0.386	2.410	92.505						
8	0.329	2.058	94.563						
9	0.263	1.642	96.205						
10	0.182	1.139	97.344						
11	0.166	1.038	98.383						
12	0.151	0.946	99.328						
13	0.068	0.426	99.755						
14	0.031	0.195	99.949						
15	0.008	0.050	99.999						
16	0.000	0.001	100.000						

由表 4-6 可知，前 4 个主成分的累积方差为 80.912，说明前 4 个主成分的数值变化

可以基本代表上述 16 个原始指标的变化，在此基础上求得的旋转后主成分载荷矩阵见表 4-7 所示。

表 4-7　旋转后的因子载荷矩阵

指标	主成分			
	1	2	3	4
人口	0.394	0.092	0.392	0.545
林地面积	0.698	0.622	0.143	0.018
森林面积	0.530	0.767	0.266	0.071
活立木蓄积量	0.162	0.970	0.075	0.039
森林蓄积量	0.111	0.977	0.068	0.033
森林覆盖率	0.180	0.150	0.495	0.732
林业产业总产值	0.101	0.095	0.850	0.256
营林更新改造投资	−0.096	−0.026	0.793	0.037
野生动植物保护及自然保护区建设投资	−0.072	0.145	0.762	−0.016
造林面积	0.925	0.107	0.017	0.060
林业固定资产投资完成额	0.061	−0.058	0.873	0.099
重点工程造林面积	0.923	0.031	−0.087	−0.073
累计水土流失治理面积	0.791	0.024	−0.050	0.307
沙化土地面积	0.239	0.080	−0.024	−0.899
荒漠生态区面积	−0.350	0.771	−0.183	−0.228
野生动物区面积	−0.244	0.084	0.000	−0.820

注：提取方法：主成分。旋转法：具有 Kaiser 标准化的正交旋转法。a. 旋转在 6 次迭代后收敛。

根据表 4-7，可以得出 4 类主成分，本研究分别解释并命名 4 类主成分为林业生态治理方式、林业资源、林业生态建设投资、沙化区和野生动物区建设。

第一主成分中，造林面积、重点工程造林面积、累计水土流失治理面积占了较大的比重。前文分析林业生态建设投资用途主要为这三类。因此可以解释为林业生态治理方式对林业生态建设的影响。

第二主成分中，森林蓄积量、活立木蓄积量、林地面积、森林面积、荒漠生态区面积占了较大比重，其中，森林蓄积量和活力木蓄积量的影响很大，荒漠生态区面积是负影响因子，因此可以解释为林业资源对林业生态建设的影响。

第三主成分中，林业固定资产投资完成额、林业产业总产值、营林更新改造投资、野生动植物保护及自然保护区建设投资占了较大比重，可以将其解释为林业生态投资对林业生态建设的影响。

第四主成分中，沙化土地面积、野生动物区面积、森林覆盖率占了较大比重，其中，沙化土地面积和野生动物区面积的影响较大，且是负影响因子，可以将其解释为沙化区、野生动物区建设对林业生态建设的影响。

根据指标解释，进一步确定各主成分的权重：

$$W_1=\lambda_1\left(\sum_{i=1}^{4}\lambda_i\right)^{-1}=5.222\,(5.222+3.399+2.689+1.635)^{-1}=0.403 \tag{4-1}$$

$$W_2=\lambda_2\left(\sum_{i=1}^{4}\lambda_i\right)^{-1}=3.399\,(5.222+3.399+2.689+1.635)^{-1}=0.263 \tag{4-2}$$

$$W_3=\lambda_3\left(\sum_{i=1}^{4}\lambda_i\right)^{-1}=2.689\,(5.222+3.399+2.689+1.635)^{-1}=0.208 \tag{4-2}$$

$$W_4=\lambda_4\left(\sum_{i=1}^{4}\lambda_i\right)^{-1}=1.635\,(5.222+3.399+2.689+1.635)^{-1}=0.126 \tag{4-4}$$

再运用 SPSS 软件，运用移动加权平均法，可以计算出 12 个样本地区的主成分得分，并根据公式（4-4）得出综合评价值。

$$F=W_1y_1+W_2y_2+W_3y_3+W_4y_4$$

其中，W_i 为权重，y_i 为主成分值，生成的主成分分值表见表 4-8。

表 4-8　主成分分值及综合评价表

省份	第一主成分分值 y_1	第二主成分分值 y_2	第三主成分分值 y_3	第四主成分分值 y_4	综合评价值
云南	1.568	1.859	0.948	1.266	1.478
贵州	−1.001	−0.831	−0.328	1.132	−0.548
四川	0.543	1.877	1.990	1.091	1.264
西藏	−3.446	4.880	−0.786	−0.911	−0.384
重庆	−1.288	−1.227	−0.348	1.124	−0.773
陕西	1.187	−0.884	−0.128	1.119	0.360
甘肃	0.107	−1.066	−0.571	0.076	−0.346
宁夏	−1.917	−1.582	−0.971	0.347	−1.347
青海	−1.510	−1.288	−0.420	−1.278	−1.196
新疆	0.330	−0.988	0.822	−2.914	−0.323
广西	−1.578	−0.778	8.286	0.125	0.899
内蒙古	6.085	1.469	−0.364	−0.855	2.655

由表 4-8 可知，综合排名中，内蒙古、云南、四川位居前三，宁夏、青海、重庆的排名靠后。同时，内蒙古在第一主成分中排名第一，西藏在第二主成分中排名第一，广西在第三主成分中排名第一，云南在第四主成分中排名第一，据此，制定林业生态建设的重点政策。

4.3.4　中国西部林业生态建设区域模式与政策重点

根据主成分分析和因子分析排序，将中国西部区域模式总结为 4 种，即：林业生态工程造林模式、林业资源保护模式林业、林业投资模式以及沙化与保护区建设模式。具体区域的地域范围、主要措施和政策重点见表 4-9 所示。

表 4-9　中国西部区域模式与政策重点

<table>
<tr><th>模式类型</th><th>生态区域</th><th>重点省份</th><th>主要措施</th><th>政策重点</th></tr>
<tr><td rowspan="2">模式一：林业生态工程造林模式</td><td>重要森林功能区</td><td>内蒙古、云南、陕西
四川、新疆、甘肃</td><td rowspan="2">1 增加造林和工程造林
2 水土流失治理</td><td rowspan="2">森林生态效益补偿政策
生态工程与土地政策</td></tr>
<tr><td>西北草原荒漠化防治区</td><td>内蒙古、新疆和甘肃</td></tr>
<tr><td>模式二：林业资源保护模式</td><td>青藏高原江河水源涵养区</td><td>西藏、四川</td><td>1 加强森林管护，增加蓄积
2 增加林地面积
3 防治沙漠化</td><td>生态工程与土地政策</td></tr>
<tr><td rowspan="2">模式三：林业投资模式</td><td>西南石漠化防治区</td><td>广西和云南</td><td rowspan="2">1 增加林业固定资产投资
2 增加营林更新改造投资
3 增加自然保护区建设
4 发展绿色林业经济</td><td rowspan="2">财政投资政策
金融与税收政策
信贷政策
林业产业政策</td></tr>
<tr><td>重要森林功能区</td><td>广西、四川
云南、新疆</td></tr>
<tr><td rowspan="2">模式四：沙化与保护区建设模式</td><td>西南石漠化防治区</td><td>云南、重庆、四川、广西</td><td rowspan="2">1 防治沙化
2 加强野生动物区建设
3 增加森林覆盖率</td><td rowspan="2">生态工程与土地政策
生态补偿与生态移民政策</td></tr>
<tr><td>黄土高原水土保持区</td><td>陕西、甘肃和宁夏</td></tr>
</table>

受第一主成分正向影响的区域主要是重要森林功能区和西北草原荒漠化防治区。由于第一主成分主要影响因子是造林面积、重点工程造林面积和累计水土流失治理面积，这一区域可以定义为林业生态工程造林模式。重要森林功能区包括 6 个重点省份，即内蒙古、云南、陕西、四川、新疆和甘肃。在该区域，以保护生物物种、基因和生态系统的多样性及涵养水源为重点，继续实施天然林资源保护、防护林体系建设、湿地保护、水土流失综合治理等工程，进行造林和水土流失治理。西北草原荒漠化防治区包括 3 个重点省份，即内蒙古、新疆和甘肃。在西北草原荒漠化防治区，以治理和恢复退化草地、防沙治沙为重点，继续实施退牧还草、退耕还林还草、三北防护林体系建设、京津风沙源治理、自然保护区建设、水土流失综合治理等工程。

受第二主成分正向影响区域主要为青藏高原江河水源涵养区，影响最大的两个省份为西藏和四川，尤其是西藏，影响分值为 4.88。除此之外，云南和内蒙古受该成分影响也较大。第二主成分主要影响指标为森林蓄积量、活立木蓄积量、林地面积、森林面积、荒漠生态区面积，该区域可以定义为林业资源保护模式，以保护草原、湿地、湖泊、森林、生物多样性为重点，建立实施生态补偿机制，鼓励上下游不同省区之间横向利益补偿机制。继续实施天然林资源保护工程，增加森林和活力木蓄积量。实施退耕还林工程、退牧还草工程，增加林地面积和森林面积；加强水土保持，防治荒漠化。

受第三主成分影响的区域是西南石漠化防治区和重要森林生态功能区，涉及的省份主要为广西、四川、云南和新疆。其中，广西的分值为 8.286，远高于第二名的四川（1.99）。由于第三主成分的主要影响指标是林业固定资产投资完成额、林业产业总产值、营林更新改造投资、野生动植物保护及自然保护区建设投资，该区域定义为林业投资与生态建设模式，在该地域应灵活应用资金政策，包括财政、金融、投资、税收和信贷等政策，积极融资加强林业投资，以进行林业生态建设和发展林业产业。在西南石漠化区域，重点省份为广西和云南，以扩大林草植被、遏制石漠化、减少坡耕地水土流失、南方草地保护为投资重点，加强保护区建设，适当发展能源林产业。在重要森林功能区，包括广西、四川、云南和新疆 4 省，以森林、湿地、水资源保护为重点，继续加大投资现有生态工程，巩固和扩大退耕还林成果，扩大天然林资源保护范围。加快绿色产业发展，促进生态建设与经济的双向发展。在四川北部和西南部、云南西部、广西东北部，积极开发林下资源产业；四川西部、新疆东北部、云南高原河谷等地区，发展经济林、中草药、茶叶、蚕桑等特色产业和生态旅游业。

受第四主成分影响的区域主要是西南石漠化防治区和黄土高原水土保持区，前者包括云南、重庆、四川和广西，后者包括陕西、甘肃和宁夏。该主成分的指标主要是沙化土地面积、野生动物区面积、森林覆盖率，前两者都是负影响。该区域可以定义为沙化与保护区建设模式。在该区域最重要措施是防治沙化，保护生物多样性，提高森林覆盖率。在黄土高原南部，继续实施天然林资源保护工程，加强自然保护区建设，保护生物多样性，提高天然林的抚育、更新和森林防火水平。逐步提高公益林生态效益补偿标准，鼓励上下游地区之间横向补偿机制。宁夏东部等地区，建设以防风固沙为重点，以人工治理与自然修复相结合，草灌乔、多林种、多树种相结合的生态防护体系。陕北及黄土高原中部地区，有序实施黄土高原丘陵沟壑区淤地坝建设，加快多沙粗沙区拦沙工程建设。云南东南角、广西西北部、贵州东南部和重庆部分地区等，林草植被盖度较高，优良生态资源面积比重较大，以自然恢复为主，继续实施退耕还林还草、长江流域和珠江流域防护林体系建设和水生态环境修复等工程，加快建立实施生态补偿机制，鼓励上下游不同省区之间横向利益补偿机制。在贵州、云南东部和重庆部分地区等石漠化程度严重区域，要进一步整合实施山水林田路等生态工程项目。

4.3.5　小　结

本节基于《中国林业统计年鉴》（2003—2013 年）的数据，将指标分为 3 类 16 个指标，在检验的基础上，应用主成分分析，分析结果认为，林业生态建设的影响因素主要为 4 类，即林业生态治理方式、林业资源、林业生态投资和沙化区、野生动物区建设。进而在因子分析的基础上，将林业生态建设模式归为 4 类。第一，林业生态工程造林模式，重点区域主要是重要森林功能区域和西北草原荒漠化防治区，采取的重点政策是森林生态效益补偿政策和生态工程与土地政策。第二，林业资源保护模式，重点区域为青藏高原江河水源涵养区，采取的重点政策是生态工程与土地政策。第三，林业投资模式，重点区域是西南石漠化防治区和重要森林生态功能区，采取的重点政策是财政投资政策、金融与税收政策、信贷政策和林业产业政策。第四，沙化与保护区建设模式，重点区域是西南石漠化防治区和黄土高原水土保持区，采取的重点政策是生态工程与土地政策，以及生态补偿与生态移民政策。

4.4 本章小结

本章根据各生态区的林业生态建设目标和政策实施状况的分析，在主成分分析和因子分析的基础上对各生态区建设模式和重点实施的政策进行总结，分析结论为：

第一，生态工程补助、造林和森林生态效益补偿是中国西部林业生态建设主要投资用途，且总额呈上升趋势。

中国林业生态建设投资用途主要为造林、更新、森林抚育、野生动植物保护及自然保护区建设、湿地恢复与保护、森林生态效益补偿和生态工程补助资金。根据2011—2013年投资用途细分的统计数据分析，五大生态区域投资用途主要是生态工程补助、造林和森林生态效益补偿，占区域总投资70%以上，且各项投资总额均呈上升趋势。

第二，农户对林业生态建设政策和林业生态工程实施总体满意，但区域间存在差别。

本章从农户视角对4个生态区样本县林业生态建设政策的实施进行分析。西部大开发以来，农户总体认为近10年周边的生态环境有所改善，并对国家出台的林业生态建设政策表示满意，区域间存在一定程度的差别。其中，西北草原荒漠化防治区和西南石漠化防治区样本县50%以上农户认为周边环境得到显著改善，其他生态区域样本县的90%以上的农户认为近10年周边环境得到改善。

对于林业生态重点工程的实施，农户总体认为重要，但重要程度和对工程政策的认可程度在区域间存在差别。黄土高原水土保持区的宁夏彭阳和灵武县，重要森林生态功能区的云南思茅，分别有32%、15%和15%的农户认为林业生态工程在该地域实施的重要性一般。黄土高原水土保持区的甘肃榆中县、西南石漠化防治区的广西凌云县和重要森林生态功能区的云南思茅1/5的农户对工程采伐政策存在不满。黄土高原水土保持区4个样本县平均20%的调查农户对工程补偿标准不满意。西南石漠化防治区的广西凌云县和重要森林生态功能区的调查农户中分别有27%和18%的农户对工程补偿标准不满意。

第三，不同生态区归类为4类生态模式，因地制宜地采取重点林业生态建设政策。

西北草原荒漠化区域采取林业生态工程造林模式，重点实施政策是森林生态效益补偿政策和生态工程与土地政策。西南石漠化防止区域采用林业投资模式，以及沙化与保护区建设模式，采取生态、经济相结合的政策。生态政策为生态工程与土地政策、生态补偿与生态移民政策；经济政策为财政投资政策、金融与税收政策、信贷政策和林业产业政策。黄土高原水土保持区域采取沙化与保护区建设模式，重点实施政策是生态工程与土地政策，以及生态补偿与生态移民政策。重要森林功能区域采用林业生态工程造林模式与林业投资模式相结合，采取生态与经济政策相结合。生态政策是森林生态效益补偿政策和生态工程与土地政策；经济政策是财政投资政策、金融与税收政策、信贷政策和林业产业政策。青藏高原江河水源涵养区采用林业资源保护模式，重点实施政策是生态工程与土地政策。

第 5 章

西部林业生态建设政策综合影响评价

本章对我国西部林业生态建设政策的综合影响进行评估。首先，简要概述我国西部林业生态建设活动的内容与规模；然后，构建西部林业生态建设综合影响的评估方法；最后，对我国西部林业生态建设的综合影响进行评估研究。

5.1 我国西部林业生态建设活动概况

5.1.1 林业生态建设政策

关于林业生态建设、林业生态建设政策这两个概念的内涵，学术界尚未形成一致的观点。

关于林业生态建设的概念。李育才认为林业生态环境建设是指从国土整治的全局和国家可持续发展的需要出发，以维护和再造良性生态环境以及维护生物多样性和具代表性的自然景观为目的，在一个地域或跨越一个地域范围内，建设有重大意义的防护林体系、自然保护区和野生动植物保护等项目。任恒祺等认为林业生态建设就是采取各种措施，减少或消除生态环境中不利于人类生存和发展的因素，其中重要措施包括植被恢复与保护、土地退化整治、自然灾害防治等。姚昌恬认为林业生态建设是以森林及其相关的动植物、微生物等所组成的森林生态系统为建设对象，并以森林的外部功能促进整个陆地生态系统的良性循环和动态平衡，包括恢复原有的森林植被、森林生态系统及重建新的森林环境，以实现改善森林生态系统的功能，大幅度提高森林生态系统的生产力和稳定性，使森林生态系统进入正向的良性循环。本研究认为，林业生态建设是指根据可持续发展的需要，为了发挥包括森林、动植物、微生物、无机环境在内的森林生态系统的潜在的生态效益、经济效益、社会效益，恢复或重建森林、保护森林生态系统的各类活动。

关于林业生态建设政策概念的内涵，宋洪峰等（2013）将林业生态建设政策界定为一系列涉及林业生态建设内容的法律法规、行政法规、部门规章、法规性文件、政策文件、规范性文件、发展规划、条约公约、司法解释、名录、地方规章等的总和。本研究认为，林业生态建设政策是指为了直接推进或者引导各类行为主体共同推进林业生态建设活动所出台的各类政策。

关于林业生态建设政策概念的外延，即我国社会经济发展实践中，林业生态建设政策包括哪些具体的政策，则是一个比较复杂的问题。当然，西部林业生态建设政策的外延同样较为复杂。广义地讲，林业生态建设政策是与林业生态建设相关的各类政策。宋洪峰等（2013）对 590 条西部林业生态建设政策进行了归类分析，认为西部林业生态建设政策呈现三层结构，包括西部大开发的基本国策、林业生态环境建设的总体设计以及支撑战略实现的具体政策措施，主要涵盖退耕还林、天然林资源保护、三北及长江流域重点防护林体系建设、野生动植物保护及自然保护区建设、重点地区速生丰产用材林基地建设和京津风沙源治理等六大生态工程，涉及计划、投资、补贴、管理、税费、科技、与保护扶贫等相关的政策等七类政策内容。狭义地讲，西部林业生态建设政策，常常指我国西部地区的六大林业重点生态工程建设政策。

5.1.2 我国西部林业生态建设活动概况

西部大开发以来，国家不断加强林业生态建设，一方面投入了大量人力物力，另一方面也取得了显著成效。

西部地区林业投入主要包括资金投入和劳动力投入。随着我国一系列林业经济体制改革和林业经营目标的转变，尤其是六大林业重点工程实施以来，西部地区林业资金投入呈现出快速增长的态势，尤其是 2007 年以后，国家对林业的固定资产投资完成额平均增速均在 20% 以上。2012 年国家资产完成额为 1413.32 亿元，不考虑物价水平变化的话，其金额是 2001 年的 14 倍有余，相关数据见表 5-1、图 5-1 所示。

表 5-1 西部地区林业投入情况（2001—2012 年）

年份	固定资产投资完成额（亿元）	固定资产完成额增速
2001	100.63	
2002	163.14	62.01%
2003	212.21	30.11%
2004	206.87	–2.51%
2005	232.41	12.37%
2006	237.29	2.09%
2007	316.24	33.33%
2008	570.13	80.27%
2009	764.71	34.07%
2010	939.18	22.76%
2011	1136.39	21.03%
2012	1413.32	24.36%

相关数据来源：根据《中国林业统计年鉴》（2001—2012）年整理。

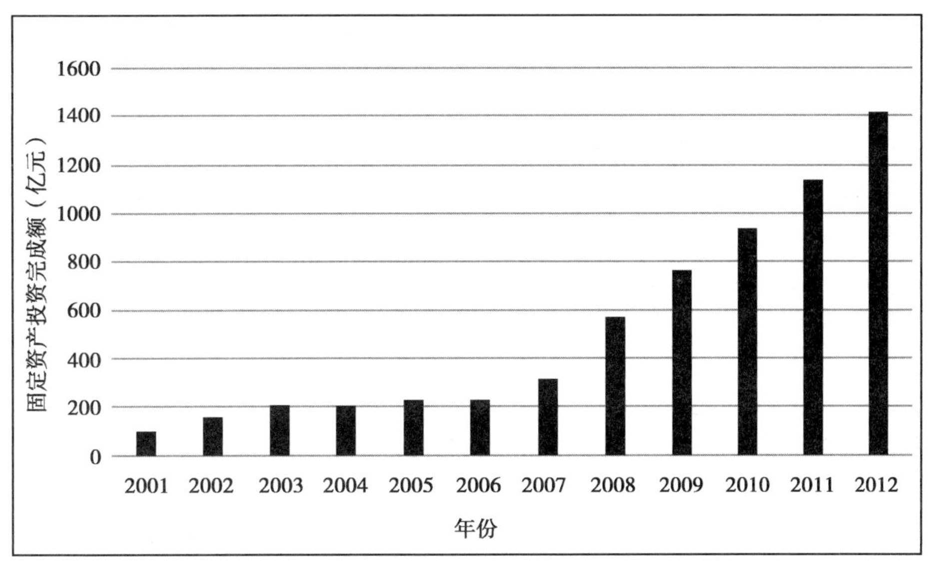

图 5-1　2001—2012 年西部地区林业固定资产投资完成额

5.2　西部林业生态建设综合效果评价方法

5.2.1　评价内涵

西部林业生态建设政策实施之后，西部地区林业相关的生态、经济、社会效益发生了诸多变化。

关于西部林业生态建设综合效果评价，由于对林业生态建设政策理解的不同而有所不同。其一，狭义地讲，如果将西部林业生态建设政策解读为林业生态工程在西部地区的实施，那么综合效果评价主要针对西部地区林业生态工程展开。其二，广义地讲，如果将西部林业生态建设政策解读为与林业生态建设相关的各类政策，甚至扩展为所有的林业相关政策，那么综合效果评价可以针对西部林业发展情况进行讨论。本研究基于广义解读来讨论西部林业生态建设政策的综合效果。

具体地，主要从生态效益、经济效益、社会效益三方面来评价西部林业生态建设的综合效果。

5.2.2　评价方法

5.2.2.1　指标选择

生态效益指标 C_1：森林面积 X_1，森林蓄积量 X_2，森林覆盖率 X_3。

经济效益指标 C_2：林业总产值 X_4，木材采伐量 X_5，林业第三产业产值 X_6。

社会效益指标 C_3：在岗职工年平均工资 X_7，在岗人数 X_8，基层林业工作站人员文化程度 X_9。

5.2.2.2　评价模型

在对模型数据进行分析和整理后，由于指标类别上存在很大差异，因此首先对指标进行分类。本研究以指标研究方法作为分类区别，将所有指标分为研究指标和参考指标，其中 X_{10}、X_{11} 和 X_{12} 为参考指标，其余均为研究指标。又由于研究指标部分数值复杂，不利于统计计算。因此，本研究在研究西部林业生态建设指标的时候，首先采用功效系数法对数据进行统一处理。功效系数法通常适用于多目标规划原理，其原理是对每一项评价指标根据满意度或期望值确定一个上限值和下限值。本研究文通过不同地区、不同年份评价数据对比，选取最优值作为上限值 X_{max}，最差值作为下限值 X_{min}。通过计算确定各指标的分数，其公式如下：

$$X_i=\frac{X_i'-X_{min}}{X_{max}-X_{min}}\times 40+60 \tag{5-1}$$

式中：X_i'——各项实际指标值。

获得各项评价指标的评分后，对指标进行加权，对数据进行加权处理的一般方法包括：熵值法和采用专家赋权法，由于考虑到林业生态建设指标从整体上来说具有一定的层次性，而西部不同地区数据差异过大，采用熵值法会导致不同地区同一指标权数有偏差，部分重要指标无法显示其本应该有的影响，所以本研究参照国家林业局发布关于《天然林资源保护工程社会经济效益监测与评价指标》中专家提供的赋权系数，结合本研究特点，确定指标权数。整理指标权数见表 5-2。

表 5-2　指标权数

C_1（30%）	C_2（35%）	C_3（35%）
X_1（30%）	X_4（50%）	X_7（50%）
X_2（30%）	X_5（20%）	X_8（20%）
X_3（40%）	X_6（30%）	X_9（30%）

首先，运用加权算术平均法对大类指标进行逐层加权求和。公式如下：

$$C_j=\sum_{i=1}^{n} X_i f_i \tag{5-2}$$

然后，将得到的大类指标再次运用加权算术平均法加权求和，得到最终的地区林业生态建设综合评分 D，公式如下：

$$D=\sum_{j=1}^{n} C_j f_i \tag{5-3}$$

最后，根据西部地区林业生态建设综合评分，做出动态分析图，可以形象地将近十年来各地区林业生态建设发展情况反映出来。同时，参照林业局发布的相关评分资料，将综合评分 90 分以上的建设效果评为显著，80~90 分为良好，80 分以下为一般，可以评价 2012 年各地区林业生态建设等级。

5.3　西部林业生态建设综合效果评价的实证分析

对广西、云南、甘肃、宁夏 4 省份进行讨论。

5.3.1 生态效益指标分析

2001—2012 年 12 年期间，国家林业局总共进行了三次全国森林资源清查。通过查阅相关年鉴，可以肯定就生态建设而言，西部地区近 10 年的建设已经取得了初步成效。本研究最主要的研究数据依旧还是森林面积、森林蓄积量和森林覆盖率三项指标，森林作为研究主体，因此生态建设相关数据本研究仅以这三项指标数据实证分析结果作为衡量依据。相关数值采用公式（5-1）功效系数法计算整理，生态效益分项指标得分情况见表 5-3（以下相关数据均取整数）。

表 5-3　生态效益分项指标得分情况

年份	X_1				X_2				X_3			
	广西	云南	甘肃	宁夏	广西	云南	甘肃	宁夏	广西	云南	甘肃	宁夏
2012	100	100	100	100	100	100	100	81	100	100	100	100
2011	100	100	100	100	100	100	100	81	100	100	100	100
2010	100	100	100	100	100	100	100	81	100	100	100	100
2009	100	100	100	100	100	100	100	81	100	100	100	100
2008	75	81	73	88	78	77	66	60	75	81	73	80
2007	75	81	73	88	78	77	66	60	75	81	73	80
2006	75	81	73	88	78	77	66	60	75	81	73	80
2005	75	81	73	88	78	77	66	60	75	81	73	80
2004	75	81	73	88	78	77	66	60	75	81	73	80
2003	60	60	60	60	60	60	60	100	60	60	60	60
2002	60	60	60	60	60	60	60	100	60	60	60	60
2001	60	60	60	60	60	60	60	100	60	60	60	60

采用公式（5-2）进行加权计算，将最终得到生态效益指标，见表 5-4。

表 5-4　生态效益综合指标得分情况

年份	广西	云南	甘肃	宁夏
2012	100	100	100	94
2011	100	100	100	94
2010	100	100	100	94
2009	100	100	100	94
2008	76	80	71	76
2007	76	80	71	76
2006	76	80	71	76
2005	76	80	71	76
2004	76	80	71	76

续表

年份	广西	云南	甘肃	宁夏
2003	60	60	60	72
2002	60	60	60	72
2001	60	60	60	72

由表 5-3、表 5-4 可以看出，就生态而言，4 个指标地区 12 年来建设均取得了显著成果，引入参考指标公众对近 10 年生态环境改善的满意度 X_{10}，通过对 2011 年广西、云南、甘肃、宁夏林区居民抽样调查，其生态改善满意度分别为：92.86%、84.22%、97.87%、93.94%，4 个地区居民满意度均超过 50%。因此，实证结论有效，西部地区林业生态建设从居民满意度上看其效果显著。包括居民满意度在内的林业生态效益变化如图 5-2 所示，可以看出：样本 4 省份林业生态效益不断提高。

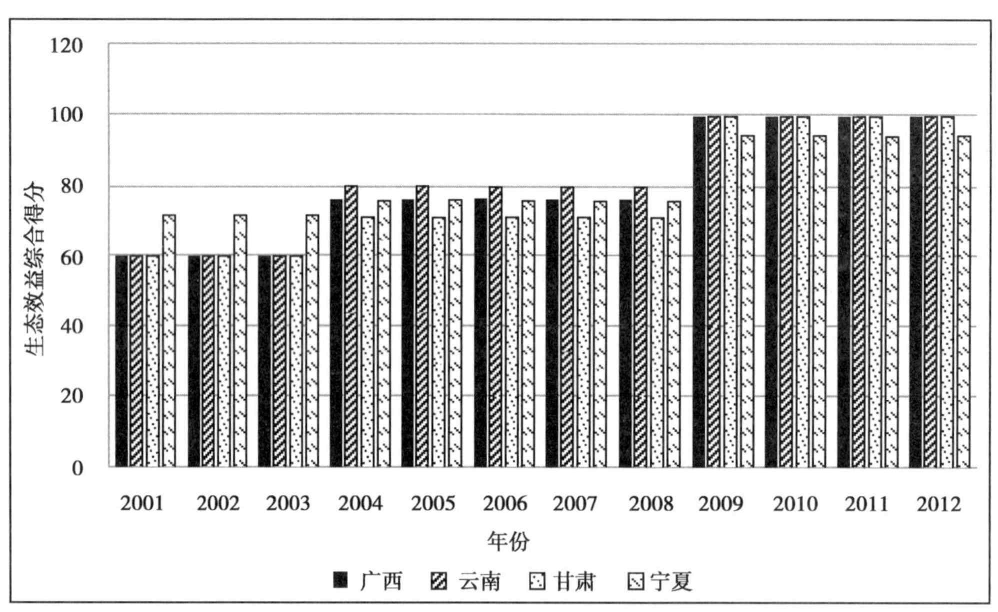

图 5-2　西部 4 省份生态效益综合得分情况

5.3.2　经济效益指标分析

由于与经济有关的很多指标都有外部因素干扰，很难计算出完完整整的仅林业生态建设带动西部经济发展的数据。因此，在数据收集整理的时候，本研究仅仅局限于收集与模型评价指标相关的数据。通过数据分析整理，西部地区随着各种生态政策和工程的实施，对西部整体经济发展起到了一定的推动作用，西部经济建设发展状况基本稳定。同理，相关数值采用公式（5-1）功效系数法计算，经济效益分项指标得分情况见表 5-5。

表 5-5　经济效益分项指标得分情况

年份	X_4				X_5				X_6			
	广西	云南	甘肃	宁夏	广西	云南	甘肃	宁夏	广西	云南	甘肃	宁夏
2012	100	100	100	100	98	100	86	60	100	100	100	100
2011	90	90	91	95	100	100	88	61	90	85	92	90
2010	82	84	85	85	84	94	86	69	75	89	88	88
2009	74	78	76	81	77	90	92	71	70	74	84	94
2008	70	75	72	78	78	93	100	81	65	72	79	99
2007	67	73	69	67	75	90	99	66	63	70	73	61
2006	65	70	66	62	70	81	90	100	62	67	72	60
2005	62	67	64	66	66	76	85	60	61	66	66	60
2004	61	64	63	62	65	75	78	61	60	65	64	60
2003	61	62	63	63	64	72	84	63	60	60	61	61
2002	60	60	61	61	60	60	60	60	60	60	60	60
2001	60	60	60	60	60	63	60	60	60	60	60	60

采用公式（5-2）加权计算，将最终得到经济效益指标，见表 5-6。

表 5-6　经济效益综合指标得分情况

年份	广西	云南	甘肃	宁夏
2012	100	100	97	92
2011	92	91	91	87
2010	80	88	86	83
2009	73	79	82	83
2008	70	78	80	85
2007	67	76	76	65
2006	65	71	73	69
2005	63	69	69	63
2004	62	67	66	61
2003	61	63	67	62
2002	60	60	61	61
2001	60	61	60	60

对比表 5-5 和表 5-6，虽然个别地区部分指标并不是按年份增长的，但是其加权后的结果依旧具有明显的显著性。引入参考指标公众对生态工程实施影响家庭经济收入认可度 X_{11}，通过 2011 年实地调查相关数据整理可得广西、云南、甘肃、宁夏 4 个地区公众认可度分别为：83.33%、52%、65.66%、57.98%（图 5-3）。相比生态满意度，公众对生态工程影响家庭经济收入的认可度不高，但是依旧超过 50%，除此之外考虑到林业经济和其他经济因素具有相互干扰了，不易区分，因此依旧可以认定实证基本有效。据此可得出结论：样本 4 省份经济效益稳步提高。

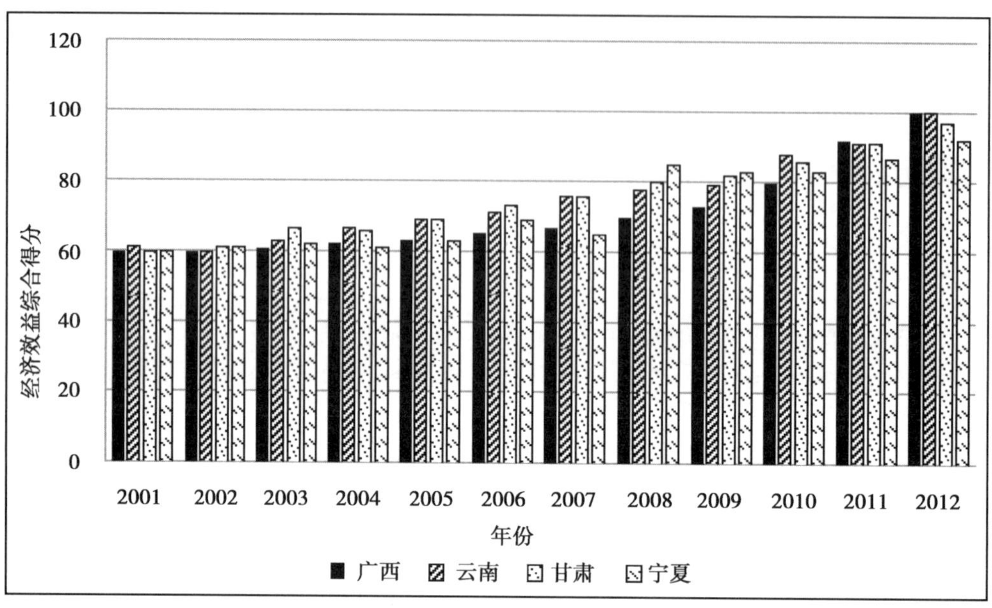

图 5-3　样本 4 省份经济效益综合得分情况

5.3.3　社会效益指标分析

从大体上说，近 10 年来西部社会建设已经取得初步进展。社会的发展和经济、生态密不可分，经济发展带来就业，可以促进社会和谐；生态建设是经济发展的保障，社会稳定的重要基石。因此，发展经济，推进生态建设对促进社会稳定发展是具有很大的作用的，同理，只有社会稳定发展，才能给经济和生态带来稳定发展的条件。本研究再次采用和研究生态、经济效益相同的方法，实证林业生态建设对广西、云南、甘肃、宁夏 4 个地区社会效益的影响。据此可得出结论：我国西部林业建设社会效益显著，总体趋于增长，相关数据见表 5-7。

表 5-7　社会效益分项指标得分情况

年份	X_7				X_8				X_9			
	广西	云南	甘肃	宁夏	广西	云南	甘肃	宁夏	广西	云南	甘肃	宁夏
2012	100	100	100	100	60	60	97	60	100	100	99	100
2011	93	93	92	89	66	68	100	68	100	100	100	100
2010	90	85	84	84	68	73	98	95	96	100	100	100
2009	85	81	81	81	68	74	90	80	93	100	99	94
2008	79	80	75	79	69	71	93	85	93	89	87	98
2007	79	75	71	70	73	77	72	82	91	78	81	91
2006	69	68	66	64	78	78	74	88	93	78	77	87
2005	67	67	64	64	82	80	69	88	81	78	72	85
2004	65	66	64	64	83	79	68	88	73	68	72	80
2003	63	64	63	62	89	88	62	100	65	64	73	71

续表

年份	X_7				X_8				X_9			
	广西	云南	甘肃	宁夏	广西	云南	甘肃	宁夏	广西	云南	甘肃	宁夏
2002	62	62	62	62	92	95	60	76	65	60	60	65
2001	60	60	60	60	100	100	96	62	60	60	60	60

以社会效益指标中的林业在岗人数指标和基层林业工作站人员文化程度指标为例，林业在岗人数指标得分方面，广西、云南总体减少，甘肃从 2002 年开始总体增长，宁夏先增后减（图 5-4）；同时，基层林业工作站人员文化程度整体呈现不断上升的趋势（图 5-4）。

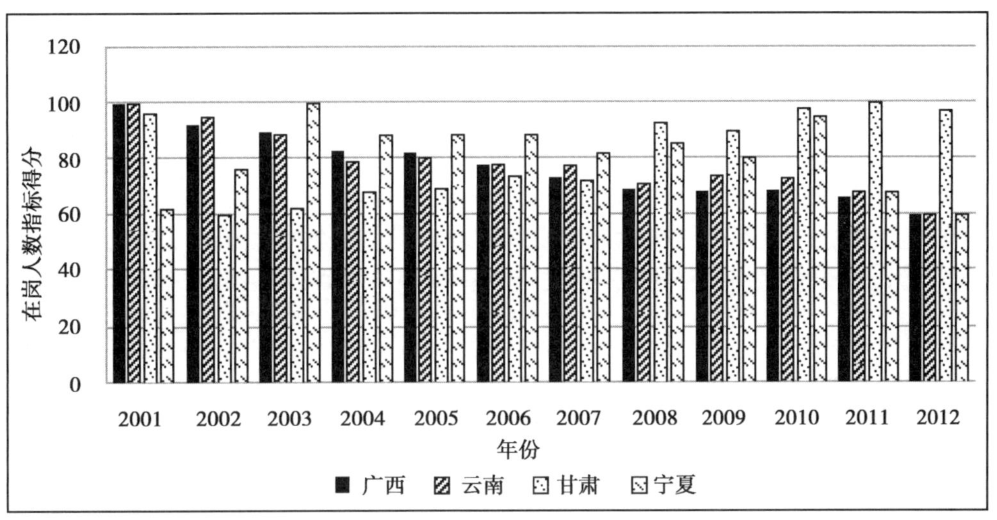

图 5-4　样本 4 省份林业在岗人数指标得分情况

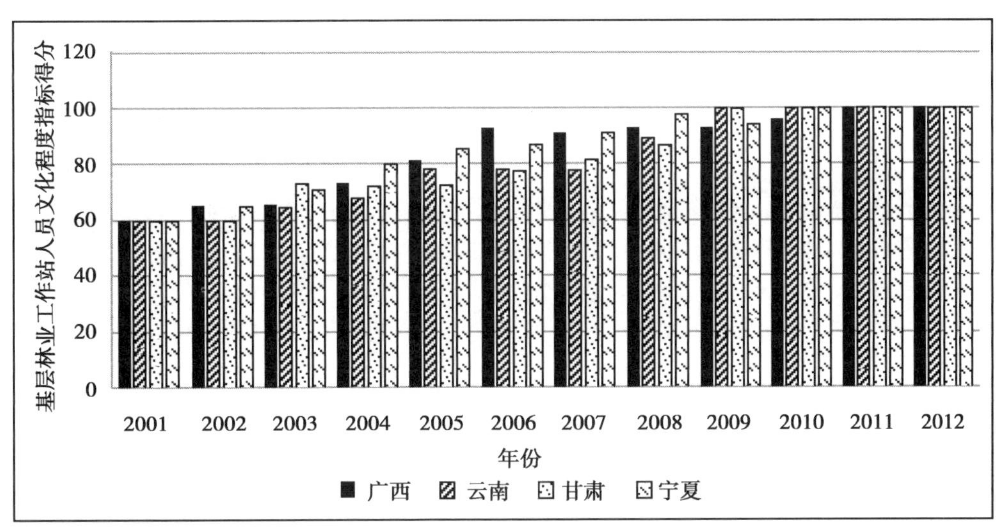

图 5-5　样本 4 省份基层林业工作站人员文化程度指标得分情况

表 5-8　社会效益综合指标得分情况

年份	广西	云南	甘肃	宁夏
2012	92	92	99	92
2011	90	90	96	88
2010	87	87	92	91
2009	84	85	88	85
2008	81	81	82	86
2007	81	76	74	79
2006	78	73	71	76
2005	74	73	67	75
2004	71	69	67	74
2003	69	69	66	72
2002	69	68	61	66
2001	68	68	67	60

对比表 5-7 和表 5-8，林业生态建设对地方社会稳定具有显著影响。虽然表 5-7 中，在岗人数这一指标评分广西、云南和宁夏都随着时间发展而有所下降，但考虑到林业相关产业转型，部分对生态建设不利的岗位被撤除，因此导致了相关数据下降。考虑到国家宏观调控，存在林业岗位上换下的劳动力转移到与林业无关的行业的情况，同时还存在已不在林业部门工作，但人事关系还保留在林业部门的现象。可见，林业生态建设并没有导致社会就业方面的不稳定。引入参考指标公众社会保障参与度 X_{12}，2011 年实地考察广西、云南、甘肃、宁夏 4 个地区指标数据分别为:90%、90%、96%、88%（图 5-6）。实证分析有效。由此，可得出结论：样本 4 省林业社会效益综合得分不断上升。

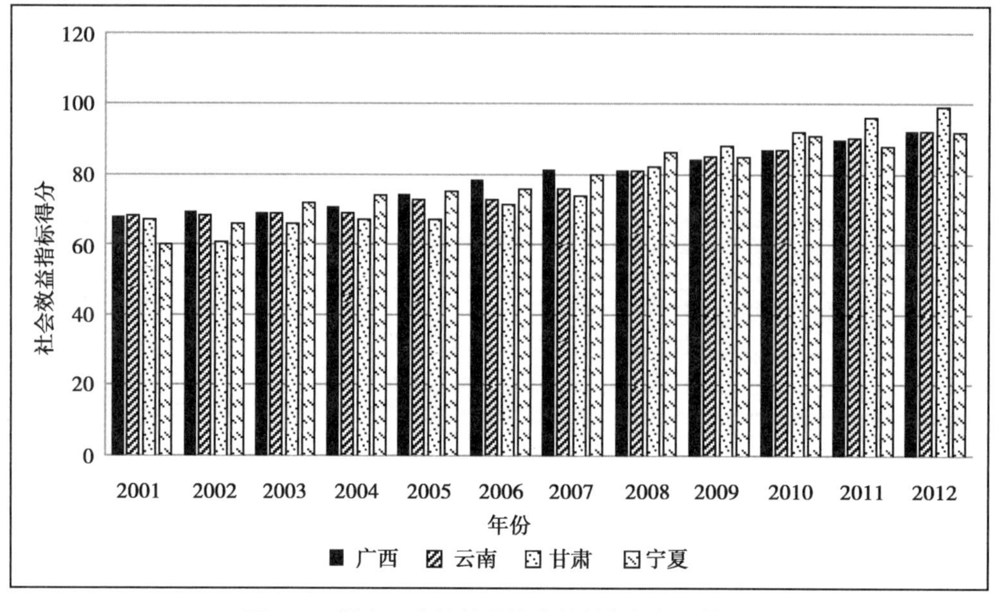

图 5-6　样本 4 省份林业社会效益指标得分情况

5.3.4　林业生态建设综合效益分析

通过对林业生态建设对地区生态、经济、社会影响实证分析，采用公式（5-3）将各项指标最后加权，将相关数据整理绘制成图 5-7，得出主要结论：西部大开发 10 年来，西部林业生态建设综合成效逐步增长。

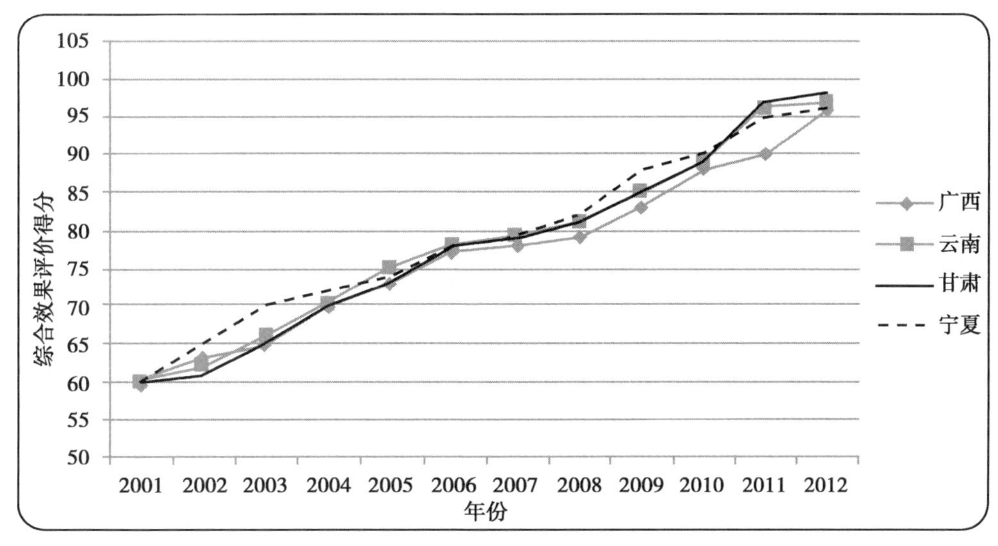

图 5-7　西部林业生态建设综合效果评价得分

通过图 5-7 可以看出，随着西部大开发以来，西部地区生态、经济、社会逐渐进入和谐可持续发展阶段。尤其是 2008 年以后，随着国家在世界的地位不断提升，西部地区林业生态建设得到了更为迅速的发展空间。直至 2012 年，广西、云南、甘肃、宁夏 4 个地区林业生态建设综合评分分别为：97、97、99、93，和 2001 年相比，均有显著的成长效果。因为西部地区林业生态建设具有一定相关性，以上述 4 个地区的实证结论也可以基本推断就整个西部地区而言，随着国家对西部建设越来越多的重视和投入，虽然个别地区林业生态建设指标数据变化不显著，但总体上来说西部地区林业生态建设发展趋势是非常好的。

5.4　本章小结

西部大开发以来，西部林业生态建设取得积极成效，林业生态效益、经济效益、社会效益、能力建设稳步提高。具体地，生态效益方面：森林面积、森林蓄积量、森林覆盖率均稳步增长；经济效益方面：林业总产值不断上升，木材采伐量波动中呈现上升趋势，林业第三产业产值从 2008 年开始不断上升；社会效益方面：在岗职工年平均工资稳步增长，在岗人数有升有降，基层林业工作站人员文化程度不断提高。

第 6 章

西部林业生态协调性评价

西部地区是我国重要的生态保护屏障，其生态环境建设的好坏将直接关系到全国经济社会的可持续发展。近年来，在国家西部大开发战略的带动下，西部地区经济社会发展取得了长足进步，但面临的生态环境问题也日益突出。林业生态环境建设作为西部地区生态环境建设的重要抓手，不仅对西部地区生态环境的改善和西部大开发战略的深入实施有着深远影响，对于全国经济社会的可持续发展也具有重要的支撑作用。在此背景下，本章将在构建林业生态建设评价指标体系的基础上，对西部地区林业生态建设与全国林业生态建设的层次协调关系、西部地区不同地区林业生态建设的区域协调关系、西部地区林业生态建设与经济社会发展的协调关系、西部地区林业生态政策的协调关系进行全面研究，试图通过多层维度的系统协调评价，探寻西部地区林业生态建设存在的问题和不足，进而针对性地提出西部地区完善林业生态建设的政策建议。

6.1　林业生态建设评价指标体系构建

构建林业生态建设评价指标体系，是开展相关协调性分析的基础。

目前，理论界和实践界关于林业生态建设的定义已基本达成共识，即认为林业生态环境建设是指“从国土整治的全局和国家可持续发展的需要出发，以维护和再造良性环境以及维护生物多样性和具有代表性的自然景观为目的，在一个地域或跨越一个地域范围内，建设有重大意义的防护林体系、自然保护区和野生动植物保护等项目”。

尽管社会各界就林业生态建设的定义达成了一致认识，但是对林业生态建设评价指标体系进行直接研究的文献非常少见。黄清芳（2002）认为比较完备的林业生态体系应该包括资源指标、生态指标、经济指标和社会指标 4 个方面。高兆蔚（2003）从生态环境因子、森林资源因子、经济发展因子和社会发展因子 4 个一级指标、16 个二级指标构建林业生态环境建设成效评价指标体系，并运用层次分析法确定二级指标的权重，最后以福建省为例进行林业生态环境建设成效评价。邵权熙（2008）在对林业生态经济社会耦合系统耦合评价指标体系的构建中，从森林生物多样性指数、森林健康状况、森林生态效益指数 3 大方面、10 个分项指标，建立林业生态系统指标体系，但是遗憾的是，可能是囿于数据可获得等原因，文中并未运用该体系进行实证评价。此外，还有部分地区政府在林业生态省或者林业生态县创建方案中，利用相关指标就林业生态建设目标的完成情况进行量化。例如，河南省政府以新增林地面积、森林覆盖率、林业年产值和林业资源综合效益为总体目标，以荒山荒（沙）地造林面积、自然保护区占国土面积比例、森林公园占国土面积比例等为具体目标，规划 2008—2012 年河南林业生态省建设[①]。广东省在林业生态县创建实施方案中，从森林覆盖率、林木蓄积量、生态公益林功能等级、防护林建设、保护区体系等 10 个方面提出了具体创建标准[②]。山西省从森林覆盖率、林木蓄积量和固碳量、水土流失生物治理率等 9 个方面构建林业生态县创建实施方案[③]。

总体来看，当前关于林业生态环境建设指标体系的构建可以归结为狭义和广义两个层面。其中，狭义层面的指标体系主要聚焦于表征林业生态状况的改善，而广义层面的指标体系除了关注林业生态本身之外，还涵盖了林业生态建设对经济社会发展作用的相关指标。根据林业生态建设的定义，同时满足本章协调性评价的研究需要，我们在参考现有研究的基础上，结合指标数据的可获得性，构建林业生态建设评价指标体系见表 6-1 所示。

表 6-1　林业生态建设评价指标体系

指标名称	指标含义
林业固定资产投入	从资金投入反映林业生态建设力度
造林面积 / 国土面积	从森林资源的培育和保护情况反映林业生态建设情况
森林覆盖率	从森林资源规模反映林业生态建设成效
单位森林面积蓄积量	从森林资源质量反映林业生态建设成效

6.2　林业生态建设的层次协调分析

我国西部地区地域辽阔，涵盖了 12 个省（自治区、直辖市）——内蒙古、广西、重庆、四川、贵州、云南、西藏、陕西、甘肃、青海、宁夏和新疆，总面积达到 685 万平方公里，占我国国土面积的 71.4%，是国家生态安全的重要屏障。然而，西部地区的生态环境相对于中东部地区更为脆弱，水土流失、荒漠化和石漠化问题突出，森林资源占比与其自身的国土资源极为不协调，成为影响西部地区乃至国家经济社会持续发展的掣肘。因此，从国家全局发展的角度，将西部地区生态环境建设放在更加突出位置，正确处理好西部地区生态环境建设与全国的层次协调关系，对于提高西部地区乃至全国生态环境的支撑能力具有重要意义。林业生态是生态环境的建设主体，加强西部地区林业生态建设，推动西部地区林业生态环境建设与全国协调发展，是推进我国生态环境建设的重要内容。

① 河南省人民政府 . 河南林业生态省建设规划（2008—2012）[EB/OL] .http://www.henan.gov.cn/zwgk/system/2007/12/19/010051609.shtml.2007-12-19/2014-05-02.

② 广东省人民政府 . 广东省创建林业生态县实施方案 [EB/OL] .http://www.gzepb.gov.cn/xcjy/fgybz/FILE/08/0824.htm.2007-12-19/2014-05-02.

③ 山西省人民政府 . 山西省创建林业生态县实施方案 [EB/OL] .http://www.gzepb.gov.cn/xcjy/fgybz/FILE/08/0824.htm.2013-12-12/2014-05-02.

本节主要利用2000年国家实施西部大开发战略以来前后数据的比较，结合表6-1中的指标体系，展开林业生态建设的层次协调分析。

考虑到部分指标年度数据波动性较大，同时与我国森林资源清查的调查时间相对应，我们将1994—2011年划分为表6-2所示的三个时间区间。在样本期内，我国西部地区累计完成林业固定资产投资4632.4亿元，年均增速超过24%，占全国林业固定资产投资的比重达到61.5%，近年来西部地区林业投资表现出快速增长的势头。分时期来看，我国西部地区林业年均投资表现出逐步增加的态势，并且在国家实施西部大开发以来明显加快。1994—1998年，我国西部地区林业年均固定资产投资仅为25.2亿元，而在2009—2011年达到了777.1亿元。同时，西部地区林业固定资产投资占全国的比重在样本期内特别是2000年以后明显提高，2009—2011年达到77.8%，较1994—1998年提高了近40个百分点。综合分析，我国西部地区林业固定资产投资在2000年以来增长迅速，占全国的比重显著增加，反映出西部大开发以来我国林业生态建设资金投入的层次协调性有所加强，将对全国林业生态建设的协调发展形成重要支撑。

表6-2　西部地区林业固定资产投资情况

时间	投资总额（亿元）	年均投资额（亿元）	投资额占全国比重（%）
1994—1998年	125.9	25.2	38.2
1999—2003年	612.4	122.5	50.7
2004—2008年	1562.9	312.6	52.1
2009—2011年	2331.2	777.1	77.8

数据来源：根据《中国林业统计年鉴》计算得到。

在1994—2012年间，西部地区累积造林面积达到5522.2万公顷，占全国人工造林面积的54.4%。分阶段看，除了2004—2008年之外，我国西部地区年均造林面积在1999年之后的其他两个时段均明显高于1994—1998年，说明实施西部大开政策后的西部地区人工造林力度总体在加大。同时，西部地区造林面积占全国造林面积的比重，也由1994—1998年的47.1%升至其后的57%左右，说明实施西部大开发政策以来西部地区的人工造林力度比中东部更大。这也从森林资源的培育和保护角度，反映出我国林业生态建设情况的层次协调性总体在增加。但是，2009年以来，我国西部地区人工造林面积占全国的比重已连续三年出现下降，2009—2012年间的比值依次为61.6%、58.5%、54.3%和52.9%。同时，从人工造林面积占国土面积的比重来看，尽管西部地区在1999年后总体提高，并且与全国平均水平的差距也有所缩小，但是仍只有全国平均水平的80%左右，说明西部地区在人工造林方面仍有较大的提升空间（表6-3）。

表6-3　西部地区人工造林情况

时间	造林面积（万公顷）	年均造林面积（万公顷）	全国造林面积（万公顷）	造林面积占全国的比重（%）	造林面积/国土面积年平均值	造林面积/国土面积与全国的比值（全国=100）
1994—1998年	1191.3	238.3	2529.3	47.1	0.348	66.2
1999—2003年	1798.1	359.6	3176.9	56.6	0.525	79.3

续表

时间	造林面积（万公顷）	年均造林面积（万公顷）	全国造林面积（万公顷）	造林面积占全国的比重（%）	造林面积 / 国土面积年平均值	造林面积 / 国土面积与全国的比值（全国 =100）
2004—2008 年	1186.2	237.2	2076.9	57.1	0.346	80.0
2009—2012 年	1346.6	336.6	2365.7	56.9	0.491	79.8

数据来源：根据《中国林业统计年鉴》计算得到。

由表 6-4 报告的结果可知，西部地区的森林面积近年来呈现出逐步增加的态势。根据第八次全国森林资源清查，2009—2013 年，我国西部地区的森林面积达到 1.24 亿公顷，较 1994—1998 年增加 0.54 亿公顷，增长了 76.4%，显示出西部大开发战略实施以来我国西部地区森林资源培育取得了显著成效。2009—2013 年，西部地区森林面积占全国森林面积的比重接近 60%，比 1994—1998 年提升了 15.5 个百分点。同时，我国西部地区森林覆盖率也由 1994—1998 年的 10.28% 提升至 2009—2013 年的 18.13%，与全国森林覆盖率的差距则在不断缩小。以上分析表明，通过大力推进林业生态建设，我国西部地区森林资源规模近年来迅速扩大，与全国平均水平的差距逐步缩小，反映我国森林资源的地区分布正在逐步趋于平衡，同时也显示出我国森林资源规模的层次协调性在提高，对于改变西部地区生态脆弱的局面具有重要意义。

表 6-4　西部地区森林面积变化情况

时间	森林面积（万公顷）	森林面积占全国的比重（%）	森林覆盖率（%）	全国森林覆盖率（%）	森林覆盖率与全国的比值（全国 =100）
1994—1998 年	7038.4	44.3	10.28	16.55	62.11
1999—2003 年	9863. 8	56.4	14.42	18.21	79.20
2004—2008 年	11681.3	59.8	17.06	20.36	83.77
2009—2013 年	12417.0	59.8	18.13	21.63	83.80

数据来源：根据第五次、第六次、第七次、第八次全国森林资源清查计算得到。

随着森林资源规模的不断扩大，西部地区森林蓄积量也在持续增加。根据第八次全国森林资源清查，2009—2013 年，我国西部地区森林蓄积量达到 89.3 亿立方米，比 1994—1998 年增加 19.6 亿立方米，增长 28.1%，低于全国森林蓄积量的增长水平。因此，西部地区森林蓄积量占全国的比重也呈现出高位下降的态势，由 1994—1998 年的 61.9% 降至 2009—2013 年的 59%。同时，西部地区单位森林面积蓄积量在样本期内出现明显下降，与全国平均水平的比值也由 1994—1998 年的 1.4 倍逐年下降。到 2009—2013 年，我国西部地区的单位森林面积蓄积量已略低于全国平均水平（表 6-5）。综上所述，尽管近年来我国西部森林总量在明显扩大，但是森林质量却并未随之得到改善，并且开始逐步落后于全国平均水平。在我国推进林业生态建设层次协调发展的过程中，不仅要把西部地区森林规模的扩大放在突出位置，还应将其森林质量的提高作为关键着力点，以更大发挥森林资源在水土涵养和生态保护中的作用。

表 6-5 西部地区森林蓄积量情况

时间	森林蓄积量（万立方米）	森林蓄积量占全国的比重（%）	单位森林面积蓄积量（立方米 / 公顷）	全国单位森面积蓄积量（立方米 / 公顷）	单位森林面积蓄积量与全国的比值（全国 =100）
1994—1998 年	697236.7	61.9	99.06	70.88	139.7
1999—2003 年	769251.4	61.8	77.99	71.18	109.5
2004—2008 年	827131.6	60.3	70.81	70.36	100.9
2009—2013 年	893403.9	59.0	71.95	72.77	98.7

数据来源：根据第五次、第六次、第七次、第八次全国森林资源清查计算得到。

6.3 西部地区林业生态建设的区域协调分析

前文分析显示，自国家实施西部大开发政策以来，西部地区林业生态建设成效显著，我国林业生态建设的层次协调性总体趋于增强。然而，西部地区的西北地区和西南地区在地形和气候等方面差别较大，生态环境也存在巨大差异。与西南地区相比，我国西北地区土地荒漠程度更高、气候更加干旱、植被和生物品种更少，生态环境建设的起点更低、任务也更加紧迫艰巨。因此，西部地区在提升林业生态总体建设水平的同时，还要把西北地区林业生态建设放在更加突出的位置，加大对西北地区的倾斜力度，促进西北地区林业生态建设与西南地区协调发展。进一步来看，西部地区 12 个省份间的林业生态建设情况也差别很大，推进各省份林业生态协调建设也是西部地区林业生态建设的重要方面。

6.3.1 西北地区和西南地区林业生态建设的协调分析

与上节一样，本部分也将利用 1994 年以来的数据，通过对表 6-1 中指标的分析，进行西北地区和西南地区林业生态建设的协调性评价。本研究中，西北地区包括内蒙古、陕西、甘肃、青海、宁夏和新疆 6 个省份，西南地区涵盖广西、重庆、四川、贵州、云南、西藏 6 个省份。

由表 6-6 报告的结果可知：除了单位森林面积蓄积量之外，西北地区反映林业生态建设的其他 3 个指标林业固定资产投资、人工造林面积占国土面积的比重以及森林覆盖率，在 1999 年之后都有明显提高，说明实施西部大开发政策以来，我国西北地区林业生态建设水平总体在提升。但是，我们也应看到，西北地区反映林业生态建设的所有指标数值均显著低于西南地区，反映出西北地区林业生态建设与西南地区还存在很大差距。从趋势上看，随着近年来西北地区林业生态政策实施力度的加大，其在人工造林面积等方面的差距与西南地区有所缩小，森林覆盖率也由 1994—1998 年仅为西南地区的 33.76% 持续升至 2009—2013 年的 41.21%。然而，西北地区在固定资产投资、单位森林面积蓄积量与西南地区的差距却在扩大。2009—2011 年，西北地区林业固定资产投资额仅为西南地区的 27.85%，低于 1994—1998 年 30 多个百分点。在单位森林面积蓄积量方面，西北地区近年来明显下降，与西南地区的差距也在扩大。

表 6-6　西北地区林业生态建设情况及其与西南地区的比较

生态建设情况		1994—1998 年	1999—2003 年	2004—2008 年	2009 年之后
年均林业固定资产投资	西北地区（亿元）	9.42	56.3	116.9	169.3
	西南地区（亿元）	15.78	66.06	195.58	607.90
	西北地区 / 西南地区（%）	59.71	85.22	59.77	27.85
造林面积与国土面积比值	西北地区（%）	0.25	0.47	0.32	0.43
	西南地区（%）	0.49	0.55	0.36	0.52
	西北地区 / 西南地区（%）	51.04	85.11	89.01	82.08
森林覆盖率	西北地区（%）	5.90	9.09	10.91	11.77
	西南地区（%）	17.48	23.15	27.17	28.56
	西北地区 / 西南地区（%）	33.76	39.26	40.16	41.21
单位森林面积蓄积量	西北地区（立方米 / 公顷）	58.95	40.47	36.46	36.81
	西南地区（立方米 / 公顷）	121.90	102.25	94.65	95.83
	西北地区 / 西南地区（%）	48.36	39.58	38.52	38.41

注：年均林业固定资产投资、造林面积与国土面积比值在“2009 年之后”的时间区间均为 2009—2011 年，森林覆盖率、单位森林面积蓄积量在“2009 年之后”的时间区间均为 2009—2013 年。

数据来源：根据《中国林业统计年鉴》和第五次、第六次、第七次、第八次全国森林资源清查计算得到。

综上所述，尽管近年来西北地区林业生态建设有所加强，但是与西南地区相比差距仍然十分明显，在固定资产投资和单位森林面积蓄积量等方面的差距还在扩大，推进西北地区与西南地区林业生态建设协调发展仍然要付出巨大的努力。下一步，需要以优化西部地区林业生态建设的资金配置、加大西北地区资金投入，提高西北地区森林质量为重要着力点，着力促进西北地区和西南地区林业生态协调发展。

6.3.2　西部地区各省份林业生态建设的协调分析

在考察西部地区各省份林业生态建设协调性的过程中，本研究选择变异系数来进行分析。一方面，变异系数是反映指标差异程度的重要指标，能够科学测度西部地区各省份林业生态建设的协调性。另一方面，利用变异系数还可以对不同量纲指标的差异程度进行比较。考虑到重庆于 1997 年从四川划分出来，为了统一数据口径，我们将 1997 年之后四川和重庆的数据进行加总处理。

由图 6-1 可知，反映生态文明建设四个指标的变异系数均在 0.7 以上，显示西部地区各省份间林业生态建设存在较大差别。其中，林业固定资产投资和造林面积占国土面积的变异系数更大，前者在 2009—2013 年更是高达 1.57，说明与体现林业生态建设成效的森林规模和森林质量相比，西部地区各省份在林业资金投入和人工造林力度方面的差异程度更加突出。这也在一定程度上说明林业生态建设是个系统过程，其建设成效不仅与资金投入和人工造林力度有关，还受其他因素的综合影响。从变化趋势来看，除了林业固定资产投资之外，反映林业生态建设其他三个指标的变异系数都在缩小，说明西部地区各省份林业生态建设的总体协调程度在提高。然而，如同变异系数所反映的，当前西部地区各省份间在林业生态建设方面的差异仍然非常巨大。在林业固定资产投资方

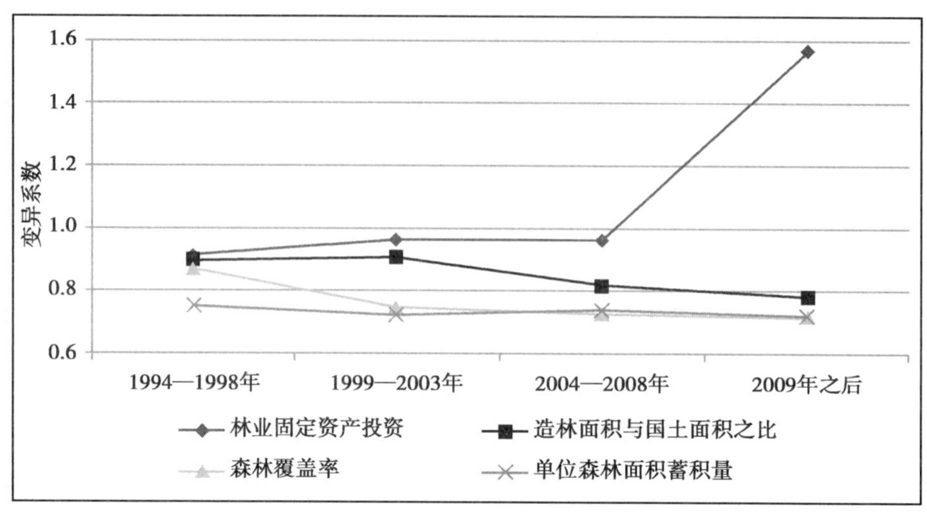

图 6-1 西部地区各省份反映林业生态建设指标的变异系数变动图

注：年均林业固定资产投资、造林面积与国土面积比值在“2009 年之后”的时间区间均为 2009—2011 年，森林覆盖率、单位森林面积蓄积量在“2009 年之后”的时间区间均为 2009—2013 年。变异系数 = 标准差 / 均值。

数据来源：根据《中国林业统计年鉴》和第五次、第六次、第七次、第八次全国森林资源清查计算得到。

面，广西采取多重措施取得跨越式发展，2009—2011 年间年均投资额达到 381.5 亿元，是西藏的 103.6 倍。从人工造林面积占国土面积的比重来看，2009—2011 年，贵州、云南和陕西均超过了 1%，而新疆仅为 0.15%。同时，第八次国家森林资源清查数据显示，广西和云南的森林覆盖率当前均已超过 50%，陕西、重庆、贵州和四川均高于 35%，而甘肃、西藏和宁夏不足 12%，新疆和青海的森林覆盖率仅为 4.24% 和 5.63%。西藏、四川和云南的单位森林面积蓄积量分别为 153.7 立方米 / 公顷、98.6 立方米 / 公顷和 88.4 立方米 / 公顷，而青海和宁夏仅均为 10.7 立方米 / 公顷。

综合以上分析，从省份层面来看，尽管近年来我国西部地区林业生态建设的协调性在不断增强，但地区之间的差异依然十分突出，促进西部地区各省份林业生态协调发展的任务仍然非常艰巨。

6.4 西部林业生态建设与经济社会发展的协调性分析

6.4.1 林业生态建设与经济社会发展的关系

林业生态是生态建设的主体。以生态建设为主体的林业发展战略深刻把握了时代和人民对林业的需求，我国在进入到 21 世纪以来，坚决贯彻以生态环境建设为主体的林业发展战略方针，给予林业发展新的定位：“森林是陆地生态系统的主体，林业是生态环境建设的主体，是从事维护国土安全、促进经济社会可持续发展、以向社会提供森林生态服务为主的行业，承担着培育、管护和发展森林资源、保护生物多样性、森林景观、森林文化遗产和提供多种林产品的根本任务，肩负着优化生态环境和促进经济发展的双重使命。”从这一定位上可以看出林业生态不仅是自然生态系统的重要组成部分，还充分显示出其与经济、社会发展的紧密联系。

马世骏和王茹松（1984）等学者早在 80 年代初期就提出了社会—经济—自然复合生态系统的概念，他们认为社会、经济和自然虽然是三个不同性质的系统，都有着各自的结构、功能及其发展规律，但他们各自的存在和发展，又受其他系统结构、功能的制约。这个复杂问题不能只单一地看成是社会问题、经济问题或是自然生态学问题，而是若干系统相结合的复杂问题。作为主体的人的生命与其栖息劳作的环境、物质生产环境及社会文化环境之间关系的系统发展才是可持续的发展。林业是生态环境建设的主体，是这个社会—经济—自然复合生态系统的重要基础，林业生态建设与经济、社会发展息息相关。林业生产活动会受到经济、社会发展的约束，同时也会影响到经济、社会的发展，它们是一个相互制约、相互耦合、相互反馈的整体。

林业生态建设对经济社会发展的影响主要表现在以下方面：第一，加快林业生态建设必然促进林业大力发展，而林业是国民经济重要的物质资料生产部门。作为基础性产业部门，林业为国民经济发展提供着木材、林副产品等，既为工业发展提供着大量原材料，又生产着人们日常生活所不可缺少的必需品（张艳芳，2007）。第二，随着生活水平的提高，居民对旅游和休闲等方面的消费需求不断提高，带动了与林业相关的旅游和休闲产业的迅速发展，林业在经济增长中的拉动作用更加凸显。第三，林业的资本有机构成较低，吸纳的劳动力数量较多，大力推进林业生态建设将带动林业蓬勃发展，在为促进社会再就业工程的实施提供机会的同时，也为林业从业人员工资水平的提升和农民创收创造了条件。第四，推进林业生态环境建设是改善生态环境的重要途径，而良好的生态环境有助于提高居民的健康程度和预期寿命。

经济社会发展对林业生态建设的影响主要体现在以下方面：首先，在经济发展水平提升过程中，人们的物质生活也随之改善，在居民的物质生活逐步得到满足之后，其对良好生态环境的需求更加迫切，将促进林业生态的建设。其次，经济发展所带来的资本积累加快和财政收入增加，为林业生态建设创造了物质基础。最后，随着社会进步的加快，居民受教育水平不断提升、科技创新能力持续增强，为“科教兴林”和“人才强林”战略的实施创造了良好条件，有利于加快林业生态的建设步伐。

对林业生态与社会经济发展协调性关系的研究，是把握林业发展与经济发展、社会发展关系内在机制的重要内容。只有科学评估这种内在机制、正确认识林业发展对整个复合系统的作用，才能更有效地将林业发展纳入到整个国家的生态、经济和社会大系统中去，以促进整个社会在各个方面的可持续发展。

6.4.2 林业生态建设与经济社会协调发展评估的理论模型

在有关协调发展的测度中，基于耦合理论的耦合度评价被学界广泛应用（李正辉和闫瑾，2012；马丽等，2012），本章也运用这一方法评估林业生态建设与经济社会发展的协调关系。

“耦合”原本作为物理学概念，是指两个（或两个以上）系统或运动形式通过各种相互作用而彼此影响的现象。从协同学的角度看，系统由无序走向有序机理的关键在于系统内部序参量之间的协同作用，它左右着系统相变的特征与规律。耦合度正是反映这种协同作用的度量（马丽等，2012）。由此，本研究将生态环境与经济社会两个子系统通过各自的耦合要素产生相互作用、彼此影响的程度定义为“林业生态—经济社会”系统耦合度。林业生态建设与经济社会发展的交互耦合关系，就是两者相互作用、相互影响非线性关系的总和。耦合度分析分为两个步骤，首先是对各子系统进行评估，然后是进行耦合度的计算和评价。

6.4.2.1 林业生态与经济社会子系统综合评价

在对子系统进行综合评价之前，需要构建评价指标体系。关于林业生态建设的评价指标见表 6-1，根据前文林业生态建设与经济社会发展相互影响关系的理论分析，构建经济社会发展评价指标体系见表 6-7。

表 6-7 经济社会发展评价指标体系

维度	指标名称	指标含义
经济发展	人均林业总产值	反映林业经济发展水平
	人均 GDP	反映国民经济发展水平
	林业在岗职工年平均工资	反映林业部门从业人员工资水平
	农村居民人均纯收入	反映农民收入水平
社会进步	林业从业人员数	反映林业部门就业情况
	人均预期寿命	反映居民健康程度和预期寿命
	每百万人中的在校大学生人数	反映居民受教育程度和人力资本水平
	R&D 支出占 GDP 的比重	反映科技发展和技术进步水平

林业生态—经济社会耦合系统由林业生态建设和经济社会发展两个子系统构成。每个子系统又包含若干指标。设子系统 i 有 n 个指标，分别为 x_1，x_2，…，x_n。由于本章两个子系统中的所有指标都为正向指标，即 x_{ij} 数值越大，表明系统功能越好，即数值大小对系统的功能贡献为正。则林业生态—经济社会耦合系统中不同指标的功效系数 d_{ij} 的计算方法如式（6-1）：

$$d_{ij}=(x_{ij}-x_{ij\,\min})/(x_{ij\,\max}-x_{ij\,\min}) \tag{6-1}$$

式中，d_{ij} 为系统 i 指标 j 的功效数，x_{ij} 为系统 i 指标 j 的值，$x_{ij\,\max}$ 和 $x_{ij\,\min}$ 分别为系统 i 指标 j 的最大值和最小值。d_{ij} 反映目标达成的满意程度，其取值范围在 0~1 之间。当 $d_{ij}=0$，为最不满意；当 $d_{ij}=1$，为最满意。

林业生态和经济社会的综合功效是各系统内所有指标对该子系统的贡献的综合，可通过集成方法来实现，具体计算方法为：

$$U_i=\sum_{j=1}^{n} w_{ij}d_{ij} \tag{6-2}$$

式中，U_i 表示系统 i 的综合功效，w_{ij} 为系统 i 指标 j 功效数的权重。考虑到林业生态系统和经济社会系统的各个指标对于两个系统都很重要，本研究参考赵彦云（2009）的做法，采取等权的方式进行加权。

6.4.2.2 林业生态建设与经济社会发展的耦合协调度评价

借鉴物理学中的容量耦合（capacitive coupling）概念及容量耦合系数模型，可以推广得到多个系统（或要素）相互作用耦合度模型。

$$C_n=\left\{\frac{u_1\times u_2\times\cdots\times u_n}{\prod(u_i\times u_j)}\right\}^{1/n} \tag{6-3}$$

由于本研究中只涉及林业生态与经济社会两个子系统的耦合评估，故二者的耦合度函数可以表示为：

$$C=2\times\{(u_1\times u_2)/[(u_1+u_2)(u_1+u_2)]\}^{1/2} \tag{6-4}$$

式中，耦合度值 C 界于 0~1 之间。当 $C=1$ 时，耦合度最大，系统之间或系统内部要素之间达到良性共振耦合系统将趋向新的有序结构；当 $C=0$ 时，耦合度极小，系统之间或系统内部要素之间处于无关状态；当 $0<C\leqslant0.3$ 时，林业生态与经济社会发展处于较低水平的耦合状态；当 $0.3<C\leqslant0.5$ 时，林业生态与经济社会发展处于拮抗时期；当 $0.5<C\leqslant0.8$ 时，林业生态与经济社会的发展进入磨合阶段；当 $0.8<C\leqslant1$ 时，林业生态与经济社会发展共同步入高水平耦合阶段。

耦合度作为反映林业生态与经济社会发展的重要指标，对判别林业生态与经济社会发展耦合作用的强度具有重要意义。然而，耦合度模型也存在难以反映两个系统各自发展水平的不足。例如，当两个系统发展水平都比较高或者都比较低的时候，都可以得到两个系统协调度较好的结论，但显然两种协调度的内涵是不同的。对此，本研究借鉴刘耀彬等（2005）学者的做法，通过构建林业生态与经济社会发展的耦合协调度模型，来评判西部地区林业生态建设与经济社会发展交互耦合的协调程度，具体计算方法为：

$$D=(C\times T)^{1/2} \tag{6-5}$$

$$T=au_1+bu_2 \tag{6-6}$$

式中，D 为耦合协调度；C 为耦合度；T 为林业生态与经济社会发展的综合协调指数，反映的是林业生态与经济社会发展的整体协调效应或贡献；a、b 为待定系数，考虑到林业生态与经济社会发展同等重要，故本研究将其均设为 0.5。为了对耦合协调度做更好的区分，本研究参考马丽等（2012）的做法，将协调度划分为 4 种类型：将 $0<D\leqslant0.3$ 定义为低度协调的耦合；$0.3<D\leqslant0.5$ 定义为中度协调的耦合；$0.5<D\leqslant0.8$ 定义为高度协调的耦合；$0.8<D\leqslant1$ 定义为极度协调的耦合。

6.4.3　西部地区林业生态建设与经济社会协调发展评价的实证研究

本节主要关注国家实施西部大开发政策以来，西部地区林业生态建设与经济社会协调发展的分析，因此，在考虑数据可获得性的基础上，我们将指标数据区间设定为 2000—2011 年。同时，为了全面评估西部地区林业生态建设与经济社会发展的协调关系，本研究从时序和截面两个维度，分别考察西部地区林业生态建设与经济社会发展的总体协调性，以及各省份林业生态建设与经济社会发展的协调程度。

6.4.3.1　西部地区林业生态建设与经济社会协调发展的动态评价

由于森林覆盖率和单位森林面积蓄积量仅能从五年一次的全国森林资源清查中获取，而人均预期寿命也只能从每 10 年一次的全国人口普查得到。为了充分挖掘数据信息、体现不同年份中指标数据的差异性，本研究利用 2000 年和 2010 年的人均预期寿命数据采取线性插值法，对其他年份的数据进行推估。同时，考虑到森林覆盖率和单位森林面积蓄积量均为时期数据，我们将其赋给全国森林资源清查中的中间年份，然后同样采用线性插值法对其他年份的数据进行估算。除以上指标之外的其他指标数据均来自《中国林业统计年鉴》《中国统计年鉴》和《中国科技统计年鉴》，或者由以上年鉴计算得到。基于上文介绍的研究方法，计算得到各个年份的经济社会综合序参量、林业生态综合序参量、耦合度和耦合协调度，并制成图 6-2。

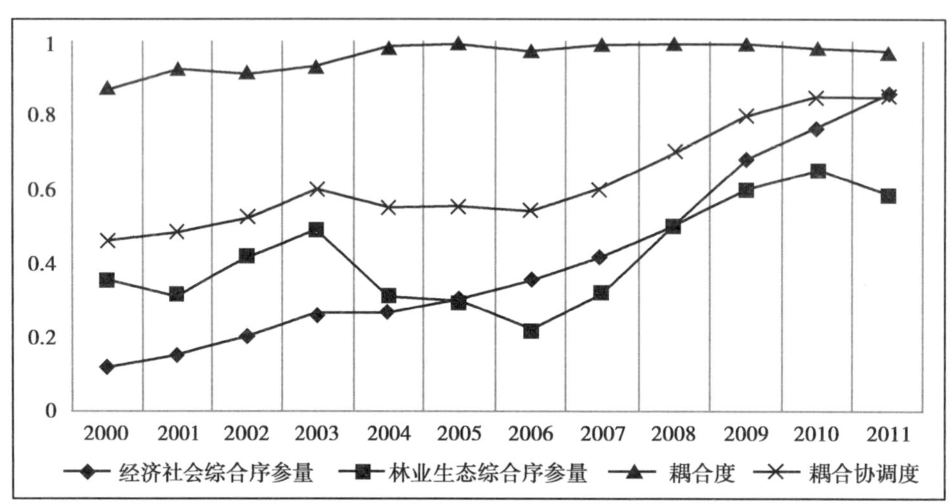

图 6-2　中国经济社会发展与林业生态建设耦合度时间变化（2000—2011 年）

从图 6-2 可以看出：①从经济社会综合序参量与林业生态综合序参量的曲线可以看出，自 2000 年我国实施西部大开发政策以来，西部地区经济社会发展和林业生态建设趋势较为一致，总体上均表现出上升态势，显示出二者存在协调演进的关系。分阶段看，在 2000—2003 年，我国西部地区经济社会综合序参量和林业生态综合序参量均表现出上升的趋势，但林业生态综合序列参量明显更高，这主要是由于此时西部地区工业化水平不高，经济社会发展水平相对落后，并滞后于林业生态建设。2004—2006 年，随着工业化进程的推进和西部大开发政策效应的逐步显现，我国西部地区经济社会发展迅速，但林业生态建设步伐有所放缓，西部地区经济社会综合序参量与林业生态综合序参量的差别越来越小，并于 2005 年超越后者。2007 年以来，随着经济社会快速发展过程中生态压力的不断加大，西部地区更加注重生态环境建设，林业生态综合序参量和经济社会综合序参量呈现出同步上升的态势，但是后者在除 2008 年之外的其他年份都略高于前者，说明与林业生态建设相比，此时西部地区经济社会发展取得了更大进步。②从耦合度大小来看，其数值均处在 0.88 以上，并且总体上还表现出上升趋势。进一步印证出西部大开发政策实施以来，西部地区经济社会发展与林业生态建设处于良性共生的高水平耦合状态。③从耦合协调度来看，其数值在 2002 年以前低于 0.5，2002—2009 年在 0.5~0.8 之间，2010 年以后则高于 0.8，反映西部地区经济社会发展与林业生态的耦合协调程度不断提升，并由中度协调、高度协调逐级演进为极度协调。

6.4.3.2　西部地区各省份林业生态建设与经济社会协调发展评价

与前文一样，为了避免单个年份数据波动过大对评价结果的影响，本研究利用 2009—2011 年的 3 年平均数据，采取上文介绍的方法，考察西部地区各省份当前经济社会发展与林业生态建设的耦合协调关系[①]。

由表 6-8 可知：①从耦合度数值来看，西部地区 12 个省份均大于 0.7，并且除青海和新疆之外的 10 个省份均大于 0.9，重庆和四川甚至达到 1，显示出西部地区绝大多数省份的经济社会发展和林业生态建设都处于高耦合度水平，这与上一节的分析结果一致。②从耦合协调度数值来看，西部地区 12 个省份处于 0.27~0.73 之间，分布在高度协调、中度协调和低度协调三个区间，我们将其划分为三个梯队。

表 6-8　西部地区各省份经济社会发展与林业生态建设耦合度与耦合协调度值

省份	经济社会综合序参量	林业生态综合序参量	耦合度	耦合协调度	协调程度
内蒙古	0.59	0.25	0.91	0.62	高度协调
广西	0.43	0.61	0.99	0.72	高度协调
重庆	0.57	0.49	1.00	0.73	高度协调
四川	0.53	0.45	1.00	0.70	高度协调
贵州	0.16	0.36	0.92	0.49	中度协调
云南	0.26	0.55	0.93	0.62	高度协调
西藏	0.22	0.29	0.99	0.50	中度协调
陕西	0.61	0.44	0.99	0.72	高度协调
甘肃	0.30	0.16	0.95	0.47	中度协调
青海	0.18	0.03	0.71	0.27	低度协调
宁夏	0.43	0.22	0.95	0.55	高度协调
新疆	0.43	0.09	0.75	0.44	中度协调

第一梯队包括重庆、广西、陕西、四川、内蒙古、云南和宁夏 7 个省份。这些地区的耦合协调度均大于 0.5，位于高度协调范围内，显示这些地区的经济社会发展与林业生态建设已形成了相互促进、共同发展的良好态势。其中，重庆、广西、陕西和四川 4 个省份的经济社会综合序参量和林业生态综合序参量都比较高，对耦合度协调度的贡献更高，其耦合协调度均高于 0.7。相比而言，内蒙古、云南和宁夏的耦合协调度数值较低，分别为 0.62、0.62 和 0.55，与上述 4 个省份存在一定差距。这主要是由于内蒙古和宁夏的林业生态建设水平偏低，而云南则在于经济社会发展的贡献不足。**第二梯队**包括贵州、西藏、甘肃和新疆 4 个省份。这些地区的耦合协调度均处在 0.4~0.5 的区间，处于中度协调的耦合。其中，西藏经济社会综合序参量和林业生态综合序参量较为均衡，协调耦合度也在此梯队中最高，达到 0.5。贵州的耦合协调度为 0.49，相比而言，经济社会发展水平偏低是制约其耦合协调度提升的主要因素。相比于经济社会发展来说，林业生态建设不足是影响甘肃和新疆耦合协调度提升更为重要的因素。**第三梯队**只有青海 1 个省份。由于经济社会发展和林业生态建设都较为滞后，其协调耦合度仅为 0.27，位于低度协调的区间范围。

① 各省份森林覆盖率和单位森林面积蓄积量的数据来自于第八次全国森林资源清查。

综合来看，我国西南地区的耦合协调度数值要显著大于西北地区，反映出西南地区经济社会发展和林业生态建设的协调发展程度更高。

6.5 西部地区林业生态政策的协调性分析

国家实施西部大开发政策的着眼点旨在全面提高西部地区经济社会发展水平，除了提升西部地区林业生态水平之外，还包含若干其他重要的政策目标。因此，在政策运用过程中，需要统筹协调好林业生态政策与其西部开发其他政策目标的关系。另外，林业生态建设本身也是一个系统过程，包括保护生物多样性、遏制生态环境恶化、涵养水源、增加森林覆盖率等诸多政策目标，涉及多个政策管理部门，各个林业政策本身也需要相互配合、协同推进。本节将主要运行问卷调查数据，从林业生态政策与西部开发其他政策目标之间的协调关系、各林业生态政策建设间的协调性两个维度，展开西部地区林业生态政策的协调性评估。

6.5.1 西部地区林业生态政策与西部开发其他政策协调分析

在调查样本方面，本研究选择森林资源稀缺、生态环境脆弱的西北地区省份甘肃和宁夏，以及林业资源丰富、生态发展水平较高的西南地区省份广西和云南作为调查对象，这四个样本省份林业生态建设水平差异较大、地域分布具有代表性，能够较为全面地评价西部地区林业生态政策的协调性。在确定上述四个省份作为调研对象的基础上，本研究以林业生态建设工程实施时间早和样本代表性程度高为原则，进一步确定省份内的县市及下辖的乡镇调查样本。本研究的研究目的在于评估林业生态政策的协调性，为了获取更为客观的分析结果，本研究以林业政策的实施主体——政府林业部门工作人员为调查对象。在调查内容方面，主要关注林业生态建设政策与耕地粮食、水利建设、草原畜牧建设、环境保护和基础设施建设等五个与之密切关联的西部开发政策目标间的协调关系。

在对问卷进行审核和刷选后，最终得到 214 份有效问卷。分地区看，甘肃省共 58 份有效问卷，占问卷总量的 27.1%，均来自兰州市和平凉市。其中，兰州市调查样本 32 份，其下辖的城关区、榆中县和皋兰县分别为 7 份、14 份和 11 份。平凉市调查样本 26 份，其下辖的静宁县和灵台县分别为 15 份和 11 份。宁夏共 60 份问卷，占总量的 28%。其中，银川市兴庆区、银川市灵武市、固原市彭阳县、吴忠市青铜峡市样本量分别为 20 份、15 份、10 份和 15 份。来自广西的问卷共 59 份，占样本总量的 27.6%。其中，南宁市、百色市凌云县和河池市都安县样本量分别为 29 份、12 份和 18 份。云南问卷数量共 37 份，占样本总量的 17.3%。其中，曲靖市会泽县、普洱市思茅区和玉溪市新平县样本数分别为 19 份、16 份和 2 份。

由表 6-9 报告的结果可知：从林业生态建设与耕地粮食问题、水利建设等五项西部开发其他工作目标的协调情况来看，选择“没有冲突”的调查者均超过调查总数的 57%，而选择“极大冲突”的问卷占比都小于 14%，由此反映被调查者总体上认为林业生态建设与西部开发其他政策具有比较高的协调性。从具体政策看，西部地区林业生态建设与环境保护和水利建设政策的协调程度最高，分别有 92.99% 和 75.12% 的被调查者

表 6-9　西部地区林业生态建设与西部开发其他政策协调关系调查情况表

政策内容	指标	极大冲突	一般冲突	没有冲突
林业生态建设与耕地粮食问题	数量（份）	8	78	126
	占比（%）	3.77	36.79	59.43
林业生态建设与水利建设	数量（份）	7	46	160
	占比（%）	3.29	21.60	75.12
林业生态建设与草原畜牧建设	数量（份）	29	62	122
	占比（%）	13.62	29.11	57.28
林业生态建设与环境保护	数量（份）	4	11	199
	占比（%）	1.87	5.14	92.99
林业生态建设与基础设施建设	数量（份）	13	76	122
	占比（%）	6.16	36.02	57.82

选择“没有冲突”，选择“极大冲突”仅为 1.87% 和 3.29%。在林业生态建设与耕地粮食问题协调性的评价上，选择“极大冲突”的受访者只有 3.77%，但选择“一般冲突”的比重也达到 36.79%，说明林业生态建设与耕地粮食问题还存在一定冲突。这主要由于为了保障粮食安全，我国一直执行了严格的 18 亿亩耕地红线政策，而作为推进林业生态建设的一项政策手段，生态退耕在改善了生态环境的同时，也造成了耕地的减少，进而形成了耕地保护与生态退耕的矛盾，并且这种矛盾在云南表现最为突出，仅有 1/3 的受访者选择“没有冲突”。相比而言，林业生态建设与草原畜牧建设和基础设施建设两个政策工程的协调性较低，选择“极大冲突”和“一般冲突”受访者的比重均超过 42%，其中“极大冲突”的比例分别为 13.62% 和 6.16%，反映西部地区生态文明建设过程中林业生态建设与草原生态建设、经济社会发展中林业生态建设与加强基础设施水平的政策协调性还存在进一步的完善空间。

6.5.2　西部地区林业生态政策间的协调分析

在问卷内容上，我们还设计了林业生态政策之间协调性的调查问题。在此问题上，共获得有效问卷 202 份。分地区看，来自甘肃、广西、宁夏和云南的受访者分别为 53 个、57 个、59 个和 33 个。由于天然林资源保护工程和退耕还林工程是西部地区六大林业生态重点工程的主体，我们在样本数量的分布上也考虑与之匹配。从林业生态项目看，受访者所在地区正在执行天然林资源保护工程的问卷共 76 份，占样本总量的 37.6%。执行退耕还林工程的问卷 117 份，占比为 57.9%。实施其他林业生态工程的问卷共 9 份，所占比重为 4.5%。调查对象同样为林业部门政府工作人员。

由表 6-10 报告的结果可知：从全部样本来看，有高达 81.2% 的受访者对于该地区正在执行的林业生态工程与其他林业生态工程的协调性选择“非常满意”或者“比较满意”，而选择“比较不满意”和“非常不满意”的受访者仅 3.97%，表明被调查对象对于西部地区林业生态政策的协调性总体上持肯定态度。同时，在受访者所在地区正在执行天然林资源保护工程、退耕还林工程和其他林业生态工程的调研问卷中，选择“非常满意”

表 6-10 西部地区林业生态建设政策间协调关系调查情况表

样本情况	指标	非常满意	比较满意	一般满意	比较不满意	非常不满意
全部样本	数量（份）	80	84	30	7	1
	占比（%）	39.60	41.58	14.85	3.47	0.50
天然林资源保护工程样本	数量（份）	28	35	12	0	1
	占比（%）	36.84	46.05	15.79	0	1.32
退耕还林工程样本	数量（份）	48	46	17	6	0
	占比（%）	41.03	39.32	14.53	5.13	0
其他林业工程样本	数量（份）	4	3	1	1	0
	占比（%）	44.44	33.33	11.11	11.11	0
甘肃样本	数量（份）	28	14	5	6	0
	占比（%）	52.83	26.42	9.43	11.32	0
广西样本	数量（份）	17	29	11	0	0
	占比（%）	29.82	50.88	19.30	0	0
宁夏样本	数量（份）	25	26	6	1	1
	占比（%）	42.37	44.07	10.17	1.69	1.69
云南样本	数量（份）	10	15	8	0	0
	占比（%）	30.30	45.45	24.24	0	0

或者“比较满意”的比重均在八成左右，说明不同类型的林业生态工程与其他林业生态工程在实施过程中，都存在比较高的政策协调性。最后，从不同地区来看，来自广西和宁夏的受访者中选择“非常满意”或者“比较满意”的比例都超过了 80%，在甘肃和云南的比重也分别达到 79.3% 和 75.8%，并且在这两个省份均无受访者选择“非常不满意”。综上所述，无论是从总体样本、不同林业生态工程样本还是不同地区样本的调查结果来看，西部地区不同林业生态政策之间均存在很高的协调性和一致性。

同时，我们的问卷调查还进一步显示，在对制约林业生态工程实施管理过程中主要因素这一问题的选择中，有 43.9% 的受访者选择“多头管理，各自为政”、16.9% 的受访者选择“机构重叠，管理混乱”，还有 15.9% 的受访者对以上两项内容都做了选择。由此也反映出，西部地区在林业生态政策的推进过程中，还应进一步理顺职能、明确分工，以使林业生态政策发挥更大的实施效果。

6.6 本章小结

本研究结合统计年鉴数据和问卷调查数据，从西部地区林业生态建设与全国林业生态建设的层次协调关系、西部地区不同地区林业生态建设的区域协调关系、西部地区林业生态建设与经济社会发展的协调关系、西部地区林业生态政策的协调关系四个方面，对国家实行西部大开发政策实施以来，我国西部地区林业生态建设的协调性进行实证考察，得到的主要结论和启示如下：

第一，从层次协调性来看，在实行西部大开发政策之后，我国西部地区的林业固定资产、造林面积占国土面积的比重、森林覆盖率等指标都明显提升，并且与全国的比值也在稳步增加，反映出我国林业生态建设的协调性总体在增强。但是，西部地区单位森林面积蓄积量有所下降，且自 2009 年以来已低于全国平均水平，提高森林质量是其进一步推进林业生态建设、提高林业生态层次协调性的重要着力点。

第二，从区域协调性来看，尽管近年来西北地区在体现林业生态建设的指标上都有明显改善，但与西南地区相比还存在很大差距，多数指标的数值还不足西南地区的 50%。另外，从反映西部 12 个省份林业生态建设指标差异程度的变异系数来看，虽然造林面积占国土面积的比重、森林覆盖率和单位森林面积蓄积量三个指标值均有所下降，但其变异系数仍高于 0.7，林业固定资产投资在 2009—2013 年的变异系数更是高达 1.57。这也反映出，无论是从西北和西南两大地区，还是从西部地区各省份来看，西部地区林业生态建设的区域协调性都不高，推进区域协调发展的任务依然十分繁重。

第三，从林业生态建设与经济社会发展的协调性来看，我国西部地区业生态建设与经济社会发展的耦合协调度由 2002 年以前的不到 0.5 升至 2011 年以后的高于 0.8，显示西部地区经济社会发展与林业生态的耦合协调发展程度不断提升，目前已进入相互促进、协同发展的极度协调状况。从不同地区看，可以将西部地区 12 个省份分为高度协调、中度协调和低度协调三个梯队。其中，第一梯队包括重庆、广西、陕西、四川、内蒙古、云南和宁夏 7 个省份，耦合协调度位于高度协调范围内；第二梯队有贵州、西藏、甘肃和新疆 4 个省区，处于中度协调的耦合；第三梯队只有青海 1 个省份，位于低度协调的区间范围。

第四，从林业生态政策的协调性看，本研究的问卷调查显示西部地区林业生态政策与耕地粮食问题、水利建设、草原畜牧建设、环境保护和基础设施建设等西部开发其他政策总体上具有较高的协调关系，但林业生态政策与草原畜牧建设以及基础设施建设等政策还存在一定冲突。就林业生态政策之间的协调关系而言，无论是全部样本、不同林业生态工程样本还是不同地区样本的调查结果均显示，西部地区不同林业生态政策之间均存在高度一致性。然而，多数受访者仍认为“多头管理”和“机构重叠”是制约西部地区林业生态工程实施管理过程的主要矛盾，需要进一步理顺职能、明确分工，促进林业生态政策发挥更大效果。

第 7 章

西部林业生态建设可持续性评价

区域可持续发展是国家和全球可持续发展的重要基础，是实施可持续发展战略的落脚点和切入口。衡量区域可持续性需要配套标准，构筑这套标准，建立相对健全的评价指标体系，是落实可持续发展战略的迫切需要。因此，本节基于具体的区域可持续性评价指标与原则，探讨西部林业生态建设的区域可持续性。

7.1 西部林业生态建设区域可持续性评价

7.1.1 可持续性理论

20 世纪 80 年代，随着全球性环境问题的日益严峻，人们展开了对全球环境保护与发展问题的热烈讨论并提出了可持续发展这一新概念。1987 年，国外学者布伦特兰夫人（Ms Gro Harlem Brundtland）在世界环境与发展委员会的《我们共同的未来》一书中正式提出了可持续发展的概念，对其解释为："既满足当代人的需要，又不对后代满足其需要的能力构成危害的发展"，这一举动标志着可持续发展理论的诞生。1992 年，联合国环境与发展大会又发布了《地球宪章》和《21 世纪议程》这两个纲领性的文件，这标志着可持续发展从理论探索走向了实践。

可持续性发展理论有着丰富的内涵，它是人类经济活动发展的目标，同时又是经济发展的手段，在注重环境保护的同时又强调经济的发展。可持续性发展理论的目标是在经济可持续性发展的同时谋求人类与自然的和谐共处，主要包括了经济、社会和生态可持续性这三个方面：

（1）经济可持续性。可持续性发展理论从来就不是只关注环境保护而忽略经济发展的理论，反之，可持续性发展理论十分注重经济的持续增长，但是，可持续性发展理论对于经济的增长强调的不仅仅是数量上的增加，而是更强调经济发展在质量上的提升。可持续性发展理论提出以"提高效益、节约资源、减少废物"的集约型经济增长方式代替"高投入、高消耗、高污染"的粗放型经济增长方式。在增强经济实力，提高人民生活水平的同时也为环境的可持续性发展提供了强大的物质基础后盾。

（2）社会可持续性。在可持续性发展理论中，社会公平是发展的内在要素，也是保障环境保护可以实现的内在机制。提高人类生活质量，创建一个平等、自由、和谐的社会环境也是可持续性发展本质目标之一。

（3）生态可持续性。可持续性发展理论强调的重点之一就是经济发展的同时保护、提升地球的资源再生与环境自净能力。在保护自然环境资源方面，可持续性发展理论强调预防为主，防治结合，要求在发展的整个过程中都贯彻环境保护的原则，而不是仅仅是出现问题才寻求解决，要求从根本上解决环境问题。

可持续性理论的提出与发展是顺应人类生存发展的必然产物，是经济发展、环境保护与社会全面进步的重要理论。在我国，林业生态建设是国家为了保护生态环境，实施可持续性发展战略而实施的，在实施过程中也无时无刻不体现着可持续性理论，在西部林业生态建设实践过程中，必须坚持以可持续性理论为指导，落实可持续发展的要求。

7.1.2　评价体系的构建

区域可持续性评价体系必须具备解释、评价、预测及预报功能。根据区域可持续发展系统的结构和目标，在建立区域可持续性评价体系时必须遵循科学性与前瞻性、整体性与层次性、动态性与可操作性等原则。

目前国内外关于可持续发展的研究很多，仅对可持续发展下的定义就有多种。一是从生态的角度定义可持续发展，持这种观点的人认为可持续发展应以自然资源为基础，同环境承载能力相协调；二是从经济角度定义可持续发展，持这种观点的人认为可持续发展的核心是经济发展的可持续性；三是从科技的角度定义可持续发展，持这种观点的人认为实施可持续发展，科技进步起着重大作用。

其中，生态建设是我国可持续发展战略中一项十分重要的内容，也是当前我国西部大开发战略部署中一个重点建设项目。特别是林业生态建设，作为具有中国特色的名词，它的实际应用已经相当广泛，按照《全国生态环境建设规划》中的表述，其是指在我国陆地范围，主要包括天然林等自然资源保护、植树种草、水土保持、防治荒漠化、草原建设、生态农业等，广义上还包括城市园林建设和工矿交通建设区的生态环境恢复重建等内容。

生态文明建设旨在协调人、社会、自然三者之间的关系，其可以通过决定区域可持续性的人口、经济、社会、资源、环境五类维度及其之间的关系表现出来。而基于林业视角下的生态建设，人类与自然关系较之人类社会内部关系处理更为重要，而且人与自然的关系更能体现区域发展的可持续性，因而在五类维度中，人口、资源、环境三大维度的重要性更为突出。其中，人口维度主要从人口密度、人口增长、文化程度分布等方面衡量；资源维度主要从资源的开发与利用、资源的丰富性和永续性（可补偿性）等方面衡量；而环境维

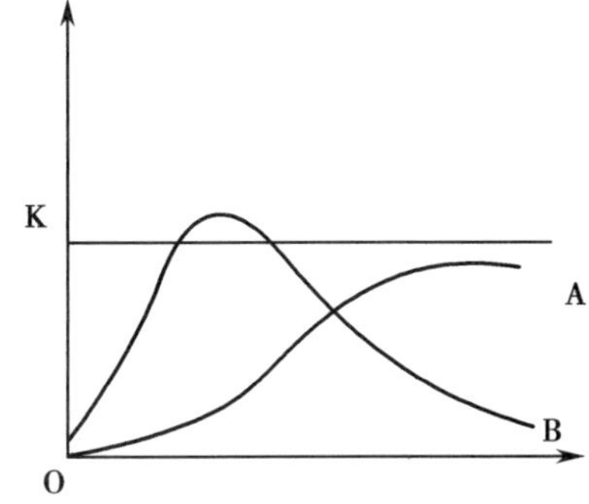

图 7-1　区域人口、资源、环境与经济发展的两种理论轨迹

度主要从生态系统保护状况、大江大河治理状况、大气污染状况、水污染状况、CO_2 排放量、人均绿地面积、沙漠化状况、水土流失面积等方面衡量。

结合以往理论基础与实证研究，本节将从人口、资源、环境三大评价维度出发，分析西部地区林业可持续发展的现状，并在此基础上探讨林业生态建设的意义。

7.1.3 西部地区总体状况描述

7.1.3.1 人口层面

林业生态建设的开展使得从业人员在数量上有所精简，林业经营规模化与专业化水平有所提升。目前，西部地区的林业产业组织主要包括 68 个企业、20 个营林局、1619 个国有林场和 24466 个乡村林场以及大量的从事林业经营的农户。六大林业重点工程实施以来，西部林业系统从业人员数量逐年减少，由 1998 年末最高时的 65.5 万人减少到 2006 年末的 47.6 万人（表 7-1），年平均减幅为 3.91%，但低于全国 5.70% 的年均减幅；2000—2006 年，西部地区林业系统年平均从业人员规模为 52.09 万人，占全国林业系统从业人员数量的 31.41%；从地区分布看，西北地区林业系统从业人员数量高于西南地区，占西部林业系统从业人员总量的 48% 左右。

表 7-1 2000—2006 年西部地区林业系统从业人员和固定资产投资额

年份	1998 年	2000 年	2001 年	2002 年	2003 年	2004 年	2005 年	2006 年
从业人员年末数（万人）	65.50	58.50	56.47	53.03	52.22	49.78	47.99	47.60
西南 / 西部（%）	47.36	48.01	48.29	47.24	48.92	48.29	46.02	45.81
西部 / 全国（%）	27.77	29.57	30.97	30.99	32.23	31.89	31.84	32.28
固定资产投资额（亿元）	37.19	81.25	100.65	163.09	212.15	206.86	232.43	237.32
西南 / 西部（%）	55.61	54.93	50.83	52.13	54.76	55.56	54.20	55.52
西部 / 全国（%）	42.52	48.43	48.03	51.74	52.09	50.22	50.60	47.87

资料来源：根据国家林业局《中国林业统计年鉴》（2000—2006 年）资料计算整理。

各大林业工程的开展加强了生态脆弱地区的人口迁移，改善了原住民的生活状况。在西北地区，各地结合退耕还林，积极推行封山绿化，实行生态移民，加快实施生态工程，促进了农村剩余劳动力向非农产业和多种经营转移，外出务工增加，加上国家退耕还林钱粮补助，退耕农户收入普遍增加。例如，青海三江源自然保护区生态环境保护与建设工程全面实施，核心区生态移民 2.6 万人，生态恶化土地治理面积 222 万亩；退耕还林工程使得 3200 万农户、1.23 亿农民直接受益，人均获得粮食和生活费补助 700 多元，特别是退耕还林后，国家在一定时期内持续稳定提供粮食和生活费补助，通过加大投入采取退耕还林、围栏封育、舍饲圈养等措施，使广大农牧民在参与工程建设的过程中收入得到了提高，生活境况得到好转。

7.1.3.2 资源层面

从 20 世纪 80 年代至今，西部森林资源处于恢复与调整阶段，林业生态建设使得该地森林资源数量显著提升。

一方面，随着西部林业生态的不断发展，造林面积得到显著增加。各大工程的实施，一方面减少了对西部森林资源的采伐消耗，另一方面通过造林和封山育林等营林活动增加森林面积。天然林保护工程的实施，全面停止长江中上游、黄河中上游工程区内的天然林采伐，调减东北、内蒙古国有重点林区的木材产量。1998—2006 年西部地区林业重点工程累计完成造林 2211.82 万公顷（表 7-2），占同期全国林业重点工程完成造林面积的 59.17%，是 1998 年以前西部林业重点工程累计造林面积（1106.73 万公顷）的 199.85%，相当于第六次森林资源清查西部有林地面积的 28.11%；可见，林业重点工程的实施，有效地扩大了西部森林资源面积。

表 7-2　1998—2006 年西部地区林业重点工程造林面积（单位：万公顷）

省份	1998 年	1999 年	2000 年	2001 年	2002 年	2003 年	2004 年	2005 年	2006 年	合计
内蒙古	44.83	53.20	58.05	50.37	88.04	81.89	56.90	37.77	21.20	492.25
广西	2.00	1.84	1.04	2.48	15.02	26.09	14.47	9.11	5.11	77.15
重庆	12.83	10.64	11.03	11.59	17.55	35.26	10.72	10.47	2.19	122.27
四川	27.49	24.78	29.53	44.13	66.23	71.40	35.66	22.75	8.68	330.65
贵州	6.69	12.76	9.98	6.15	35.69	37.79	16.36	13.09	5.93	144.46
云南	5.28	7.19	7.80	12.32	29.79	44.53	20.08	16.40	4.71	148.09
西藏	0.00	0.00	0.04	0.00	0.55	2.00	2.48	0.69	2.19	7.95
陕西	34.29	38.44	33.28	23.55	69.74	69.21	55.55	19.46	17.41	360.93
甘肃	17.30	17.89	15.96	16.55	31.61	58.09	36.67	24.76	8.48	227.31
青海	3.57	5.47	4.53	4.67	12.94	9.46	5.18	4.64	0.54	50.99
宁夏	3.87	4.85	8.19	9.89	18.55	31.96	16.26	11.29	5.54	110.40
新疆	6.32	7.56	8.69	13.34	27.25	32.45	17.99	15.64	10.12	139.36
西部	164.47	184.61	188.13	195.05	412.93	500.14	288.32	186.07	92.11	2211.82

资料来源：根据《中国林业统计年鉴》（1998—2006 年）数据整理计算。

另一方面，西部林业建设使得林地利用方式多样化，利用效率提高。随着退耕还林等生态工程的开展，西部地区的土地生产力得到恢复与提高，这也为林地分类经营与发展提供条件。如图 7-2 可见，目前西部地区以有林地为主，灌木林、疏林、苗圃地及其他林地等多种利用方式并存的利用结构，并且这种多样化的趋势正在不断延伸。然而，林业用地面积中，有林地面积占 48.15%，低于全国 59.77% 的平均水平；其他林地面积占 25.41%，高于全国 20.27% 的平均水平，土地恢复与保护的任务仍然艰巨。

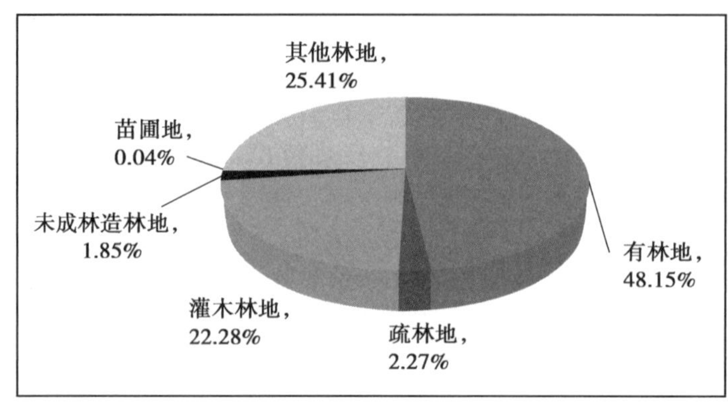

图 7-2　第六次森林资源清查西部地区林业用地利用结构

7.1.3.3　环境层面

环境保护与发展是西部生态建设的重要组成部分。国家启动实施了退耕还林还草、石漠化治理等一批重点林业生态工程，加强污染防治。经过近 15 年的艰苦努力，西部地区生态建设与环境保护取得显著成效。

在防治风沙层面，以三北防护林工程为主导线，进行统一协调与指挥。其中，“三北”防护林体系建设 23 年来累计造林保存面积 2200 多万公顷，使工程区 20% 的沙化土地得到治理；局部地区的生态环境得到明显改善，许多地方出现了“山（沙）变绿、水变清、林变富”的喜人景象。如，陕西省榆林地区通过营造防风固沙林 78 万公顷，治理沙化土地 146 万公顷，使 68.4% 的沙漠化土地得到治理，恢复和改善草场 15 万公顷，新辟农田 10 万公顷；内蒙古赤峰市 50 年不间断治沙，共造林 109 万公顷，森林覆盖率从 5% 增加到 21.2%，综合治理开发沙地 140 万公顷，占沙地总面积的 58%。

在水土流失层面，加大对黄土高原、长江上游及珠江上游水土流失严重地区综合治理的力度，治理面积达 3.2 万平方公里，其中黄土高原 40% 水土流失得到控制，被誉为“世界生态工程之最”“中国的绿色长城”。开展黄河、黑河、塔里木河水资源统一调度和塔里木河、黑河、石羊河等重点生态地区的综合治理。加强自然保护区建设，新建了 12 处国家自然保护区，总面积 2.56 万平方公里。

在污染治理层面，加快青海三江源自然保护区生态保护和建设步伐，安排环境保护专项资金 4.5 亿元，用于启动农村小康环保行动示范项目，国家补助西部各省份环保资金达 5600 亿元，用于集约化污染防治和自然保护区建设。

7.1.3.4　总结归纳

自 2000 年以来，中国实施西部大开发战略并把生态建设作为根本和切入点，由此而制定、实施的一系列重大策略，为西部生态建设提供了有力的政策支持。国家在西部地区先后开发了内蒙古的大兴安岭，西南的金沙江、大渡河、雅碧江、山民江，西北的秦岭、白龙江、天山、阿尔泰山等国有林区，共建设了林业企业（林业局、场）73 个；另外在广西、贵州等省（自治区）建设了一批林业重点县及其辖区内的森工林场（采育场）。特别是党的十一届三中全会以来，先后启动了三北、长江中上游、黄河中游、沿海等防护林体系建设、防沙治沙工程和太行山、平原绿化工程。这些建设减缓了生态环境恶化的速度，促进了农牧业的发展和土地资源的合理利用，改善了当地居民的生活状况。

实践充分证明，林业生态环境建设取得了明显成效。部分地区可持续发展的隶属度如表 7-3 所示。林业生态建设在西部区域可持续发展中的作用主要体现在以下几方面：

表 7-3　西部部分地区可持续发展隶属度

县（市、区）	肃北	敦煌	阿克塞	金塔	玉门	安西	酒泉	嘉峪关	肃南	高台
可持续发展的隶属度	0.6509	0.6838	0.6429	0.7201	0.7011	0.7035	0.7605	0.8074	0.5682	0.5872
县（市、区）	临泽	张掖	民乐	永昌	金川	山丹	武威	天祝	古浪	景泰
可持续发展的隶属度	0.6615	0.7363	0.6806	0.6111	0.5082	0.5283	0.6058	0.5042	0.4957	0.6021
县（市、区）	永登	皋兰	兰州	白银	平川	靖远	永靖	榆中	定西	会宁
可持续发展的隶属度	0.4673	0.4971	0.5618	0.5361	0.5632	0.5663	0.2459	0.4981	0.2516	0.2236
县（市、区）	东乡	临洮	陇西	通渭	静宁	秦安	庄浪	环县	华池	海原
可持续发展的隶属度	0.3533	0.4010	0.2914	0.2345	0.4515	0.3042	0.4624	0.3571	0.4329	0.4207
县（市、区）	西吉	隆德	泾源	固原	彭阳	盐池	同心			
可持续发展的隶属度	0.3853	0.4940	0.4965	0.3385	0.2985	0.4784	0.4611			

（1）涵养水源，防风固沙。森林枯落物一般吸持的水量可达其自身干重的 2~4 倍，各森林枯落物的最大持水率平均为 309.54%；各种森林土壤层（0~60 厘米）的非毛管孔隙蓄水量平均为 89.57 毫米；据有关资料，黄土高原林区每年汛期洪水总量不超过 1000 立方米 / 平方公里，而其他非林区均在 6000 立方米 / 平方公里以上，黄土丘陵沟壑区达到 31000 立方米 / 平方公里。不仅如此，大范围生态防护林工程，可以改变原始风沙流结构，使沙尘在垂直高度上分布趋于均匀，防护林网内沙尘减少 80%，绿化区降尘量比未开发荒漠区降低 40%，大气混浊度降低 35%。在充分发挥防风固沙林主导作用中，辅以农业、水利等综合措施，可使荒漠化地区风沙量逐年减少，其效果越加显现。由此可见，加强森林植被建设，尤其是水土保持林的营造不仅能起到涵养水源、保持水土、调洪缓洪的功能，而且能起到防蚀减沙功能。

（2）缓解人口压力，提高人口素质。开展林业生态建设，对于缓解西部人口压力和提高人口素质将发挥重要作用。一是，林业的发展可以创造广泛的就业机会。据测算，以林为主的山区综合开发，5 年内可转移山区剩余劳动力 1500 万人，占农村剩余劳动力的 10% 左右；二是，在对人口的流动、迁移加以引导和管理的基础上，大量建设投资与人才的引入，可以进一步提高人口文化素质和生产质量。

（3）提高森林覆盖率，增加森林资源储量。西北地区生态环境脆弱，且森林覆盖率较低（表 7-4、表 7-5），林业生态建设的发展将会改善当地的生态环境，促进区域的和谐发展；而西南林区作为我国第二大林区，同时又是我国几条大江、大河的水源涵养林，对这些区域的森林资源保护需放在首要地位。而林业生态建设，会使得西南地区的森林资源在原有基础上有所增加，对当地的水源涵养、生物多样性等生态环境的维护与发展起到重要作用。

表 7-4　西部森林资源数量变化

时期	林业用地（万公顷）	有林地面积		有林地蓄积量		森林覆盖率（%）	林分面积（万公顷）	用材林面积（万公顷）	用材林蓄积量（万立方米）
		数量（万公顷）	占全国比重（%）	数量（万立方米）	占全国比重（%）				
1948 年		5961	72.19			8.72			
1977—1981 年	14591	5126	44.46	537696	59.56	7.49	4801	3635	372945
1984—1988 年	14560	5642	45.26	559649	61.22	8.25	5201	3497	325167
1989—1993 年	14375	5938	42.43	634387	66.86	8.68	5396	3597	362555
1994—1998 年 *	14325	7038	44.28	697237	61.89	10.29	6328	3826	
1999—2003 年	16345	7869	56.39	769251	49.77	14.42	7058		

表中数据根据以下资料计算整理:①《全国林业统计资料汇编》(1949—1987) P32;②《全国林业统计资料》(1989) P570; ③《全国森林资源统计》(1994—1998) P29; ④《中国森林资源报告》(1995) P30; ⑤《中国森林的变迁》(马忠良等，1997) P132。

*《国家森林资源清查主要技术规定》(1994) 地类划分标准。

表 7-5　西部各省区森林资源数量

省份	森林覆盖率（%）	林业用地（万公顷）	森林面积（万公顷）	森林蓄积量（万立方米）	活立木总蓄积（万立方米）	经济林面积（万公顷）	天然林面积（万公顷）	人工林面积（万公顷）	林分单位面积蓄积量（万立方米）
内蒙古	17.70	4403.61	2050.67	110153.15	128806.70	7.91	1374.85	241.29	68.49
广西	41.41	1366.22	983.83	36477.26	40287.06	203.69	532.29	449.62	48.80
重庆	22.25	366.84	183.18	8441.08	10580.49	18.28	120.31	62.87	55.10
四川	30.27	2266.02	1464.34	149543.36	158216.65	93.23	890.95	343.29	135.50
贵州	23.83	761.83	420.47	17795.72	21022.16	66.29	236.65	183.50	51.69
云南	40.77	2424.76	1560.03	139929.16	154759.40	136.28	1250.05	251.45	103.15

续表

省份	森林覆盖率（%）	林业用地（万公顷）	森林面积（万公顷）	森林蓄积量（万立方米）	活立木总蓄积（万立方米）	经济林面积（万公顷）	天然林面积（万公顷）	人工林面积（万公顷）	林分单位面积蓄积量（万立方米）
西藏	11.31	1657.89	1389.61	226606.41	229448.04	0.64	842.38	2.76	268.33
陕西	32.55	1071.78	670.39	30775.77	33422.35	124.09	467.59	169.21	60.52
甘肃	6.66	745.55	299.63	17504.33	19542.61	28.04	152.86	67.32	91.10
青海	4.40	556.28	317.20	3592.62	4101.39	0.52	30.35	4.36	105.08
宁夏	6.08	115.34	40.36	392.85	478.39	5.44	4.84	9.81	42.65
新疆	2.94	608.46	484.07	28039.68	31419.68	24.57	134.83	45.90	179.56
西部	14.42	16344.58	9863.78	769251.39	832084.92	708.98	6037.95	1831.38	108.99
全国	18.21	28492.56	17114.15	1245584.58	1361810.00	2139.00	11747.18	5364.99	84.73

7.1.4 典型省份示例评析

7.1.4.1 研究设计

为了从根本上改善我国生态急剧恶化的情况，退耕还林作为林业生态建设的重点工程，于 1999 年展开了序幕。甘肃省地处黄土、蒙新、青藏三大高原交汇地带，分属黄河、长江和内陆河三大流域，是我国西北地区非常重要的生态屏障。甘肃的生态环境质量对三大流域乃至全国的生态平衡和经济社会的可持续发展都具有举足轻重的作用。在工程初期，为了探寻经验，完善政策，甘肃省作为第一批退耕还林工程试点省，是退耕还林工程的发源地，因此甘肃省的林业生态建设的区域可持续性评价在全国具有代表意义。

因此，本研究按照随机抽取的原则，基于甘肃省皋兰、静宁、榆中、灵台 4 个县 18 个村 205 户农户的调查数据，并对原始数据进行数据整理、筛选和剔除，最终选定参与退耕还林工程的 166 户有效农户样本进行研究。

在所调查的 4 个县中，榆中县从 2000 年开始开展退耕还林工程，工程实施以来，按照国务院关于“退耕还林，封山绿化，以粮代赈，个体承包”的建设方针，统一组织，科学规划，狠抓落实。通过 12 年的实施，取得了初步成效。2000—2011 年，全县共完成退耕还林工程任务 281251 亩，保存 281251 亩，面积保存率 100%。其中退耕地还林 99751 亩，成活率在 80% 以上合格面积为 83029 亩，面积合格率 83.2%；成活率在 65%~79% 基本合格面积为 15450 亩，占核实面积的 15.5%；成活率在 64% 以下的补植面积为 1272 亩，占核实面积的 1.3%。退耕还草 8000 亩，全部合格。荒山造林 160500 亩，成活率在 80% 以上合格面积为 34266 亩，面积合格率 21.4%；成活率在 65%~79% 基本合格面积为 4970 亩，占核实面积的 3.1%；成活率在 65% 以下的补植面积为 121264 亩，占核实面积的75.5%。封山育林13000亩，各项封育措施全部落实。整个工程建设分布在全县23个乡镇4个造林单位，166个行政村，2777个造林小班，涉及退耕农户16757户，人口69070人。

皋兰县位于甘肃省中部干旱地区，县城地处兰州、白银两大城市之间，各距40公里。全县共辖3乡4镇71个行政村3个社区。总人口18万，其中农业人口15万。总土地面积383.4万亩，总耕地面积42.39万亩。在总耕地面积中，水地面积21.67万亩，旱地面积20.72万亩。皋兰县自然条件严酷，年降水量260毫米，以干旱为主的自然灾害频繁，生态环境十分脆弱。自2000年以来，紧紧抓住国家西部大开发战略机遇，把退耕还林作为生态建设的切入点，积极稳妥地开展了退耕还林试点工作。2011年，12年间累计完成国家退耕还林建设任务20.0288万亩。其中退耕地造林面积4.9788万亩，配套荒山造林面积12.35万亩，封山育林面积2.7万亩。工程区涉及全县7个乡镇、49个村、1.2728万农户、4.7437万农村人口。

7.1.4.2 可持续性评价

甘肃省退耕还林工程自1999年开始试点，2002年正式启动实施。工程实施以来，甘肃省紧紧围绕“大地增绿、农民增收”的总体目标，始终把退耕还林作为改善生态环境、调整经济结构、增加农民收入的战略举措，纳入各级党委政府重要议事日程，周密安排部署，精心组织实施，工程进展顺利，取得了显著成效。工程涉及全省14个市（州）、86个县（市、区）、166万农户、728万农村人口。本研究将根据调研结果，基于人口、资源、环境层面对甘肃省林业生态建设进行区域可持续性评析。

7.1.4.2.1 人口层面

在人口层面，甘肃省林业生态建设对当地居民影响主要体现在生态意识、生活质量等方面。根据调研结果显示，大部分农民认为退耕还林等生态工程的实施对其造成了积极影响。

在生态意识方面，退耕还林工程的实施在一定程度上深化强化了农村地区农民的环保意识。在被问到“是否觉得自己的生态意识有提高时”，87.34%的农民表示自己的环保观念较之前有了提高，认为没有发生变化的占8.33%，只有0.77%农民表示环境保护的观念有所降低，这说明退耕还林（草）总体上促进了人们观念的变化，但是还需加强环保意识的宣传。

在生活质量方面，调查结果显示，仅有1人表示退耕还林工程的实施使生活质量略有下降，46人表示退耕还林工程的实施对生活质量没有影响，93人认为退耕还林工程的实施使生活质量略有提升，26人认为退耕还林工程的实施使生活质量有明显的提升（图7-3）。

7.1.4.2.2 资源层面

截至2011年年底，全省累计完成退耕还林工程建设任务2784.8万亩，其中退耕地还林1003.3万亩，占总退耕还林面积的36.0%；荒山荒地造林1576.5万亩，占总退耕还林面积的56.6%；封山育林205万亩，占总退耕还林面积的7.4%。在4个样本县中选择皋兰县作重点介绍，皋兰县从2000年试点到2011年底，12年间累计完成国家退耕还林建设任务20.0288万亩。

由图7-4可以看出，皋兰县的退耕还林工程大体经历了三个阶段。第一阶段，

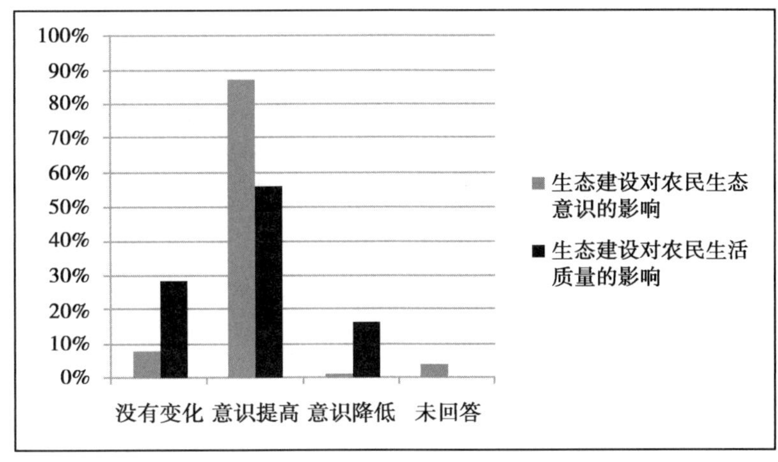

图 7-3　退耕还林对农民生态意识和生活质量的影响

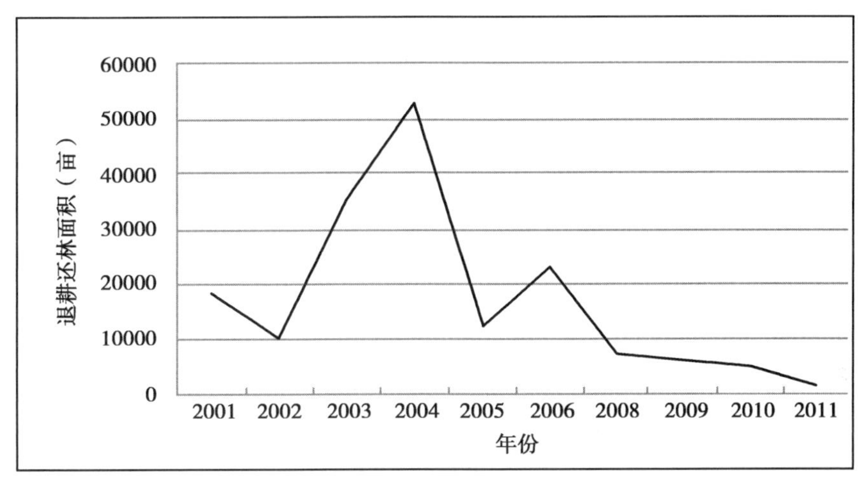

图 7-4　皋兰县退耕还林面积

2000—2002 年，退耕还林工程以水地营造杨树林带、杨树片林、碱地红柳和大砂沟东西两山多树种荒山造林为主，完成退耕地造林面积 9788 亩，宜林荒山造林面积 3.6 万亩，退耕还林还处于起步阶段。第二阶段，2003—2004 年，退耕地造林主要以旱砂土地营造沙棘、山杏和乡村柠条荒山造林为主，完成退耕地造林面积 2 万亩，宜林荒山造林面积 6.8 万亩，这一阶段皋兰县完成的退耕还林面积最大。第三阶段，2005—2011 年，退耕还林的巩固阶段，退耕地造林从生态林为主转变为生态经济兼用林为主，这一阶段已开始实现生态效益为重向生态经济效益并重的转变。

退耕还林工程十几年的实施使皋兰县的林地资源稳定增长，新增的造林绿化面积 16.88 万亩，是 2000 年前 50 年全县人工造林保存面积总和的 2 倍多，成林后可增加森林覆盖率 4.4 个百分点。皋兰县的生态环境也得到了明显的改善。到目前为止，退耕还林工程已显现出较大的规模效益，特别是整沟、整岔、整坡实施的千亩以上退耕造林，其生态环境明显改善。如水阜的彬草沟、黑石川的大涧沟等地区，称得上是一沟一岔一湾的“小森林”。

7.1.4.2.3 环境层面

调研区域生态环境较为脆弱，是退耕还林工程的重点实施区域。通过调查，我们发现退耕还林工程对于调查地区的农村生态环境产生了积极的变化。

退耕还林工程对于调查地区的农村生态环境产生了积极的变化（如图 7-5 所示）。在访问的过程中，谈到具体生态环境的变化，农户表示出现了树林增多，周围环境比以往增添了许多绿色；有农户表示风沙现象有明显地减少；有农户表示气候环境也有一定的改善，最明显的感觉是降雨量的增多；还有农户表示野生动物的数量也得到了增长等。总体而言，绝大多数农户都认识到了退耕还林对生态环境产生的积极作用，说明退耕还林工程在改善生态环境方面已取得了一定的成效。

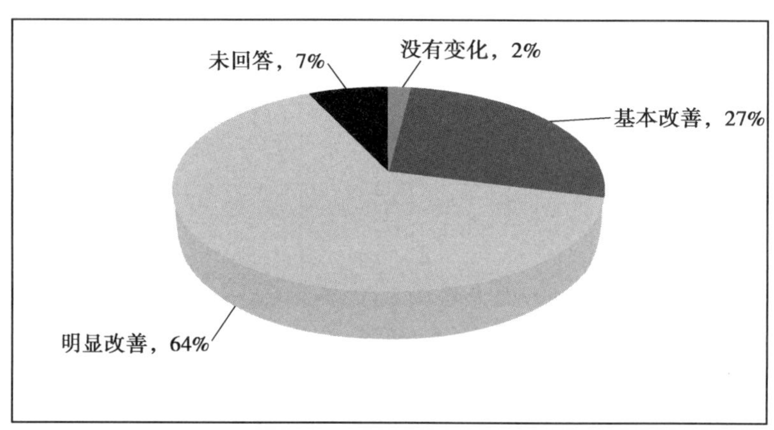

图 7-5 生态环境改善状况

7.2 西部林业生态建设产业可持续性评价

7.2.1 评价体系构建

7.2.1.1 林业产业内涵及特征

林业是经济社会可持续发展的重要基础，林业同时兼有生态、经济、社会效益，既是一项公益事业，也是一项重要的基础产业。从主要获取林业生态效益的目的出发，林业是一项社会公益事业；从主要获取林业经济效益的目的出发，林业又是一项重要的基础产业。

林业产业包括森林培育和采伐、木材和林产品加工利用及森林旅游等一、二、三产业，是一个相对完整的产业群体。它是以获取经济效益为主要目的，以森林资源为基础，以技术和资金为手段，有效组织生产和提供各种物质和非物质产品的行业。林业产业结构是指各生产要素在各林业产业部门之间配置构成的方式，林业产业结构不仅在量上反映林业产业间的比例关系，而且在质上反映林业产业间生产、技术、经济等方面的相互联系。

林业产业作为国民经济的基础产业，具有一般产业所有的共性，如都是以资金投入和一定的技术为手段，以获取经济效益为主要目的。但从林业产业的具体形态来看，又具有明显区别于其他产业的特征。首先，林业产业既是资源限制性产业，同时又是资源可再生性产业。其次，林业产业纵跨国民经济的第一产业、第二产业和第三产业，涵盖范围广、产业链条长，是一个相对完整的产业体系。最后，林业产业同时具有经济效益、生态效益和社会效益。

7.2.1.2　林业产业可持续发展内涵

林业产业的可持续发展是林业产业将既满足当代人对林业产品的需求，又不对后代人满足其需求的能力构成危害的发展称为可持续发展。林业产业可持续发展是一个密不可分的系统，既要达到发展林业经济的目的，又要保护好人类赖以生存的林业自然资源和林业环境，使子孙后代能够享受林业产业发展所带来的利益。

我国林业实施可持续发展战略，对林产工业的发展提出了新的要求，实施林业可持续发展，有利于提高木材综合利用水平，增加木材产品的附加值，增加林产品的有效供给，满足经济社会发展和人民生活水平提高对木材及其加工产品日益增长的需求，节约大量林木资源，保护森林生态环境。

7.2.1.3　林业产业可持续性评价体系

林业可持续发展涵盖的范围很广，它不仅涉及林业内部的森林资源、林产品加工、林业社会功能等方面，而且还涉及与林业相关的人口、经济、环境等方面。因此一套林业可持续性评价体系的评价指标是非常复杂的，但是我们不能仅局限于统计指标本身，而是更应有综合性指标体现可持续发展中涉及的资源的可持续性、物质产品的可持续性、社会功能的可持续性，以体现林业可持续发展的内涵和系统目标。

林业可持续性评价体系是一个非常复杂的系统，依靠少数几个指标不可能比较全面地描述其发展现状和趋势，必须要由多个指标组成指标体系来完成这个使命。对于一个可持续发展系统而言，它涉及的指标范围极其广泛，为了在多如牛毛的涉及指标中挑选出一定的数量，又能比较全面地反映可持续性的指标，须遵守完整性、实用性、科学性等原则，以可持续性的测度目标为中心，深刻领会林业可持续发展的内涵。在此原则下，本研究选择的林业可持续性指标涵盖林业经济、社会、生态的可持续性三个方面。

7.2.2　西部地区总体状况描述

西部林业生态建设自实施以来，对于深入推进西部大开发、改善环境、增加投资、扩大消费、促进西部地区经济的持续发展和社会的全面进步起到了重要作用，并对林业及相关产业的可持续发展产生了巨大影响。下面从经济、社会、生态三个维度阐述西部林业生态建设的产业可持续性。

7.2.2.1　经济维度

西部林业生态建设实施以来，西部各省份林业产业取得长足发展（表 7-6），林业生态建设期间各省份林业产值增长迅速。2010 年，内蒙古林业总产值达 78.2 亿元，较 2002 年的 26.1 亿元增长 2.0 倍；广西林业总产值达 129 亿元，较 2002 年的 39.4 亿元增长 2.27 倍；重庆林业总产值为 34.1 亿元，较 2002 年 11.2 亿元增长 2.04 倍；四川林业总产值 112.5 亿元，较 2002 年 50.9 亿元增长 1.21 倍；甘肃林业总产值 24.2 亿元，较 2002 年 8.6 亿元增长 1.81 倍。此外，贵州、云南、新疆、西藏和青海各省份林业总产值也取得迅速增长。西部各省份林业总产值变化和西部林业产业的地区结构分别如图 7-6 和图 7-7 所示。

表 7-6　2002—2006 年西部地区林业经济增长速度（单位：%）

地区	2002 年	2003 年	2004 年	2005 年	2006 年	平均
全国	8.36	20.87	20.06	17.95	24.36	18.19
西南	-0.31	25.13	30.71	23.45	23.34	19.95
西北	-20.77	8.90	10.76	19.77	-2.52	2.21
西部	-8.62	19.42	24.31	22.40	16.10	14.03

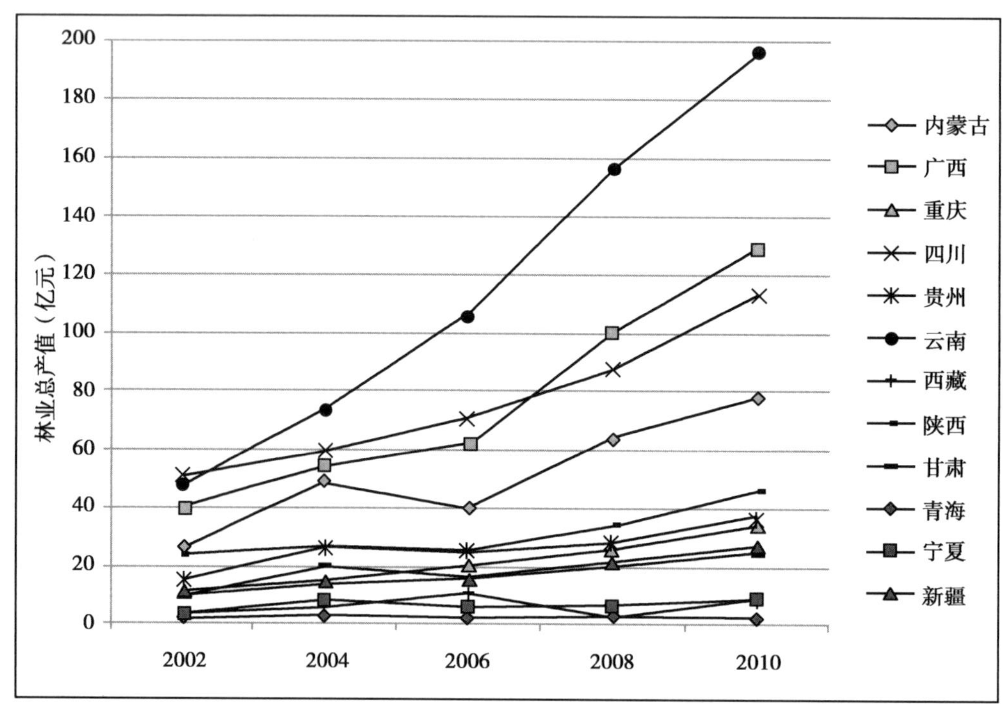

图 7-6　西部地区林业总产值变化图

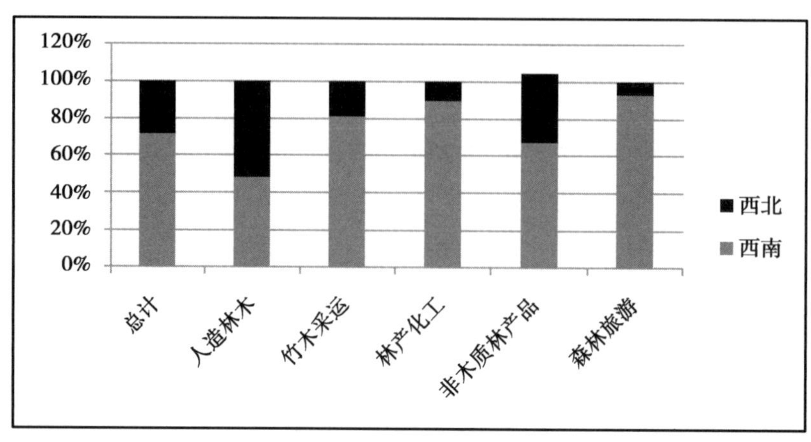

图 7-7　西部林业产业的地区结构

7.2.2.2 社会维度

西部林业生态建设不仅促进了西部林业经济发展，为西部创造了经济收益，同时也在新农村建设及促进就业等社会维度发挥着积极作用。以退耕还林工程为例，退耕还林工程的实施为各省份农村产业结构调整构筑了平台。各省份积极抓住退耕还林的有利时机，立足区位优势和地域特色，积极调整土地利用结构和种植结构，因地制宜地推行各种行之有效的开发治理模式，大力发展经济林果、草畜养殖、生态旅游、中药材种植、林副产品生产加工等后续产业，使农民收入显著增加。西部林业生态建设改变了农民广种薄收的传统耕种方式，使其思想观念发生了转化，更多地从事林业二、三产业，拓宽了增收渠道。

2010 年，内蒙古农林业私营企业和个体就业人数为 29.1 万人，相较于 2002 年 19.3 万人增长 0.5 倍；广西农林业私营企业和个体就业人数为 63.7 万人，相较于 2002 年 4.3 万人增长 13.8 倍。其他西部各省份农林业私营企业和个体就业人数也都有不同幅度的增长。各省 2010 年和 2002 年农林业私营企业及个体就业人数对比见表 7-7 所示。

表 7-7 西部各省份农林业私营企业及个体就业人数（单位：万人）

省份	2002 年	2010 年
内蒙古	19.3	29.1
广西	4.3	63.7
重庆	1.2	48.2
四川	2	135.3
贵州	2	23.3
云南	2.3	60.3
西藏	0.2	1.9
陕西	8.6	52.2
甘肃	1	20.2
青海	0.9	10.7
宁夏	0.7	9.5
新疆	1.2	25

7.2.2.3 生态维度

林业生态建设中，西部积极实施退耕还林、退牧还草、天然林保护、京津风沙源治理和三峡库区水污染治理等工程。截至 2006 年年底，西部地区累计完成退耕还林 591.2 万公顷，荒山荒地造林 878.6 万公顷，分别占全国的 63% 和 55%；累计完成草场围栏面积 5066.7 万公顷，禁牧、轮牧、休牧草原面积 7666.7 万公顷，9533 万公顷天然林资源得到有效管护，西部各省份林草植被覆盖率明显提高，京津周边地区土地沙化趋势得到初步遏制。加强自然保护区建设，新建了 12 处国家级自然保护区，总面积 2.56 万平方公里。加快青海三江源自然保护区生态保护和建设步伐，加快三峡库区及上游水污染防治及城市环保基础设施建设。中央安排资金用于 30 多个危险性废物、医疗废物和放射性废物库建设；安排环境保护专项资金用于启动农村小康环保行动示范项目，集中饮用水源地污染防治，区域环境安全保障，污染治理新技术、新工艺推广和环境监管能力提升。国家补助西部各省份环保资金达5600亿元，用于集约化畜禽污染防治和自然保护区建设。

7.2.3 典型省区示例评析

天然林资源保护工程是一项规模巨大的林业生态工程，该工程从1998年开始试点。陕西省是天保工程的试点省和重点实施省份之一，工程分布在省属太白林业局、宁东林业局、宁西林业局、汉西林业局、龙草坪林业局、长青林业局和宝鸡市辛家山林业局、马头滩林业局，2000年在全省正式启动建设。天保工程覆盖了除西安市城三区以外的104个县（市、区）。工程建设期为11年（2000—2010年）。从2000年至今，已有了阶段性成果，取得了一定的生态、经济和社会效益，为林业产业的可持续性做出了巨大贡献。本研究结合陕西省天保工程实施的具体情况，从生态、经济、社会三个维度对天保工程效益进行分析，在此基础上建立如图7-8所示的天然林保护工程效益评价指标体系。

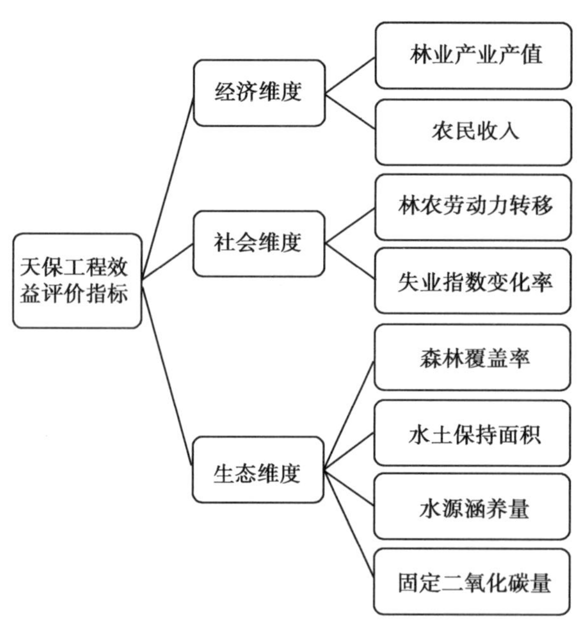

图7-8 天然林保护工程效益评价指标体系

7.2.3.1 经济维度

天保工程实施以来，全国林业产业发展迅猛，带动林业经济高速发展，产值从2000年的4090.48亿元激增到2007年的11700亿元，增速为186%；陕西省林业产值从2000年的81.20亿元激增到2007年的160.59亿元，增速为97.7%。可以看到，陕西省林业产业的发展要落后于全国平均发展水平。

如表7-8中经济维度指标所示，林业产值指标2003年比2000年减少0.04，2007年比2003年减少0.06，反映出天然林保护工程的经济效益逐年减小；农民收入指标的综合指数3年数据没有变化，说明农民收入对经济效益的贡献保持稳定；通过“（林业产值+农民收入）/所有项目之和”，可以看出，经济效益占天保工程总效益的比例越来越小，3年分别为23%、21%、19%。

表 7-8　天然林保护工程效益评价三级指标综合指数对比表

评价项目	2000 年	2003 年	2007 年
森林覆盖率	0.26	0.28	0.31
森林蓄积量	0.16	0.15	0.14
天然林面积	0.21	0.22	0.24
水土保持面积	0.29	0.31	0.33
水源涵养量	0.14	0.15	0.16
固定二氧化碳量	0.13	0.12	0.11
林业产业产值	0.28	0.24	0.18
农民收入	0.35	0.35	0.35
林农劳动力转移	0.21	0.2	0.19
失业指数变化率	0.2	0.26	0.27
儿童入学率	0.27	0.27	0.27
林退休职工参保率	0.25	0.22	0.23

7.2.3.2　社会维度

在社会维度的评价中（图 7-9），失业指数变化率波动明显，2000—2003 年其效率明显增长，2003—2007 年增长趋势有所减缓，可见陕西省天保工程的实施对林区农户降低失业率作用明显。林农劳动力转移指标指数逐年下降，这是因为陕西省在天保工程实施初的几年对大量林业富余人员进行了一次性安置，以后历年林业富余人员较少以及可供安置的岗位减少，因此该指标的效益有所降低。

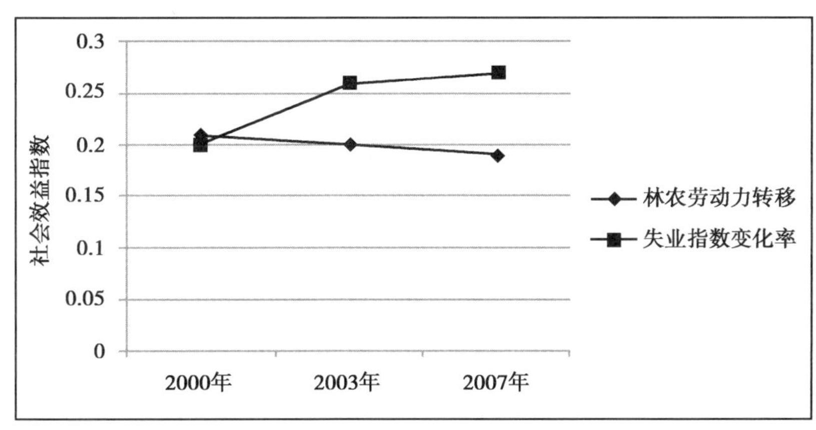

图 7-9　社会效益指标趋势图

7.2.3.3　生态维度

在生态维度评价中，由图 7-10 可以看出，4 个指标呈现增长趋势，2 个指标呈现下降趋势，其中，水土保持面积指标指数 3 年均最高，体现森林保持水土的功能对生态效

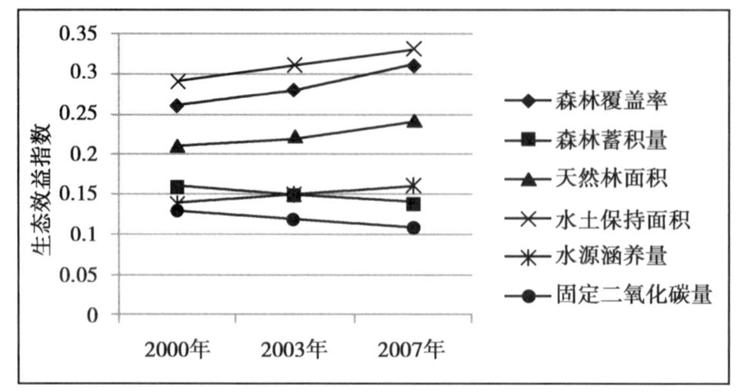

图 7-10 生态效益指标趋势图

益的重要地位。森林覆盖率、天然林面积、水源涵养量 3 个指标均稳定增长，波动性较小，说明了天保工程生态效益的稳定性和持续性。森林蓄积量和固定二氧化碳量的指数呈现下降的趋势，说明其对生态效益的作用效益在下降，但仍然为正效益。主要原因在于陕西省森林覆盖率增长远高于全国，但森林蓄积量的增长速度与全国平均速度相比，优势不大，因此通过与参照系数据相比后比值出现减小的情况，森林蓄积量的指数也呈下降趋势，对陕西省天保工程生态效益的贡献比例也就缩小。同样，固定二氧化碳量的指数下降也是这个原因。

7.3 农户视角下西部林业生态建设可持续性评价

党的十八大明确提出将生态文明建设同经济建设、政治建设、文化建设、社会建设一道，纳入中国特色社会主义建设“五位一体”的总体布局，并对推进生态文明建设作出了全面部署，生态文明建设的地位更进一步的突显出来。林业生态建设作为我国为加强林业建设、实现林业可持续发展及生态文明建设的重要措施，发挥着不可替代的重要作用。所以本研究从林业生态工程建设最直接的参与者和受影响者——农户的角度出发，以林业生态建设工程绩效评价、农户参与意愿及农户对林业生态建设工程效果的满意度及评价等为主题，并选取在甘肃省实施最为广泛的退耕还林工程和生态公益林工程作为林业生态工程代表，利用因子分析、最优尺度回归等统计分析方法，探究林业生态建设工程的农户满意度及其影响因素，总结农户视角下西部林业生态建设的可持续性，以期能为政府更好地引导农户参与林业生态建设工程、保障林业生态建设工程实施效果提供参考，促进我国的林业可持续发展、西部大开发及保障林农权益。

7.3.1 研究设计

7.3.1.1 理论框架

（1）行为经济学。行为经济学把经济学研究与心理学结合起来，认为人们的行为不仅受到利益的驱动，还会受到多种心理因素的影响。行为经济学以现实为基础构造理论，从而摆脱了传统理论以抽象或脱离实际的假设为基础的分析方法的束缚，使科学与人性达到有机融合，是经济学人本主义精神的具体表现，为经济学注入了新的活力。

（2）软系统理论。软系统方法论（SSM）主要用以解决那些包含大量社会、政治以及人为因素的问题。软系统方法论承认现实组织中不同观点和兴趣的存在，注重人的因素及其主观作用，强调人的价值观、人的偏好、人的需求层次等因素对其认识和理解现实问题的影响。并且软系统方法论拓展了“数据”的概念，人的认识、人的经验、人的观点等都可以成为重要的资料并加以收集、处理和利用。

7.3.1.2　样本选择

本研究选取了地处黄土、蒙新、青藏三大高原的交汇地带，分属黄河、长江和内陆河三大流域的甘肃省作为样本省份。甘肃省是一个多山、多沙、多灾、少雨、少林、水土流失严重、森林植被稀疏、生态环境脆弱的省份。所以以甘肃省为样本进行林业生态建设工程研究，为政府提供参考并帮助政府更好地引导和激励农户具有重要意义。

在甘肃省的实地调研中，选取了位于甘肃省中部的省会兰州市下辖的榆中县、皋兰县，以及位于甘肃省东部的平凉市下辖的灵台县、静宁县作为样本县。这些样本县都是较早开始实施林业生态工程的地区，并且在年降水量、自然资源等条件方面也存在一定的差异性，所以样本地区的选择可以代表和反映出林业生态工程在甘肃的实施情况。在样本县的基础上，每个县再选择 4~6 个样本村，每个村调查 10 户左右的农户。最终每个市调查了 10 个村，共计 20 个村的 202 个农户，调查并分析他们对于不同林业生态建设工程的满意度情况。

由于林业生态建设工程涉及的工程较多，不同样本县样本村的农户参与的林业生态建设工程也不尽相同，再加上会受到数据支持程度和时间精力的限制，所以选取了退耕还林工程和生态公益林工程作为林业生态建设工程的代表进行分析；这两个工程都是开始年份较早、实施规模较大，并在样本地区得到相对较大范围实施的工程，所以是具有典型性和代表性的林业生态建设工程。

由于不同农户参与的林业生态建设工程种类不同，本研究又是以参与林业生态建设工程的农户作为主要研究对象，所以需要对问卷进行筛选。本研究在甘肃省兰州市和平凉市 20 个村的 202 户农户调查问卷中，筛选出了参与退耕还林工程的有效农户问卷 165 份，占问卷总数的 81.68%；筛选出参与生态公益林建设工程的有效农户问卷 90 份，占问卷总数的 44.55%。

7.3.1.3　评价指标

根据本研究的目的，文中的农户界定为林业生态工程实施区的专业或兼业从事农业生产的农村住户，并且侧重于研究参与到林业生态工程中的农村住户。而满意度则是指人们对物质精神状态方面的一种主观上的心理满足程度，与满意度相关的研究问题中，主要包括影响满意度的因素研究、影响满意度的作用机制以及如何改变满意度等几个方面。

本研究利用 SPSS 软件的描述统计、非参数检验、因子分析、最优尺度回归等工具对数据进行处理和分析。利用描述统计方法直观地展示出农户对林业生态工程很多方面的满意度现状；利用非参数检验方法，检验农户满意度在不同工程间的差别及数据能否符合正态分布；利用因子分析方法和最优尺度回归研究各公因子对农户满意度的影响程度究竟如何。

7.3.2 农户认知与满意度现状描述

7.3.2.1 农户对林业生态建设工程的认知情况

关于各林业生态建设工程的名称被农户认知的程度，认知程度最高的是退耕还林工程，知道退耕还林工程的农户比例达到了 97%；其次是生态公益林工程，认知比例达到了 66.27%；认知程度最高的两个林业生态工程也正是本研究所选取的工程代表；之后的认知度依次为天然林保护工程、三北防护林工程、野生动植物保护及自然保护区建设工程等。

有关农户对退耕还林工程和生态公益林工程的工程目标的认知情况，绝大多数农户认为林业生态建设工程的首要目标是为了保护生态环境，其次是提高林农的生活水平，另外的目标还有促进林业发展、减少贫困等。

有关农户认为林业生态工程的重要程度的问题，整体上农户非常认可林业生态工程的重要性的，而另外从两个工程对比的角度来分析，通过非参数检验可以发现两个工程的重要性在农户角度看是有差别的，认为退耕还林工程非常重要的农户占到了 74.5%，而认为生态公益林工程非常重要的比例为 56.7%，所以农户认为两个工程虽然都重要，但退耕还林的重要性比生态公益林还要高一些。

而有关农户愿意参与工程的最主要原因则是可以得到补助或收入，70% 左右的农户都选择了这一原因；再有就是种地不赚钱、可以学到东西并提高能力等原因，另外也有 20% 左右的农户表示，因为自然灾害严重和保护生态环境的原因而愿意参与到工程建设中。

7.3.2.2 农户对林业生态工程实施的满意度

本研究选取县乡政府落实情况、实施总体情况、实施过程和检查验收作为反映农户对林业生态工程实施满意度的四个方面，并按照退耕还林工程和生态公益林工程分类进行描述统计及两工程间的非参数检验。从表 7-9 中的非参数检验结果可以看出，农户对两个工程的县乡政府落实、实施总体和检查验收方面的满意度是没有明显差别的，其显著性水平均大于 0.05，大多数农户对这几方面还是表示比较满意或非常满意的；而在实施过程方面的 Asymp.Sig.=0.036<0.05，两工程间是具有明显差别的，总体上看农户对退耕还林实施过程的满意度要比生态公益林工程的满意情况更好一点。

表 7-9 农户对退耕还林和生态公益林工程实施的满意度情况表

实施	工程		5 非常满意 ——→ 1 非常不满意					非参数检验
县乡政府落实	退耕还林	n	77	64	19	4	0	Asymp.Sig.0.127
		p	47.00%	39.00%	11.60%	2.40%	0.00%	
	生态公益林	n	27	35	10	3	0	
		p	36.00%	46.70%	13.30%	4.00%	0.00%	
实施总体	退耕还林	n	62	87	13	3	0	Asymp.Sig.0.23
		p	37.60%	52.70%	7.90%	1.80%	0.00%	
	生态公益林	n	26	55	7	2	0	
		p	28.90%	61.10%	7.80%	2.20%	0.00%	

续表

实施	工程		5 非常满意	→			1 非常不满意	非参数检验
实施过程	退耕还林	n	67	81	11	4	1	Asymp.Sig.0.036
		p	40.60%	49.10%	6.70%	2.40%	0.60%	
	生态公益林	n	25	51	11	3	0	
		p	27.80%	56.70%	12.20%	3.30%	0.00%	
检查验收	退耕还林	n	56	98	8	2	0	Asymp.Sig.0.058
		p	33.90%	59.40%	4.80%	1.20%	0.00%	
	生态公益林	n	25	47	12	2	1	
		p	28.40%	53.40%	13.60%	2.30%	1.10%	

注：n，样本数；p，比例；下同。

7.3.2.3　农户对林业生态工程政策的满意度

本研究选取了种苗政策、采伐政策、补偿政策、政策总体和政策变化作为农户评价林业生态工程政策的几个具体方面，并按照退耕还林工程和生态公益林工程分类进行了描述统计和非参数检验。通过表 7-10 非参数检验结果可以看出，农户对退耕还林政策和生态公益林政策总体上的满意度还是有区别的，其显著性水平为 0.046，小于 0.05，进一步看其描述统计结果则可以发现，农户对退耕还林工程政策总体的满意度更高一点。而细看工程政策在种苗、采伐、补偿和变化情况这几个方面的表现，可以发现造成农户对两个工程政策总体满意度差别的主要是种苗政策和补偿标准这两个方面，其显著性水平均小于 0.05，并且农户对退耕还林的种苗政策和补偿标准的满意度都要好于生态公益林；而在采伐政策和政策变化的满意度上，非参数检验得到显著性水平都大于 0.05，所以两个工程间并没有明显差别。

表 7-10　农户对退耕还林和生态公益林工程政策的满意度情况表

政策	工程		5 非常满意	→			1 非常不满意	非参数检验
种苗政策	退耕还林	n	85	64	9	1	1	Asymp.Sig.0.008
		p	51.50%	38.80%	5.50%	0.60%	0.60%	
	生态公益林	n	34	36	12	2	0	
		p	37.80%	40.00%	13.30%	2.20%	0.00%	
采伐政策	退耕还林	n	69	66	20	3	3	Asymp.Sig.0.152
		p	41.80%	40.00%	12.10%	1.80%	1.80%	
	生态公益林	n	30	38	17	2	0	
		p	33.30%	42.20%	18.90%	2.20%	0.00%	
补偿标准	退耕还林	n	54	52	34	22	3	Asymp.Sig.0.044
		p	32.70%	31.50%	20.60%	13.30%	1.80%	
	生态公益林	n	17	19	17	6	9	
		p	24.60%	27.50%	24.60%	8.70%	13.00%	

续表

政策	工程		5 非常满意				1 非常不满意	非参数检验
政策总体	退耕还林	n	95	61	9	0	0	Asymp.Sig.0.046
		p	57.60%	37.00%	5.50%	0.00%	0.00%	
	生态公益林	n	40	43	7	0	0	
		p	44.40%	47.80%	7.80%	0.00%	0.00%	
政策变化	退耕还林	n	53	85	24	2	1	Asymp.Sig.0.518
		p	32.10%	51.50%	14.50%	1.20%	0.60%	
	生态公益林	n	25	49	15	1	0	
		p	27.80%	54.40%	16.70%	1.10%	0.00%	

7.3.2.4 农户对林业生态建设工程绩效的评价

本研究选取了林业生态建设工程对生态环境、经济收入、就业机会、生活环境（如卫生条件等）、生活质量、生产经营水平这几项的影响作为农户评价林业生态建设工程绩效的指标。通过最终描述统计和非参数检验结果可以发现，就业机会、生活环境、生活质量、生产经营水平的显著性水平均大于 0.05，说明农户对退耕还林工程和生态公益林工程绩效的评价在这几项上没有显著差异。在就业机会方面，70% 左右的农户反映林业生态工程对就业机会没有太大影响。在生活环境方面，80% 左右的农户认为生活环境得到了一定程度的改善，其中 30% 左右的农户认为改善较明显，50% 左右的农户认为有略微改善；另外还有 20% 左右的农户认为对生活环境没有太大影响。在生活质量和生产经营水平方面，超过 10% 的农户认为得到了较明显的改善，而 55% 以上的农户认为只有略微改善，另外还有 30% 左右的农户认为对生活质量和生产经营水平没有什么影响。

而在生态环境和经济收入这两个方面，通过非参数检验发现农户对两个代表性工程的评价在这两方面上是存在明显差异的。在生态环境方面，近 70% 的农户认为退耕还林明显改善了生态环境，55% 以上的农户认为生态公益林工程明显改善了环境；在经济收入方面，超过 70% 的农户认为退耕还林工程对经济收入有明显或略微的提高，而在生态公益林工程上，超过 50% 的农户认为其对经济收入没有影响。所以在农户视角上认为退耕还林的生态环境和经济收入效应比生态公益林更好。

7.3.2.5 农户反映的林业生态建设工程现存问题

农户作为工程最直接的参与者和受影响者，从他们的角度反映了其对林业生态建设工程现存问题的看法。农户认为林业生态建设工程最主要的问题还是资金问题，即工程资金投入不足和工程补偿额度不够；之后从农户反馈的结果来看，工程期限过短、工程管理不到位和工程信息不透明也存在一定的问题，另外还有少数农户反映了工程指标分配不公的问题。

7.3.2.5.1 工程的补偿机制僵化且缺乏灵活性

通过上述分析不难发现，整体而言，林业生态工程的实施有利于农户家庭收入的增加，但进一步剖析样本农户的具体情况可以发现，由于农户所拥有的耕地面积、土地质量等差异，再加上农户家庭原本经济水平和发展情况各异，导致农户家庭收入从几百元到十余万元不等，贫富差距较为明显。在对农户进行问卷调查的过程中，超过一半的农户表示存在工程资金投入不足、工程补偿额度不够的问题。在表示家庭收入减少的被调查退耕户中，45.98% 的退耕户表示工程导致家庭收入减少的原因是补贴较低，36.67% 的退耕户表示工程导致家庭收入减少的原因是农业收入减少。

在对农户进行问卷调查及与农户的交谈过程中，发现农户提到最多的不满之处，还是补偿方面的问题；在询问到农户对于林业生态工程今后的希望时，60%~70% 左右的农户都表示希望增加补偿种类或补偿额度；另外通过前面的分析我们也可发现，工程补偿是影响农户满意度的非常重要的因素，可见农户在此方面要求的迫切程度。而我国林业生态工程的补偿采用统一标准，并且长年不变，特别是随着近几年的通货膨胀及农户生活成本的快速提高，再继续采用僵化并缺乏灵活性的补偿机制，必然会加大农户的不满情绪；而且工程补偿对农户的作用非常大，农户作为工程最直接的参与者，农户对工程补偿的不满情绪必然也会使工程既得效果的保持遇到问题。

7.3.2.5.2　农户参与林业生态工程的积极性和主观能动性不高

通过样本农户的基本情况可以看出，留守在家乡的农民大多是处于中年具有初中文化水平的农民。家庭最高文化程度在大学及大学以上的只有 31 户，仅占总体样本的 15.34%。西部地区农户整体教育水平偏低，文化素质有待提高。在调查访谈过程中也可发现，虽然林业生态工程的实施在一定程度上提升了农民的生态环境意识，但是在付诸行动的过程中，还是很难予以落实，很多农户依然存在着破坏生态环境的行为，一些基层的干部和群众对于林业生态工程的政策只有浅层的理解，只知道国家基于补助的一些情况，关心最多的是林业生态工程带给自己的利益。没有从主观上认识到工程的目的及其重大意义。

农户在参与林业生态工程的过程中，大多数情况下是政府建议怎么做，农户就怎么做，农户的创造力及实施林业生态工程的主观能动性并没有被调动起来，农户对林业生态工程缺乏积极性。比如以种苗政策为例，通过上面的分析我们可以发现，种苗政策是农户对林业生态工程政策满意度的一个关键影响因素；但通过与农户的交谈，我们也可发现农户对此方面表示出的不满之处；农户反映当地政府给出了建议种植的树种，农户只是按照政府建议的树种去栽种，比如有些农户按照政府的建议种植了枣树，希望能从这种经济树种中再获得点除工程补偿之外的经济收入；但是树木的生长情况并不好，基本没有果实甚至会有病虫害，难以获得经济收入；对此农户表示希望政府能保证树种选择的科学性，或者给予农户更大的自由度。

7.3.2.5.3　林业生态工程的配套机制和服务不完善

在调查访谈过程中，大多数农户希望国家能够加强交通、电气、灌溉等耕地基础设施的建设。有 56.78% 的农户表示最大的困难是技术的缺乏；其次 35.74% 的农户表示遇到的困难主要是退耕地收成较少。他们提出缺少资金、灌溉技术、树种选择等问题得不到解决，这些问题都影响着林业生态工程的发展。

林业生态工程目前已实施了一段时间，工程配套的机制、制度和服务及时跟上，是提高农户满意度，进而保障林业生态工程实施效果的重要措施，根据实地调查过程中农户反映的情况来看，目前在此方面还存在着一些问题。比如有农户反映工程树种的生长状况不好，希望政府能培训一下他们在树种选择及种植等方面的实践技术；还有农户反映希望政府可以带动林业产业的发展，以增加农户的经济收入。

7.3.2.5.4 工程信息不透明和村干部作用有待加强

部分农户在调查访谈过程中表示工程实施的信息不透明，影响他们进行林业生态工程的热情。且在政策的制定与落实中农民的参与性还有待增强。在被问到村干部作用如何的问题时，1人认为退耕还林工程中村干部作用非常小，3人认为比较小，67人认为村干部发挥的作用一般，56人认为村干部发挥的作用比较大，39人认为村干部发挥的作用非常大。可以看出，42.77%的农户认为村干部发挥的作用还不是很大，有待提高。

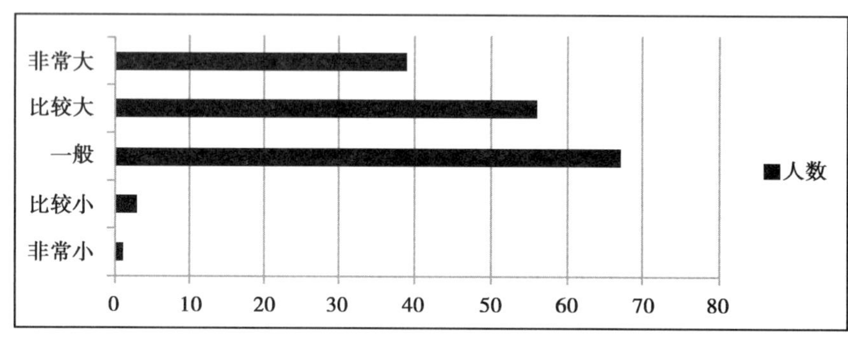

图7-11 农户对村干部作用的认知

7.3.3 基于农户满意度的可持续性影响因素

本研究将农户对林业生态建设工程可持续性的满意度定位在总体满意度，并选取了24个可能对林业生态工程的农户满意度产生影响的指标，涉及农户家庭基本情况，农户家庭林业情况，农户对林业生态工程的政策、实施、绩效等方面的评价等多个内容，具体的指标名称见表7-11所示。

表7-11 因子分析指标列表

指标	名称	指标	名称
X_1	家庭人均收入	X_{13}	采伐政策评价
X_2	家中有无护林员	X_{14}	补偿标准评价
X_3	家中有无村干部	X_{15}	县乡政府落实情况评价
X_4	受访者年龄	X_{16}	实施过程评价
X_5	受教育年限	X_{17}	检查验收方式评价
X_6	林业经营时间比重	X_{18}	对经济收入影响
X_7	林业收益比重	X_{19}	对就业机会影响
X_8	林地块数	X_{20}	对生活环境影响
X_9	林地面积	X_{21}	对生活质量影响
X_{10}	目标实现情况	X_{22}	对生产经营水平影响
X_{11}	生态环境改善	X_{23}	对减贫影响
X_{12}	种苗政策评价	X_{24}	树种选择方式评价

在林业生态建设工程农户满意度的影响因素分析中，在因子分析过程中采用主成分分析法对上述 24 个指标进行处理，并使用方差最大化的旋转方法对因子矩阵进行旋转；提取出的 5 个特征值大于 1 的公因子的累计方差为 50.361%，说明这 5 个公因子对总体具有一定的解释能力，即工程政策和实施因子、工程绩效因子、林业收益因子、林业资源因子和农户特征因子。

后通过最优尺度回归的分析方法发现，工程政策和实施因子、工程绩效因子、林业资源因子和农户特征因子对林业生态工程农户满意度的影响是显著的，通过得到的 Importance 值可进一步发现，其中影响程度最大的是工程政策和实施因子，其次为工程绩效因子，另外还有农户特征因子和林业资源因子也会产生一定的影响。再具体一些来看，这些因子中的种苗政策、实施过程、经济收入和生活质量等方面的贡献是相对较大的；并且农户的不满也主要表现在种苗政策和经济收益等方面，这也可以反映出市场经济背景下，农户最关心的、最直接影响到农户满意度的还是与农户切身经济利益相关的问题，可见林业生态建设的经济可持续发展也是十分重要。

7.3.4 小 结

林业生态建设工程是我国加强林业建设、实现林业可持续发展及生态文明建设的重要措施，实施十余年以来，特别是在我国生态环境最为脆弱的西部地区，发挥着不可替代的重要作用。所以本研究从林业生态建设工程最直接的参与者和受影响者——农户的角度出发，以甘肃省为例，选取退耕还林工程和生态公益林工程作为代表，分析林业生态建设工程的农户满意度及其影响因素，以期能为政府更好地引导农户参与林业生态建设工程建设、保障林业生态建设工程实施效果提供参考。

本研究依据在甘肃省对农户进行实地调研所获得的数据，利用描述统计、非参数检验、因子分析和最优尺度回归等统计分析方法进行分析，经研究发现：第一，农户对林业生态工程已有一定的认知，但认知上存在着局限性；绝大多数农户承认林业生态工程的重要性，并认为提高林农生活水平是工程保护生态环境之外的主要目标；大多数农户也愿意参与林业生态工程，但其最主要原因还是得到补助和增加收入。第二，农户对林业生态工程的满意度整体上较高，但有些具体方面的满意度相对较低，并在不同工程间表现出显著性差异。第三，工程政策和实施因子及工程绩效因子对农户满意度的影响最大，特别是其中的种苗政策、实施过程、经济收入和生活质量等方面对因子的贡献较大，并且也是农户不满的主要表现方面，可见农户最关心的还是与自身经济利益相关的因素。

进一步细致分析可以发现，林业生态建设工程目前存在着工程补偿机制僵化，缺乏灵活性；农户参与林业生态建设工程的主观能动性不高；林业生态建设工程的配套机制和服务不完善等问题，并且为改善这些问题，应完善和创新林业生态建设工程补偿机制；尊重农户的意愿和选择，给予农户充分的自主性，提高农户的参与程度；并完善林业生态建设工程配套机制和服务的建设；以响应农户的要求，提高农户对林业生态建设工程的满意度，进而保障工程的实施效果。

7.4 西部林业生态建设问题与对策

7.4.1 存在的不足

7.4.1.1 区域间沟通联系薄弱

存在林业补偿标准滞后、单一使得区域间利益分配不均衡的问题；同时林业补偿资金来源不稳定，到位不及时，资金到位率低，影响林业建设积极性；林业生态建设工程成效的监测与评估滞后，难以为政府规划提供建议；忽视不同区域生态功能间的联系，不同区域林业生态建设项目之间责任范围存在推诿和扯皮现象等问题。

7.4.1.2 后续产业发展升级艰难

农业替代产业短时间内难以形成规模，农牧民长远生计未得到根本解决；西部地区生态环境本身较为脆弱，林业投资环境较差，社会资本相对薄弱，缺乏林业后续产业发展以及相关市场营销及生态服务的扶持政策；部分退耕地树种选择不当、栽植密度过高，导致林业生态建设生态效益不佳，并且降低了相关林业产业和农户的经济效益。

7.4.1.3 农户持续发展条件不足

社会层面来看，生态移民渠道不畅，农村人地矛盾依然严重，城镇化进程缓慢，巩固林业生态建设工程成果面临严峻的挑战；经济层面来看，科学灵活的林业生态补偿机制远未完全建立，林业补偿政策及标准有待完善，林业培育技术落后，农户缺乏技术支持；同时，西部林业生态建设工程目前存在配套机制和服务不完善等问题；制度层面来看，多处存在“一地两证”的现象，给巩固退耕成果留下法律隐患。农户的退耕地领取林权证后并没有进行土地利用变更，进而出现了一块地既拿退耕补助又享受农业直补政策的现象。如果出现退耕户复耕现象，将存在法律障碍的问题。

7.4.1.4 政府间协调性有限

首先，部门主导执行模式不尽合理，工程缺乏针对性和协调性，该模式在一定程度上使地方政府和农牧民的积极性不高，在区域层面的林业生态环境治理的综合效益难以发挥，林业工程所需配套政策不足，难以适应工程完善和后续发展要求，更达不到区域可持续发展的目标；其次，林业生态建设的相关政策缺乏可行性研究和整体规划，使其稳定性和持续性均难以保证，进而导致建设目标把握不准，林业生态建设重点不突出等问题；再有，几大林业生态建设工程隶属不同的管理部门，工程建设之间缺乏统一协调，导致缺位、越位、相互扯皮现象的发生，使得工程缺乏充足的科学技术支撑，难以达到预期的理想效果；最后，主要采用行政手段组织西部林业生态建设，缺乏科学合理的市场配置机制，当地政府和农户消极被动地参与，监督检查成本同时上升。

7.4.2 优化的建议

7.4.2.1 扶持林业后续产业发展

积极发展林业替代产业和后续产业，培育和扶持具有地方特色的林业龙头产业，构建发展林业专业合作组织。同时推进林业投融资改革，改善西部林业投融资环境，建立和完善林业要素市场，建立林业经营机制。加长林业土地承包经营权的使用期限，使得经营期限与林木生长期相匹配，同时加强林业技术指导，根据自然和经济规律种植林木，提高林分质量，巩固西部林业建设成果。具体措施如下：

（1）改善退耕还林经济效益。改造林分结构，提高退耕还林的经济效益，从而实现生态效益与经济效益的双赢；设立退耕还经济林的专项改造经费，让部分经济林成为退耕还林后续产业的基础。根据市场变化，通过补植补造等措施对退耕地上营造的经济林进行树种改造，既可以增加农民收入，调动退耕农民经营退耕地的积极性，又有利于后续产业的形成和发展。

（2）创造良好的林业产业发展环境。针对西部地区农村环境闭塞、信息不畅、市场体系不够健全、农民素质普遍不高、经营意识和市场观念缺乏的实际情况，林业主管部门应加大林业产业发展的投入力度，加强对林业市场信息的收集和发布，组织好林产品竞卖会等活动，做好林地林木流转变更登记工作，从而为林业产业提供良好的竞争环境。

（3）提高农户技术水平和经营能力。提供林业产业化指导和技能培训等服务，通过不断提高社会化服务水平，以信息化带动市场化，以市场化促进产业化，充分发挥市场在林业生产要素配置中的基础性作用，逐步完善区域市场信息服务，通过中介组织为农民提供及时有效的市场信息，弱化后续产业发展过程中面临的市场风险，增加林业产品市场营销的方式和渠道，切实采取多种措施帮助林农提高经营能力和水平。

（4）完善林业发展配套政策。依据比较优势定位后续产业结构，制定区域产业协调政策，发展特色产业。可以从退耕还林资金、政府扶贫资金、支农资金中切出一块，吸收企业参股，以县为单位，建立后续产业发展基金，为后续产业的持续发展提供稳定的资金支持。通过向农民发放小额贷款，向企业发放固定与流动资金贷款等形式，鼓励和支持农民或企业发展后续产业，提高区域经济发展能力。

7.4.2.2　补偿标准及机制创新

农户对林业生态工程的效果及目标实现程度起着至关重要的作用，并且目前农户对林业生态工程补偿的要求非常迫切，所以及时响应农户要求，改善林业生态工程补偿机制是非常重要的。目前缺乏灵活性的僵化的补偿机制，既不能体现经济发展水平、林业发展水平等方面的差异，也不能体现出通货膨胀的影响。所以要完善和创新补偿机制，一方面为体现政策的稳定性，减少农户对补偿数额的不确定性预期的影响；另一方面为使政策更有弹性，可以将补偿标准与各地的经济发展水平、林业发展水平及当年气候条件等实际因素结合起来，以确定一个合理的补偿额，提高农户满意度进而保障林业生态工程的实施效果。

林业生态工程补偿机制应与农民脱贫致富相结合。林业生态工程涉及我国一些贫困地区，自然条件恶劣，经济基础薄弱，产业结构单一。林业生态工程可以与扶贫政策相结合，优化农村产业结构，培养特色优势产业和经济。政府可以在扶贫开发和农业综合开发等方面给予工程区更多的支持，并增加对这些地区的财政转移支付。此外，还可建立起多元化的利益补偿机制，例如可以通过建立西部地区生态环境补偿基金、接受捐助、吸收民间资本、发行特种国债等渠道筹集资金，进而减轻政府负担同时增加投资额。

划定西部林业生态建设补偿区，实行分类管理和指导，实施差别化的林业政策以及林业补偿标准。根据林木采伐期确定补偿期限，丰富补偿内容，创新和完善补偿方式。具体措施如下：

（1）划定补偿区并制定相应补偿标准。根据区域内不同的生态和经济环境规划不同的补偿区，补偿区可由种苗费补偿区、林种补偿区、钱粮补偿区 3 块构成，在划好各类补偿区的基础上，可根据区内的平均水平，细分补偿级。根据本地实际价格调整粮食折算价的补偿标准，同时引入竞争的粮食补助机制从而减少人为因素带来的影响，使粮食折算价格符合当地实际情况。

（2）科学规划补偿期限。根据林木的合理采伐期来确定补偿期限，使农户能实现投资林业的最大净收益。对于退耕后还用材林，可根据弗斯特曼最优轮伐期确定补助期限。同时完善有关西部林业间伐抚育的政策法规，并落实符合条件的间伐抚育政策。由于农户面临着“小农户，大市场”的投资风险，因此国家可建立起适当的经济林保险体系，并对农户给予信息指导和技术服务。

（3）增加管护费用补偿。现行林业补偿体制严重忽视了管理经营在林业生态建设中的重要作用，建议在林业资金补助内容上，列入管理费用和管护费用的补偿，尤其是对于退耕后还生态林木的管护费用补偿。退耕还林等建设项目工作量大、任务重、检查验收多，林业补偿资金的缺乏使得地方政府难以按标准造林和管护。而缺乏激励机制，群众对退耕还林重视不够，林木管理工作滞后，使得林业生态建设的预期成果难以实现。增加相关费用的补偿既有助于调动参与者的积极性，又能加大林木的成活率，保障林业生态建设多重效益的实现。

（4）将直接补助和间接补助，近期补助和远期补助相结合。目前直接补助措施执行比较到位，而间接补助较为滞后，如林业后续产业发展不足，农户缺乏林业技术专业指导等。除了近期的钱粮补助外，还应大力抓远期间接补助，即通过迂回方式来补助经济利益受损的农户，如提供优惠贷款、就业指导和帮助技术援助扶持发展新产业；有效利用科技培训、义务教育、合作医疗和养老保险等方式为西部地区创造价值和效益，建立林业生态补偿的根本解决办法和长效激励机制。

7.4.2.3 促进生态移民和提高农民技能

提高西部林业生态建设地区中小城镇的发展速度，解决当地的经济发展、农村劳动力转移和农民增收等问题；加大农村教育事业发展，推广林业技术和相关职业技术教育；完善林业制度层面的漏洞，加强林业监管和林业立法；解决农村能源建设问题，建立健全社会保障制度。加大林业资金的投入量，同时对林业资金进行多元化利用。具体措施如下：

（1）加快城镇化建设。林业生态工程与人口城镇化进程存在相关关系，但我国目前低度的人口集聚程度制约了该工程作用的发挥。因此要促进城镇经济发展，加强基础设施建设，增加劳动力就业机会，引导农民改变乡土观念，完善相关政策法规以加快西部地区小城镇建设的步伐，这无论在引导农村剩余劳动力的转移上，还是在巩固林业生态建设成果和加快当地经济发展上，都起着举足轻重的作用。

（2）加大农村剩余劳动力的异地迁移力度。采用多元化的生态移民手段，减少社会矛盾和冲突，同时通过对农民进行相关技术培训使得移民户后期能有可持续发展的能力。加大政策的扶持，逐步完善劳动力市场，减少农民向城市转移的种种限制，弱化城乡二元结构的格局，引导林业退耕地区的剩余劳动力到经济比较发达的东部地区，从事农业或非农产业。

（3）转变林业补贴方式。应将由单一的林业资金补贴向技术培训、人才培养、信息服务等方式转变，以使其与林业综合开发、财政扶贫、西部新农村建设等惠民政策和民生工程等结合。要通过西部林业生态建设工程带动农村就业增加、农民收入提高和贫困人口减少，通过财政补贴来帮助农村脱贫和扩大内需，从整体上推动林业生态建设工作的顺利开展。

（4）完善农村能源建设。农业发展基础薄弱，农村能源建设问题突出。由于农村沼气池建设、节柴改灶建设成本高，而国家补助标准缺口大，如果不加强农村能源建设，林业生态建设区很有可能面临复耕的危险。所以要以沼气、节柴改造为重点推行农村能源建设，保护西部林业生态建设成果；紧紧围绕扶贫开发工作开展能源建设，促进农村生态及人居生活环境的明显改善。

（5）建立健全农村社会保障制度。社会保障应该是林业生态建设区的农民失去土地后得到的实质性补偿，为农民由农村走向城市提供基本生活保障。重视农村人力资本的投资，为农民的继续教育和技术培训创造条件和环境，加大农村教育事业和职业技术教育发展，促进林业技术推广，建立以市场需求为导向的劳动力培训体制。

7.4.2.4　林业管理机制创新

改革“部门主导”的政策执行模式，统筹部门和地区间的职能和责任，建立中央宏观调控、综合管理、部门统一协调的政策框架。对林业生态建设进行可行性研究和整体规划，保证政策的稳定性，抓准建设的目标和重点。采取多样化的政府管理手段，引进市场化管理机制，加强对林业生态建设的执行和监管力度。同时还要推动林权制度改革，完善相关法律制度。具体措施如下：

（1）改革现行林业生态管理体制。促进政府间协调分工，建立综合部门进行协调规划，整合各部门的相关林业生态建设管理内容，统筹各部门联合开展林业生态建设工作，科学规划林业生态建设项目，以保证政策的稳定性和持续性。

（2）完善前期规划与后期监管流程。由林业科研单位与专业技术机构在林业建设工程的前期进行可行性研究，工程实施和验收过程中深入参与和决策。从而快速及时地提供监管信息，科学准确地进行独立评审，以保证西部林业生态恢复和建设能按照自然和经济社会科学规律开展。

（3）加大基层林业生态建设部门的监管力度，提高政策执行效率。不少农户反映，林业生态建设中存在着管理不到位、信息不透明、林业建设指标分配不公等问题。有关监管部门应该加强对林业生态建设执行部门的监管力度，加强检查验收的科学性、合理性，规范林业补偿政策的执行，保障林业补偿资金的到位率，维护好农民利益的同时，保证林业生态建设工程的开展。首先，要充分发挥基层干部的作用。通过建立农户与政府交流沟通的渠道，使农户能够及时、准确地了解到有关林业生态工程的政策信息。基层干部发挥桥梁作用，建立政府—农户的双向沟通机制。在选用基层干部时应选用工作责任心强、有一定素质的人担当。其次，应运用多种媒体，广泛宣传。运用多种媒体对林业生态工程加以宣传，将有关文件、材料在乡镇政务公开栏、村务公开栏中公布。使农民能够通过多种渠道了解到有关林业生态建设政策的相关信息。此外，还要坚持公示制度，以便于接受群众监督。各村应当在每次检查验收后、政策兑现前公布合格工程面积、拟兑现补助款数额，并将公布内容做记录。建立良好的公示制度，有利于保障工程实施的公平性，平衡农户心理。

（4）完善林业退耕地利用制度。结合集体林权改革，建立灵活有序的林业退耕地利用法律制度，使巩固退耕还林成果法制化。对所有的退耕地颁发林权证，同时变更土地权证，坚决取缔“一地两证”，维护国家的生态建设利益。

（5）完善林权制度，建立林木产权交易市场，创新退耕林木采伐更新管理办法，提高退耕地资源利用，引入退耕林使用权可转让和可买卖的林地产权流转制度，建立起退耕林产权转让市场，拓宽农户对生态林的处置权，降低农民投资林地的风险，提高农民管护林地的积极性，稳定林业生态建设成果。

（6）增加农户自主权。在林业生态工程的实施过程中，应更多地考虑农户的意愿与选择，比如在树种选择、种苗购买等很多方面，可以给予农户更大的自主权，这样可以使农户对林业生态工程肩负更强的责任意识；同时还可在工程的实施、监督等更多环节中，鼓励农户一起参与进来，提高农户的积极性，发挥基层农户的创造力，更好地建设林业生态工程。

7.4.2.5 加大林业科技投入

西部林业生态建设的自然环境恶劣，建设周期长，实施难度大，需要不断加强建设中的科技投入；农民反映建设中存在的最大障碍就是缺乏技术支持，因而需要大力推广和应用先进的林业科技成果和实用技术，以及对林业建设工程进行科学合理的规划。具体措施如下：

（1）完善林业技术服务体系。加强林业基础环境建设，加大公共财政对林业科技的投入支持力度，为林业科技创新提供良好的环境。根据西部地区的自然生态环境，科学地确定林种和草种结构，同时加强树种选择研究的科技投入，不断提高造林保存率和林木资源培植质量；利用补植补造的方式改造林分结构，提高林木的质量和效益。

（2）完善林业技术服务体系。通过建立完整的林业技术服务体系，鼓励和支持林业科技人员到基层开展林业技术咨询和培训，从而弱化农民的技术风险，加强对广大农民的林业科技培训与宣传，提高农民的自身素质和林业技术掌握程度，增强农民的自生与自我发展能力，推进林业生态建设工程的持续发展。在给予农户更大的自主权，提高农户对林业生态工程的参与程度的同时，为保证工程的实施效果，还应加强配套政策、机制及服务的建设。这不仅是保障工程效果的重要措施，也是农户们的要求。在实地调查中询问到农户此方面的问题时，60% 以上的农户都表示希望能增加实用科学技术的培训，45% 左右的农户希望能提供相关政策法律等方面的咨询服务（图 7-12）。另外，为增加

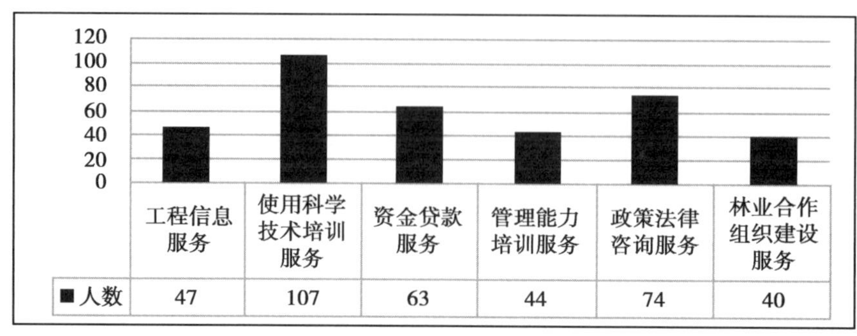

图 7-12　农民所需服务

农户的收入，当地政府还可根据当地的实际情况，响应农户的要求，加强对林业产业的建设。并且应明确并出台更多的工程后续政策，以减少农户对工程的不确定性预期，并规范农户的行为，保证农户对林业建设的投入和关注。

（3）加大生态教育与宣传投入。根据分析，调查地区样本农户的受教育程度普遍偏低，而农户受教育程度的高低影响着农户看待事物的角度与方法，并对其搜集、接受信息以及学习技术的能力产生影响。在调查中也发现农户的文化程度越高，对林业生态工程的见解越深刻，环保生态意识也越强。大力加强西部地区的教育服务，不仅是西部林业生态建设的需要，也是提升我国公民整体素质的需要。并且，以生态文明建设为契机，做好西部地区生态环境建设与生态环境保护宣传，推动农户传统生活方式与思维方式的改变，增强环保意识，引导农户进行良好的环境生态行为，解决好发展经济与保护环境之间的矛盾，为西部林业生态建设注入新内涵。

（4）加强林业科技投入。加强林产品的开发利用技术的科技投入，延长产业链，同时加强培育林业创新人才，为林业后续产业提供人才支持；还要强化区域科技创新，根据西部林业生态建设和产业发展布局，针对区域特点强化林业科技与区域经济发展的结合，从而全面推进西部林业生态建设进程。

（5）完善监测与评估体系建设。根据西部地区的生态环境特点，建立西部地区林业生态建设过程的综合监测与评估技术体系，利用专业化的现代林业空间信息技术，全面评估西部林业生态建设的成效，并为未来的林业生态建设规划提供科学决策依据。

7.5　本章小结

本章围绕西部林业生态建设可持续性评价的研究主题，按照从宏观到微观逐层深入的分析脉络，结合统计资料和调研数据，分别从区域视角、产业视角、农户视角，梳理了西部林业生态建设可持续性评价体系，描述了不同视角下西部地区林业生态建设可持续性总体状况，评析了典型省区的具体做法和实施效果，挖掘出西部地区林业生态建设可持续性存在的问题，并提出了可能的解决方案和优化对策。研究表明，西部地区林业生态建设在人口、资源和环境方面具有可持续性，在林业产业层面也体现出经济、社会、生态可持续发展的特点，同时，基于农户认知和满意度视角来看，西部林业生态建设通过增加农户经济收入和提高农户生活质量而呈现出更深远意义的可持续性。但是，研究还发现，西部林业生态建设可持续性仍然面临区域间沟通联系薄弱、后续产业发展升级艰难、农户持续发展条件不足、政府间协调性有限等诸多挑战，为此，需要相关部门进一步扶持林业后续产业发展、科学合理规划补偿标准及机制创新、促进生态移民和提高农民技能、加大林业科技投入，通过实现林业管理机制创新提升和优化西部林业生态建设的可持续性。

第 8 章

林业生态建设政策演进博弈

林业生态建设各主体之间是一种复杂的博弈关系。农户在追求自身利益和面对外部压力中进行博弈，出于经济理性的考虑，在决策中往往缺乏顾及生态保护、社会福利等方面的意识与动机。为此，作为社会福利最大化代言人的政府需要通过法律法规和行政手段促使农户在生产经营中考虑生态保护、社会福利等方面的问题，即政府对农户生产经营决策实施一定程度的规制（如采伐限额、生态保护立法等）。但是，政府通常无法完成对农户这个庞大群体的监督检查，需要基层政府具体行为实施规制。这样，在中央政府、基层政府和农户三方之间形成了复杂的共生与博弈行为，本章将对其予以梳理并从规制的角度设计出有效的激励机制。

8.1 林业生态建设的激励性规制

从操作层面的角度讲，在当前条件下，农户追逐经济收益是其生产经营的主要目的。因此，为了促进农户在决策中顾及生态方面和社会方面，政府需要对农户的决策行为进行规制。实现政府对农户决策行为的有效规制需要正确的理论指导，而激励性规制理论在有效实现政府对农户决策方面提供了一套较为完备的理论体系。

8.1.1 激励性规制

激励性规制理论（incentive theory of regulation）产生于 20 世纪 70 年代末 80 年代初西方规制经济学的一个分支，是在内外因交织的影响下直接由“规制中的激励问题”这一主题衍生的。施蒂格勒（Stigler）和弗里德兰（Fredland）等人早在 1962 年撰文提出了规制无效率问题；德姆塞茨（Demsetz）于 1968 年将特许经营引入到规制理论中；勒布（Loeb）和马加特（Magat）（1979）、沃格尔桑（Vogelsang）和芬辛格（Finsinger）（1979）等人在 20 世纪 70 年代就提出了激励性规制方案。随着信息经济学的应用，促进了规制理论的形成与发展。巴伦（Baron）和梅耶森（Myerson）（1982）将微观经济学中的信息经济学（information economics）、非合作委托—代理理论（incorporation of principal-agent theory）以及激励机制框架设计（mechanism design theory）等研究方法引入规制理论，使规制理论有了较大的进展。尤其是 Laffont 和 Tirole（1993）将激励理论（incentive theory）和博弈论（game theory）应用于规制理论分析，促使规制经济学达到了一个新的发展高峰。由于规制者与规制者之间信息不对称，而引发或影响着规制的内容和效果。“规制中的激励问题”有两个内因；一是公共利益规制理论忽视信息不对称，设计的最优规制应用于实践时缺乏效率，从而遭到质疑，如报酬率规制等;二是主张“引入市场竞争替代规制，以根治规制无效率”的理论在实践中陷入困境。“规制中的激励问题”有两个外因：一是信息经济学、动态随机过程理论、博弈论、非对称信息理论的最新发展为分析规制问题和设计规制方案提供新的工具；二是 20 世纪 70 年代末以来的全球性声势浩大的放松规制运动并不是意味着取消规制，而是意味着更有效率、降低政府规制成本的激励性规制方案出台。正是在两个内因和两个外因的共同驱动下，激励性规制理论得以形成和发展。

随着激励性规制理论的不断发展与完善，学术界对激励性规制的涵义进行了科学界定。日本著名的规制经济学家植草益（1993）认为，所谓激励性规制（incentive regulation），就是在保持原有规制结构的条件下，通过对受规制企业进行激励，以提高其内部效率，也就是给予受规制企业以竞争压力和提高市场或经营效率的正面诱因。我们一般认为，激励性规制，是指将激励手段应用于政府规制，即“政府为了纠正市场失灵，提高经济效率，通过激发、引导的方法使市场主体（主要是企业）自愿按政府意图进行经济活动的一种规制行为”。激励性规制通过契约赋予受规制企业一定范围的价格制定权，使企业利用追求利润最大化动机和拥有的信息优势，发挥企业的主动性，实现企业内部经营成本的降低和经济效率的提高，从而获取由此带来的利润增额。激励性规制理论的核心是通过有效的激励契约缓解规制机构与被规制企业之间的信息不对称，以提高被规制企业的生产效率，获取更高的利润。

激励性规制理论与传统规制经济学相比，其重心由“为何规制”转到“如何规制”上来，并实现了两个方面的突破：一是比较充分地考虑了规制过程中的信息不对称问题，并通过委托—代理方式（即公共利益范式下的激励性规制）来解决问题；二是打开了传统规制中的“黑箱”，使规制的制定与使用更加透明，并创立了激励性规制理论。

8.1.2　激励性规制理论在林业生态建设规制中的应用

显然，农户和政府在规制方面存在严重的信息不对称，需要运用激励性规制理论促使农户决策考虑到生态和社会因素。

一方面，政府可以设计一种社会贡献和生态补偿机制。因为社会贡献和生态保护并非农户首要考虑的决策因素，且存在一定的成本，需要规制机构给予一定的成本补偿。一般情况下，规制机构要按农户实施生态工程的实际成本与努力程度给予相应数量的货币补偿。如果规制机构掌握农户实施生态工程的成本、技术和努力程度的完全信息，则规制机构就可以很容易选择一个适当的合同，既可以为农户提供充足的激励，使农户以社会最优的努力水平或成本实施生态工程；同时又使得留给企业的超额利润为零。可在现实中，规制机构对农户实施生态工程活动决策的成本存在信息不对称，对成本、技术和努力程度的了解远不如企业自身清楚。同时，由于规制机构与被规制的农户之间存在利益的不一致性，这就使得规制机构和被规制农户在目标上出现不一致。

8.2 林业生态建设主体博弈分析——基于两层次的规制机制

农户追逐利润是其经营的主要动机之一，这首先源于农户具有经济人的自然本能。在市场经济中，作为社会经济的微观基础和市场竞争主体的农户从事生产和经营活动的本质是以追求最佳利润为目标的。这也是实现其经济人的自然本能，是天经地义的。农户若失去了这种本能，市场经济也就失去了存在的基础。其次，农户与其他自然人一样具有人格，这种人格来自于追求利润的同时要履行其促进社会进步和保护资源环境的义务。在目前和相当长的一段时间里，农户将从单纯追求利润过渡到在追求利润的同时兼顾社会和资源环境，这是历史的必然。目前，农户对促进社会进步和保护资源环境的义务往往是因为社会的规制，其中有的是来自政府的压力。这样，在农户、政府和有关的其他利益相关者之间便形成了一种博弈关系。

8.2.1 理论假设

社会规制，是政府充分运用自己掌握的行政和法律等各种手段，对涉及生产、消费和交易过程中的安全、健康、卫生、环保、信息、社会保障等社会行为进行规制，以协调社会成员之间的利益，增进社会总体与个体福利，维护社会的公平与稳定。在社会主义市场经济条件下，宏观经济调控、法律法规规范、市场监管、社会管理、公共服务是政府的基本职能。社会规制涉及其中的两项，即市场监管和社会管理，如社会规制中对食品安全和卫生标准的规制体现了市场监管，又如社会规制中对环境和生态保护的规制则体现了社会管理。因而，社会规制是政府的重要职能，而社会规制政策与法规的制定涉及经济社会活动的政策与法律。在社会规制环境下，农户的决策要顾及资源环境和社会因素，是企业作为经济人而被动做出社会—经济—资源环境决策的行为。

为研究社会规制视角下企业社会—经济—资源环境系统决策，笔者做出如下假设：

假设（1）：基于社会规制的社会—经济—资源环境决策的主体是农户，监督主体是政府相关部门（林业部门、农业部门、水利部门等，简称政府部门）。

假设（2）：为实现可持续发展，政府部门认为农户必须在经济决策的同时注重决策的社会性和生态环境。

假设（3）：为有效达到可持续发展的目的，政府部门引入农户社会—经济—资源环境复合决策监控系统。

假设（4）：政府部门意识到单纯的惩罚措施不利于目标的实现，而建立激励约束机制可以有效地达到目的。

8.2.2 博弈模型

在我国，“博弈”一词最早出现在《论语》中，“饱食终日，无所用心，难矣哉，不有博弈乎？为之犹贤乎哉。”博弈原指局戏、围棋、赌博。博弈论（game theory），又称“对策论”或“游戏论”（赛局理论）等。它是指一些人、队组或其他各种组织，面对一定的环境条件，按照一定规则，同时或先后、一次或多次，从各自允许选择的行为或策略中进行选择并加以实施，各自取得对己方有利的相应结果的过程。张维迎著作《博弈论和信息经济学》一书中指出：博弈论是一种既考虑自己的选择对别人选择的影响，也考虑别人的选择对自己的影响，即存在互动的条件下，研究个人如何选择的方法。因此，博弈是一种在特定条件下策略选择的活动，博弈过程其实就是博弈者在策略与方案选择中不断优化直至最优化的全过程。这种最优化是从多方博弈中的非均衡达到纳什均衡。博弈论实质是从自利的前提出发推出多方公认道德的结论，并把功利论和正义论的思想与原则有机统一起来。

在社会规制及博弈的过程中，存在着各类信息不对称问题。农户作为博弈方，在相关决策及方案制定与选择中，往往会对自己决策行为进行严格的保密，从而造成动态博弈过程中的规制方（如政府）无法清楚或全面地了解农户的相关决策及其行为，故规制方和农户的博弈是不完美博弈，其基本特征是信息不对称。

为不失一般性，假设在规制活动中，博弈方 1 是农户，而博弈方 2 是规制方政府部门。博弈方 1 的策略包括选择保护林业生态（如不过度砍伐、积极进行森林培育等）（L）或不保护林业生态（过度砍伐、消极进行森林培育等）（M），而在两节点处博弈方 2 的策略包括对博弈方 1 进行检查（C）或不进行检查（D），且其概率分别是 p 和（$1-p$）。对博弈方 1，达标保护林业生态的收益是 $-w$，而不达标并被抽查到的收益为 $-f$（为行政罚款），不达标而没被抽查到的收益为 w。对于博弈方 2，由于其行为为政府行为，本研究假设其收益为 q_1，q_2，q_3，q_4（由于本研究主要考察农户的决策，故不详加区分 q_1，q_2，q_3，q_4）。这样，他们之间的博弈模型如图 8-1。

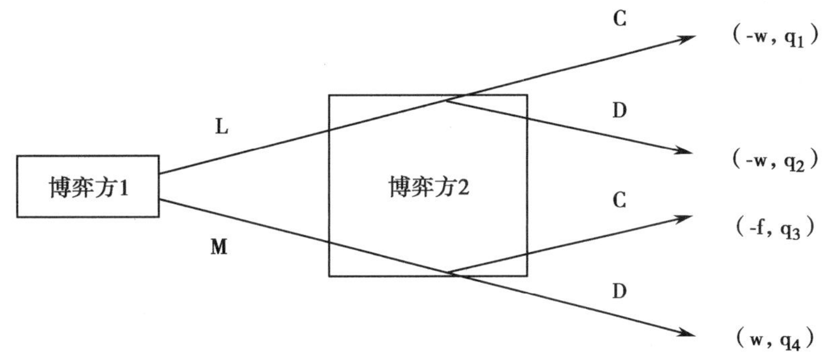

图 8-1　社会规制中的博弈模型

博弈方 1 选择达到保护林业生态标准 L 的期望收益 $-w\cdot p+(-w)\cdot(1-p)=-w$。博弈方 1 选择不达到的期望收益是 $-f\cdot p+w\cdot(1-p)$。

显然，若 $-f\cdot p+w\cdot(1-p)>-w$，则博弈方 1 将选择不达到保护林业生态标准。所以，规制方的作用便是确保 $-f\cdot p+w\cdot(1-p)\leqslant -w$ 总是成立的，从而达到博弈的目的，即保护林业生态。在这一过程中，还存在农户之间的博弈以及政府部门之间的博弈等。

从上述博弈模型可以看出，由于信息不对称，农户和政府部门的博弈存在道德风险和公共产品的无谓浪费，需要在两者之间建立一种面向长期的信誉机制，并附以相应的激励约束机制。博弈双方要通过博弈行为建立信誉机制以达到双赢的目的，但要达到这一目的必须具备以下几个条件：

第一，就博弈自身而言，博弈必须是重复的，或者说，博弈双方关系必须有概率足够高的回报，博弈活动持续下去。如果博弈只进行一次，当事人在未来没有赌注，也就不值得放弃当前收益，信誉也就不会出现。这就是一次性检查解决不了问题的根源。而在长期而重复博弈中，人们就会认识到必须采取基于长期回报的博弈原则与合作方针，才能实现自己的长远利益。

第二，就市场环境的条件而言，长期持续博弈得以产生的纳什均衡是以市场必须完全竞争为前提条件的。也就是说，必须保证寻租不会出现。

第三，就博弈的主体而言，博弈双方既要有足够的信心与耐心，又要有足够的积极性和可能性，来应对交易对手，以便对其欺骗行为进行惩罚。这里的耐心指博弈者对下一次收益所抱的信心，一个人越有耐心，就越有积极性建立信誉，农户在博弈中同样如此。

8.3　林业生态建设主体博弈分析——基于三层次的规制机制

8.3.1　委托—代理理论与寻租行为

“委托人”和“代理人”这两个概念都属于法律术语。在法律上，当 A 授权 B 代表 A 从事某种活动时，法律意义上的委托—代理关系就发生了。其中，A 称为委托人，B 则称为代理人。经济学上的委托—代理关系泛指一种涉及非对称信息的交易活动的双方，在交易中具有相对信息优势的一方称为代理人，而处于劣势的另一方则称为委托人。简单地说，知情者是代理人，不知情者则是委托人。这样对代理人和委托人进行定义所隐含的假定是知情人的私人信息（如行动方案以及时间、地点、技术知识等）对不知情者的利益产生影响，或者说不知情者在特定情况下不得不为知情者的行为承担某种意义上的风险。在农户实施生态工程的过程中，中央政府部门往往不具备直接规制农户进行生态工程决策所需要的技术和时间精力，相关部门往往委托第三方组织对企业生态工程进行规制，因此在农户博弈过程中就形成了经济学意义上的委托代理关系。

委托—代理理论试图对委托代理过程中的问题进行模型化，如委托人期望代理人按照委托人自己的价值与利益取向选择某种行动，但却不能直接观测到代理人的心理以及将选择了什么样的行动，能观测到的只是另外一些变量。这些变量由代理人行动和其他外生的随机因素共同决定，是代理人行动的不完全信息。委托人要解决的问题是如何根据观测到的信息奖励或惩罚代理人，以激励其选择符合委托人意图，并对委托人最有利的行动。张维迎教授在其著作《博弈论和信息经济学》中将各种委托—代理模型的基本特征进行描述，见表 8-1。

表 8-1　委托—代理模型

序号	模型名称	模型内容
1	隐藏行动的道德风险模型	签约时信息为完全信息；签约后代理人选择行动；代理人的行动和自然状态一起决定某些可观测到代理人行动本身和自然状态本身。委托人要解决的问题是设计激励合同以诱使代理人从自身利益出发选择对委托人最有利的行动。

续表

序号	模型名称	模型内容
2	隐藏信息的道德风险模型	签约时信息对称，签约后“自然”选择“状态”；代理人观测到自然选择，然后选择行动；委托人观测到代理人的行动，但不能观测到代理人自然的选择。委托人要解决的问题是设计激励合约或构建某种激励机制以诱使代理人在假定的自然状态下选择对委托人最有利的行动
3	逆向选择模型	自然选择代理人的类型；代理人知道自己的类型，而委托人并不知情，即信息不完全对称；委托人和代理人在信息不完全对称的前提下签订委托代理合同
4	信号传递模型	自然选择代理人的类型；信息不完全；代理人为了显示自己的类型，往往选择某种信号并试图传递给委托人，委托人在观测到这一信号之后与代理人签订合同
5	信息甄别模型	自然选择代理人的类型；信息不完全；委托人提供多个合同以供代理人进行选择，代理人根据自己的类型及期望选择最适合自己的合同，并根据合同选择相应的行动

美国经济学家克鲁格将寻租定义为“人们凭借政府的保护而进行的寻求财富转移的活动”,它包括“旨在通过引入政府干预或者终止它的干预而获利的活动”。租,是指利润、利益、好处；寻租，即对经济利益的追求。对于经济利益的追求可以分两类：一类是通过生产性活动增进自己的福利；另一类是通过一些非生产性的行为对利益的寻求，即寻租，例如政府部门通过设置一些收费项目为本部门谋求好处，而企业通过贿赂官员为本企业获取项目立项、特许权或其他稀缺的经济资源等。寻租的出现主要是由于人的有限理性和信息的不对称，总有一部分人及组织处于“公共领域”。政府对经济行为的干预或介入往往形成公共领域；而政府管制经济活动带来了租金，促使人们争夺租金。寻租行为往往使政府的决策或运作受利益集团或个人的摆布，成为腐败和社会不公之源。

8.3.2　基本假设

正如前文所述，中央政府往往不具备直接规制农户决策所需要的技术和时间精力。为此，中央政府部门可以委托基层政府对农户实施规制，而在现实中这种模式也已经在一些地区实施。

为建立理论模型的需要，笔者做出如下假设：

假设（1）：行为主体是农户，规制的主体是中央政府，而规制者是中央政府委托的诸如林业站等基层政府组织。

假设（2）：基于理性人假设，农户没有主动实施生态和社会贡献行为的主观动机；而中央政府没有充足的技术和时间精力完成数量庞大的检查和规制工作。因此，政府委托基层政府实施规制行为。

8.3.3　基本博弈关系分析

在基本假设的基础上，中央政府、基层政府和农户形成了三者之间的博弈关系，其博弈关系结构如图 8-2 所示。

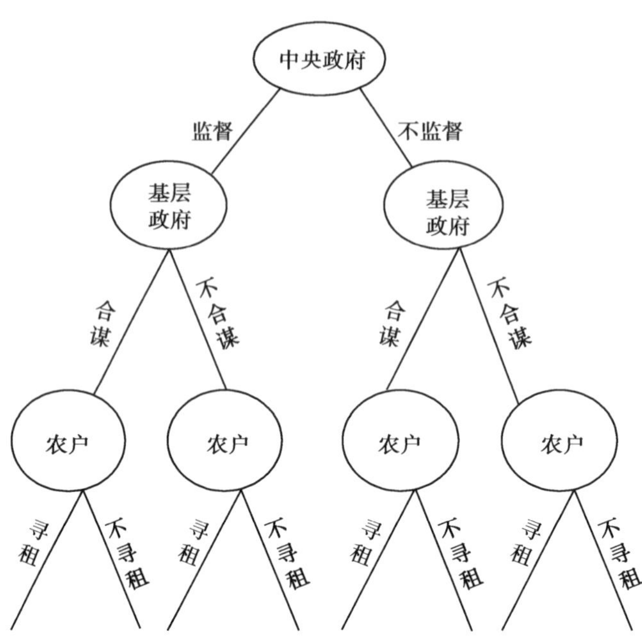

图 8-2　基本博弈关系结构图

（1）农户的策略选择。出于理性人考虑，农户会在寻租和不寻租之间进行选择，即农户的策略空间为［寻租，不寻租］。如果农户选择不寻租而选择按既定的文件实施生态和社会决策，农户则没有寻租的收益，自然也不存在寻租成本。如果农户选择向规制者寻租，则会面临两种结局，即规制者接受寻租，并按其意愿行事，或者规制者拒绝农户的寻租，甚至为此惩罚农户。显然，在博弈的整个过程中，农户是否将寻租动机转化为实际的寻租行动，取决于其寻租收益和寻租成本之间的比较。如果农户在寻租中的获益大于其寻租成本，农户将按照理性人要求进行寻租。如果农户在寻租中的获益小于其寻租成本，农户按照理性人要求不进行寻租。

（2）规制者（基层政府）的策略选择。规制者可以选择与农户合谋欺骗中央政府从而在生态和社会规制上给农户更多方便，它也可以选择不与农户合谋并如实向政府汇报。显然，作为理性人的规制者是否与农户合谋取决于中央政府的检查力度。如果中央政府不进行监督查处，他可以与农户合谋也可以拒绝与农户合谋。如果中央政府进行监督查处，规制者与农户合谋虽然得到企业的“报酬”、佣金的好处，但可能被中央政府发现而遭受严厉的惩罚。当然，此时若不与农户合谋则没有佣金收入且同时也不会得到惩罚。综上所述，规制者的策略选择结果为［合谋，不合谋］。与农户类似，规制者的行为仍然取决于成本和收益的大小。

此时，规制者的收益主要是“报酬”和佣金。规制者的成本主要是被寻租收买而与之合谋的心理成本、掩饰成本以及一旦被发现后被惩罚的损失等。

（3）中央政府的策略选择。中央政府在接受并实施三层次规制机制时，需要在政策执行过程中进行监督和不进行监督之间做出选择，即政府的策略选择结果为［监督，不监督］。在监督的情况下，中央政府直接抽取一定的样本去检查政策的执行情况，得到一定的真实信息。同时，中央政府也可以不去监督，直接听取规制者的书面或口头汇报。

如果中央政府选择监督并发现规制者与农户合谋，则对其进行惩罚。当然，如果中央政府选择不监督，中央政府可能因规制者与农户之间的合谋而得到错误信息，并最终导致公共利益的损害。

（4）策略选择的比较。在三层次规制机制中存在着复杂的博弈关系结构，影响着政府、规制者和农户的决策。按照本节给出的政府、规制者和农户基本博弈关系，本研究得到 6 种博弈结果，从农户、规制者到政府的顺序依次是：①寻租，合谋，监督；②寻租，不合谋，监督；③寻租，合谋，不监督；④寻租，不合谋，不监督；⑤不寻租，不合谋，不监督；⑥不寻租，不合谋，监督。本研究对这 6 种结果进行比较可得出如下结论：（i）若农户、规制者、政府三方均选择方案⑤［不寻租，不合谋，不监督］，则社会福利最大，但与经济理性人的假设相悖，只有在一定的社会发展阶段才可能出现；（ii）若农户、规制者、政府三方均选择方案①［寻租，合谋，监督］，则社会损失最大，农户、规制者和政府均需为此付出成本，这必然浪费社会资源及大量人力物力；（iii）若农户、规制者、政府三方均选择方案⑥［不寻租，不合谋，监督］，则是现实的最优设计，在这种策略组合中，由于政府监督的存在，规制者担心其被惩罚而在合谋中得不偿失，故选择不合谋。由于农户在谋求寻租的过程中觉察到规制者的不合谋而选择不寻租。这样，相应的政策效果便实现了。

8.3.4　博弈模型构建

由 8.3.3 分析可知，策略选择⑤［不寻租，不合谋，不监督］的理想情况往往很难实现。现实的情况是，由于经济理性和信息不对称的存在，农户很难不进行寻租。由于自身利益的存在，规制者很难不进行不合谋。由于技术和时间精力的劣势，政府很难监督到位。为此，需要分别分析农户、规制者和中央政府的行为，从而在机制设计上达到遏制农户寻租行为的目的。

8.3.4.1　农户寻租博弈分析

如果农户选择向规制者进行寻租，则其博弈基本关系如图 8-3 所示。

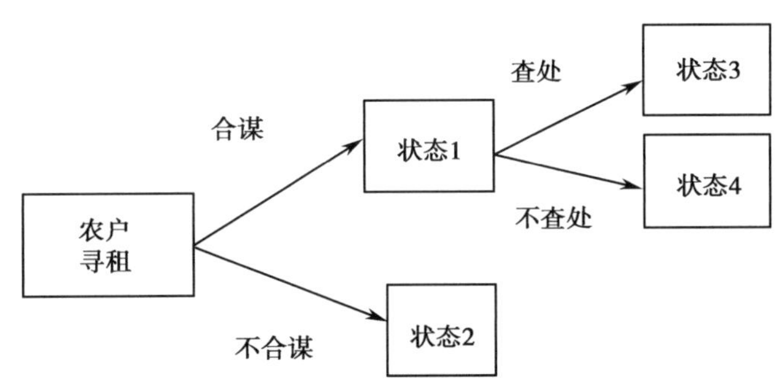

图 8-3　选择寻租的博弈基本关系

为此，本研究提出如下假设；

假设（1）：若寻租成功，农户获得生态和社会决策上的不作为，则农户取得额外收益为 R；

假设（2）：C 为农户支付给规制者的“报酬”或佣金，包括物质和情感投资，为农户的寻租成本；

假设（3）：规制者接受寻租的概率为 p，不接受寻租的概率为（$1-p$）；

假设（4）：如果寻租行为暴露，则农户不仅仅无法收回已支付给规制者的“报酬”或佣金，还要接受相应的惩罚［本研究假设惩罚的货币形式为 aR（$a>1$），其中 a 为乘法系数］；

假设（5）：寻租被中央政府查处的概率为 ρ，未被中央政府查处的概率为（$1-\rho$）。

在以上 5 个假设的基础上，农户寻租的期望收益为：

$$\pi_1=(R-C)p\rho-(aR+C)p(1-\rho) \tag{8-1}$$

显然，防止农户寻租的条件是确保 $\pi_1\leqslant 0$，即

$$(R-C)p\rho-(aR+C)p(1-\rho)\leqslant 0 \tag{8-2}$$

解得：

$$R\leqslant\frac{Cp}{R\rho-ap-ap\rho},\rho\geqslant\frac{aRp+Cp}{(R-C)p+aRp+Cp} \tag{8-3}$$

即要确保农户寻租的额外收益 $R\leqslant\frac{Cp}{R\rho-ap-ap\rho}$，并确保政府的查处概率 $\rho\geqslant\frac{aRp+Cp}{(R-C)p+aRp+Cp}$。

8.3.4.2 规制者的合谋博弈分析

在（1）的基础上进行分析。在接受农户寻租后，规制者将面临被监督查处或未被监督查处两种状态（图 8-4）。

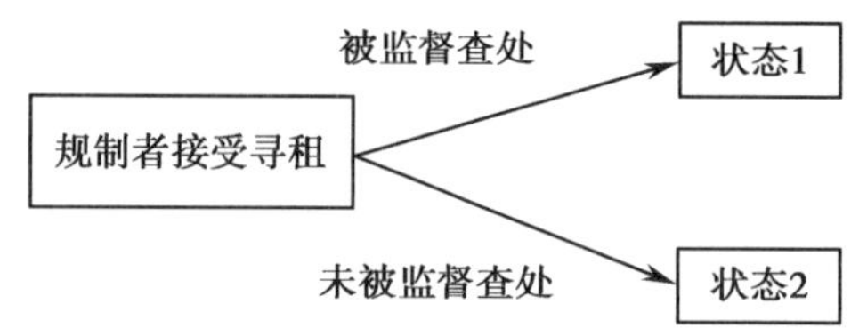

图 8-4 规制者的合谋博弈

为此，本研究做出如下假设：

假设（1）：规制者按照与中央政府的契约可得到合法收入为 W；

假设（2）：合谋被发现查处的概率远大于农户寻租被查处的概率（因为政府监督的是多家农户，只要存在一家寻租，合谋则被发现），假设为 $b\rho$（$b>1$，$0<\rho<1$）；

假设（3）：C 为规制者接受的寻租收益，也就是农户的寻租成本支出；

假设（4）：如果被查处，被查处的规制者将面临惩罚：被停拨生态补偿金 dC（$d\geqslant 1$），其中 d 为停拨系数，原则上 $d\geqslant 1$；

假设（5）：如果被查处，规制者从事其他行为的收益为 W'（$W'<W$）。

在以上假设下，规制者得到的期望收益为：

$$\pi_2=(W+C)(1-b\rho)+(W'-dC)b\rho \tag{8-4}$$

则此时防止合谋的条件为：

（i）合法应得收入 W 固定，则

$$\rho \geqslant \frac{C}{bW+bC+W'B-dbC} \tag{8-5}$$

即在合法所得收入 W 固定时，应使监督查处的概率满足

$$\rho \geqslant \frac{C}{bW+bC+W'B-dbC} \tag{8-6}$$

（ii）被监督查处的概率 ρ 固定，则

$$W \geqslant \frac{C-bC\rho+W'b\rho-dbC\rho}{b\rho} \tag{8-7}$$

即在被监督查处的概率 ρ 固定时，应使规制者的合法收益满足

$$W \geqslant \frac{C-bC\rho+W'b\rho-dbC\rho}{b\rho} \tag{8-8}$$

8.3.4.3　中央政府最优查处力度分析

假设中央政府对农户决策的监督检查成本为 $S(\rho)$，为监督查处概率 ρ 的函数，且满足 $S'(\rho)>0$，$S'(0)=0$。

中央政府对农户决策的监督出于社会福利的最大化。农户、规制者的额外收入都是社会福利的净损失。

在此视角下，中央政府的期望收益为：

$$\pi_3=(aR+C)p(1-\rho)-(R-C)p\rho-(W+C)(1-b\rho)-(W'-dC)b\rho-S(\rho) \tag{8-9}$$

显然，中央政府的决策需要确保其收益（也就是社会福利）最大化。同时，作为农户、规制者和政府这一博弈链条的终端，中央政府需要选择其最优监督查处力度。一方面，在一定的监督力度下防止农户寻租和规制者合谋；另一方面，政府要控制其成本 $S(\rho)$。同时，政府监督力度还应满足防止农户寻租的条件，即：

$$\rho \geqslant \frac{aRp+Cp}{(R-C)p+aRp+Cp} \tag{8-10}$$

此外，政府监督力度还应满足防止规制者合谋的条件，即：

$$\rho \geqslant \frac{C}{bW+bC+W'B-dbC} \tag{8-11}$$

基于以上考虑，中央政府的最优监督力度为：

$$\max.\pi_3=(aR+C)p(1-\rho)-(R-C)p\rho-(W+C)(1-b\rho)-(W'-dC)b\rho-S(\rho) \tag{8-12}$$

$$st.\rho \geqslant \frac{aRp+Cp}{(R-C)p+aRp+Cp}$$

$$\rho \geqslant \frac{C}{bW+bC+W'B-dbC}$$

8.4 企业主体实施林业生态建设激励机制的构建

在分析完农户林业生态建设博弈的基础上，本研究对企业主体的博弈行为也进行分析，进而设计相应的激励机制。不失一般性，本研究在两层次规制机制下设计企业决策的激励机制，对于三层次规制机制下的企业决策激励机制，可在同样的思路和方法下进行。假设某生态工程决策需要考虑诸多利益相关者的利益，以确保其经济效益、生态效益和社会效益。为此，政府成立生态工程监督委员会，以切实履行经济效益、生态效益和社会效益的实施。为此，本研究提出如下假设：

假设（1）：生态工程监督委员会以设计激励约束机制的形式确保生态工程实施单位（企业主体）的经营管理人员切实履行经济效益、生态效益和社会效益兼顾原则；

假设（2）：企业在生态工程监督委员会中占一定的席位，以确保企业生态工程的经济效益，并保证执行生态工程监督委员会的决策；

假设（3）：实施生态工程的企业主要经营管理人员的薪酬采用分享制，即实施生态工程企业的主要经营管理人员收入所得在固定工资基础上又增加了对收入剩余部分的分享的分配制度（分享制下，主要经营管理人员的收入与经济、生态产出挂钩，具体的分配方式可实行奖金式、利润分成式、股票期权式、经理人持股式等）；

假设（4）：生态工程监督委员会对生态工程导入复合生态评价系统。

在以上假设条件下，假设企业的主要经营管理者的工作努力分为报酬激励性努力 a 和非报酬激励性努力 b，两者是相互独立的。企业的产出是 Y，生产函数（柯布—道格拉斯生产函数形式）为：

$$Y=f(a,b)+\varepsilon=a^{\alpha}b^{1-\alpha}+\varepsilon \tag{8-13}$$

现在导入生态工程监督委员会对该企业实施生态工程的评价系统。生态工程监督委员会为该系统建设的投资为 R（用于监督人员的工资、监督设备的购置费用、监督评价软件费用和评价专家费用，此处假定用于该系统的最大可能投资为 R_m）。生态工程监督委员会决定：当该企业生态工程生态综合评价值 r（$0<r<1$）大于 0.5 时，对该企业主要经营管理者实施奖励；而该企业生态工程生态综合评价值 r（$0<r<1$）小于等于 0.5 时，对该企业主要经营管理者实施惩罚。设生态工程监督委员会对该企业实施生态工程的综合生态评价效率为 ρ（$0<\rho<1$）。

薪酬制度采用分享制。在分享制下，该企业的主要经营管理者的收入所得是在原有固定工资 W 上又增加了上述各种分享的剩余部分，假定分享比例系数为 β（$0<\beta<1$）。

这样本研究可以得出生态工程主要经营管理者的所得为：

$$Y_1=W+\beta(a^{\alpha}b^{1-\alpha}-R-W)(1+\rho r)\ (0.5<r<1) \tag{8-14}$$

或

$$Y_1'=W+\beta(a^{\alpha}b^{1-\alpha}-R-W)[1-\rho(1-r)]\ (0<r<0.5) \tag{8-15}$$

本研究对式中 Y_1 关于复合生态评价值 r 求导有：

$$\frac{\mathrm{d}(Y_1)}{\mathrm{d}(r)}=\beta\rho(a^{\alpha}b^{1-\alpha}-R-W) \tag{8-16}$$

本研究对式中 Y_1' 关于复合生态评价值 r 求导有：

$$\frac{d(Y_1')}{d(r)}=\beta\rho(a^{\alpha}b^{1-\alpha}-R-W) \tag{8-17}$$

只要 $a^{\alpha}b^{1-\alpha}-W>R$，式（8–16）和式（8–17）的值均为正值，即生态工程的主要经营者的所得与复合生态评价值正相关。

同时，运用经济数学方法，还可以得到以下结果：

当企业的生态评价值 $r>0.5$ 时，则有：

$$\frac{d(Y_1)}{d(W)}=1-\beta(1+\rho r)>0 \tag{8-18}$$

$$\frac{d(Y_1)}{d(R)}=\beta(1+\rho r)<0 \tag{8-19}$$

$$\frac{d(Y_1)}{d(\beta)}=(a^{\alpha}b^{1-\alpha}-R-W)(1+\rho r)>0 \tag{8-20}$$

$$\frac{d(Y_1)}{d(\rho)}=\beta(a^{\alpha}b^{1-\alpha}-R-W)r>0 \tag{8-21}$$

显然，此时企业经营管理者的收益与经营管理者固定工资 W、政府检查效率 ρ 以及经营管理者的分享比例 β 成正比，而与政府检查投入 R 成反比。

当该企业实施生态工程的综合生态评价值 $r<0.5$ 时，则有：

$$\frac{d(Y_1')}{d(W)}=1-\beta[1-\rho(1-r)]>0 \tag{8-22}$$

$$\frac{d(Y_1')}{d(R)}=-\beta[1-\rho(1-r)]<0 \tag{8-23}$$

$$\frac{d(Y_1')}{d(\beta)}=(a^{\alpha}b^{1-\alpha}-R-W)[1-\rho(1-r)]>0 \tag{8-24}$$

$$\frac{d(Y_1')}{d(\rho)}=-\beta(1-r)(a^{\alpha}b^{1-\alpha}-R-W)<0 \tag{8-25}$$

显然，此时企业经营管理者的收益与经营管理者固定工资 W 以及经营管理者的分享比例 β 成正比，而与政府检查投入 R 以及政府检查效率 ρ 成反比。

所以，在本研究给出的模型和假设下，实施生态工程的企业的主要经营管理者在生态工程监督委员会的监督下，出于自身利益最大化的考虑，具有确保工程经济效益、生态效益和社会效益的主观积极性。

8.5　本章小结

在理性人和信息不对称假设的条件下，林业生态建设主体（农户或企业）没有实施生态和社会决策的主观动机。为此，需要政府予以规制。本章首先给出了理论分析基础——激励性规制理论。其次，基于两层次规制机制（政府和农户）、三层次规制机制（中央政府、基层政府和农户）分析了规制主体之间的博弈，并建立了相应的规制模型，得出能够有效实施激励规制所需要满足的农户、规制者和中央政府的条件及状态。最后，基于激励性规制理论，建立了企业经营管理者实施林业生态建设决策的激励机制模型，并就激励与企业经营管理者的收益、经营管理者固定工资 W、经营管理者的分享比例 β、政府检查投入 R 以及政府检查效率 ρ 之间的关系进行了探讨和经济数学推导。

规制主体之间存在复杂的博弈关系而各主体又都存在一定的利益要求，因此，可以通过规制建立有效的激励机制，使政府更好地代表公众利益，规制者更好地为政府服务，而农户（企业）能在决策中切实考虑生态和社会问题。

第 9 章

西部林业生态建设政策效果的分析与评价

随着西部大开发的不断深入和生态建设的日益迫切，林业生态建设将在未来深入实施的西部大开发进程中持续发挥基础性的关键作用。系统评价西部地区各项林业生态建设政策的综合绩效，研究进一步提升林业生态建设政策的实施效果，并进一步调整、重构和完善西部林业生态建设政策制度体系，是西部发展的客观需要，也是国家战略实施的现实需要。

针对目前研究多数系针对单项林业生态建设政策进行评价分析，而缺乏较为系统和深入的针对西部林业生态建设政策体系进行的综合性研究，无法完成全面认识现有西部林业生态建设政策体系的研究命题的现状。本章使用多输出最小二乘支持向量机方法，基于社会经济、林业资源和生态环境三个维度，对比西北和西南两个地区对西部林业生态建设政策的实施效果做了综合评价。

9.1 指标选取及数据描述

西部地区是我国生物多样性资源最丰富的地区，也是生态环境最脆弱的地区，是经济欠发达的落后地区，是国际广泛关注的热点地区。我国西部地区地域辽阔，涵盖了 12 个省（自治区、直辖市）——内蒙古、广西、重庆、四川、贵州、云南、西藏、陕西、甘肃、青海、宁夏和新疆，总面积达到 685 万平方公里，占我国国土面积的 71.4%，是国家生态安全的重要屏障。然而，西部地区的生态环境相对于中东部地区更为脆弱，水土流失、荒漠化和石漠化问题突出，森林资源占比与其自身的国土资源极为不协调，成为影响西部地区乃至国家经济社会持续发展的掣肘。西部地区生态环境状况关系到我国全体居民的生存质量和整个社会的发展空间，加强生态建设在西部大开发中具有重要的战略意义。因此，从国家全局发展的角度，将西部地区生态环境建设放在更加突出位置，正确处理好西部地区生态环境建设与全国的层次协调关系，对于提高西部地区乃至全国生态环境的支撑能力具有重要意义。而林业在生态建设中具有鲜明的主体作用，林业生态建设也是西部大开发中最根本、最基础、最长期的基本建设。为此，实施西部大开发战略以来，国家多部门出台和实施了一系列的林业生态建设政策，取得了一定的成效。尤其是实施退耕还林、天然林资源保护、三北防护林建设等林业政策以来，西部地区的社会经济、自然资源和生态环境都得到了一定的改善。

9.1.1 指标选取

按照中国西部大开发“十二五”规划，将西部地区按照生态类型划分为5个区域，即：西北草原荒漠化防治区、黄土高原水土保持区、青藏高原江河水源涵养区、西南石漠化防治区和重要森林生态功能区。各大区域的具体介绍详见本报告第4章。本章根据各省市所处的地理位置，将西部地区划分为西北和西南两个地区，其中西北地区包括内蒙古、陕西、甘肃、青海、宁夏和新疆6个省份，西南地区涵盖广西、重庆、四川、贵州、云南、西藏6个省份。西北地区和西南地区在地形和气候等方面差别较大，生态环境也存在巨大差异。西北地区，特别是黄土高原水土保持区，是中国水土流失最严重的区域，土壤次生盐碱化和土壤沙化也较严重。在西部大开发“十二五”规划中，实施退耕还林还草、水土流失综合治理、天然林资源保护、三北防护林体系建设、自然保护区建设等工程。西南石漠化防治区是我国土地石漠化最严重区域。在建设中实施石漠化综合治理、封山育林、人工造林种草、退耕还林还草、天然林资源保护、防护林体系建设、自然保护区建设等工程。与西南地区相比，我国西北地区土地荒漠程度更高、气候更加干旱、植被和生物品种更少，生态环境建设的起点更低，任务也更加紧迫艰巨。

西部林业生态建设自实施以来，对于深入推进西部大开发、改善环境、增加投资、扩大消费、促进西部地区经济的持续发展和社会的全面进步起到了重要作用，并对林业及相关产业的可持续发展产生了巨大影响。本章从社会经济、自然资源、生态环境三个维度，综合评价我国西北和西南地区林业生态建设的政策实施效果。

在选取上述三个维度的具体二级指标时，力求较全面、真实、完整地反映出西部林业生态建设政策状况，本着科学性、完整性、层次性、代表性、有效性和可操作性原则，建立了评价指标体系，见表9-1。需要说明的是，生态环境维度从极端天气、自然灾害、水资源的改善等方面划分指标，这些指标数据基本上来源于《环境统计年鉴》，而国家对环境统计数据的发布最早起始于2005年，不能满足本章建模的时间序列数据为1999—2014年的要求，因此对生态环境维度的分析使用两个代替指标，即自然灾害经济

表9-1 西部林业生态建设政策效果评价指标体系

维度	指标名称	单位
社会经济	农村居民人均纯收入	千元
	第一产业增加值	百亿元
	当年新修公路里程	千公里
	林业总产值逐年增加额	亿元
林业资源	当年造林面积	十万公顷
	森林蓄积量	亿立方米
	自然保护区面积	百万公顷
生态环境	自然灾害经济损失额	十亿元
	水土流失治理面积增加量	千公顷

损失额和水土流失治理面积。我们为最大程度地提高 9.3 节中回归模型的估计精度，各指标的单位不同于数据来源的统计年鉴，而做了相应的改动，详见表 9-1。

上述三个维度社会经济、林业资源、生态环境的具体指标作为被解释变量，用来分析西部林业生态建设的政策效果。自变量则将资金投入和能力建设两个层面的政策投入作为主要因素，用来解释影响西部林业生态的建设政策效果，具体指标见表 9-2，各指标单位的选取同表 9-1。

表 9-2　西部林业生态建设的政策性投入指标体系

层面	指标名称	单位	层面	指标名称	单位
资金投入	林业重点工程建设投资额	亿元	能力建设	林业站数量	百个
	当年林业资金总投入	亿元		当年林业培训人员数量	千人

9.1.2　数据描述

自 2000 年以来，中国实施西部大开发战略并把生态建设作为根本和切入点，由此而制定、实施的一系列重大策略，为西部生态建设提供了有力的政策支持。特别是党的十一届三中全会以来，我国政府先后启动了三北、长江中上游、黄河中游、沿海等防护林体系建设、防沙治沙工程和太行山、平原绿化工程。这些建设减缓了生态环境恶化的速度，促进了农牧业的发展和土地资源的合理利用，改善了当地居民的生活状况。本章截取 1999—2014 年共 16 年间 13 个指标的时间序列数据，其中包含林业生态建设政策投入的两个层面（资金投入、能力建设）的 4 个指标，以及评价林业生态建设政策实施效果的三个维度（社会经济、林业资源、生态环境）的 9 个指标。

9.1.2.1　西部林业生态建设政策投入

自我国西部林业生态建设实施以来，西北地区和西南地区的林业生态建设投入整体呈递增趋势。在重点工程建设投资方面，西北地区和西南地区差别不大，投资额大致平稳增长，两个地区均在 2002 年增长幅度较大，2009 年达到峰值，具体变化趋势如图 9-1。

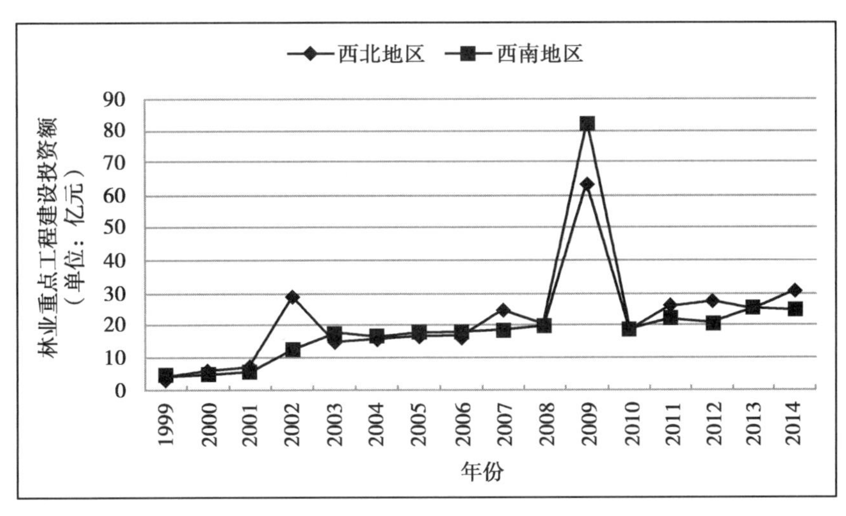

图 9-1　1999—2014 年林业重点工程建设投资额

对各省而言，林业重点工程建设投资额的增长较为平稳。1999—2014 年间，除西藏外，西部其他各省份重点工程投资额的增长倍数大多集中在 7~16 倍之间（表 9-3）。

表 9-3　1999—2014 年西部各省份林业重点工程建设投资额增长倍数

省份	增长倍数	省份	增长倍数	省份	增长倍数
内蒙古	8.18	宁夏	11.11	四川	3.60
陕西	13.23	新疆	7.64	贵州	15.81
甘肃	20.81	广西	3.36	云南	7.43
青海	7.30	重庆	10.48	西藏	1017.33

在当年林业资金总投入方面，1999—2006 年间西北地区和西南地区几乎没有差别，但从 2007 年后西南地区的林业资金总投入的增速远超过西北地区，具体变化趋势如图 9-2。

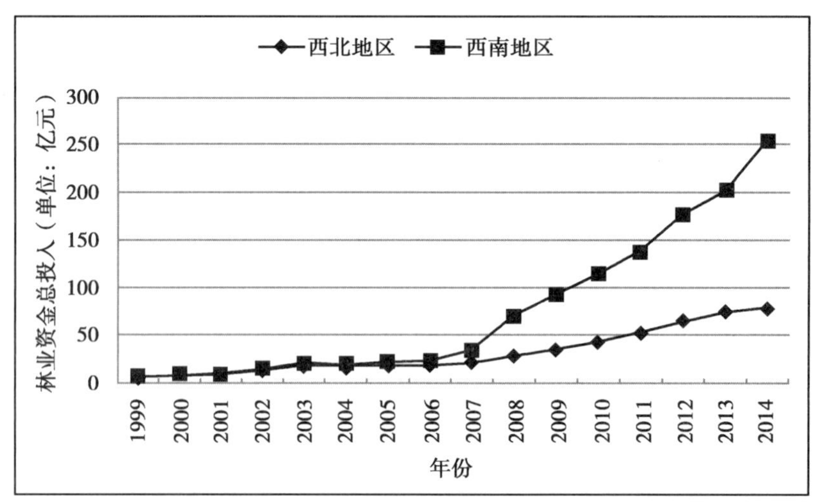

图 9-2　1999—2014 年西北和西南地区的林业资金总投入

每年林业资金总投入量在各省的增长势头迅猛，特别是广西在 2008 年之后的增幅尤为突出。2014 年广西林业固定资产投资额达 1086.1 亿元，是 1999 年 5.44 亿元的 199.6 倍；西藏 2014 年林业固定资产投资额达 18.8 亿元，是 1999 年 0.15 亿元的 123.2 倍；甘肃 2014 年林业固定资产投资额达 83.7 亿元，是 1999 年 2.3 亿元的 36.2 倍。此外，陕西、重庆、宁夏、青海、贵州、新疆、内蒙古各省份林业固定资产投资额也迅速增长。

在 1999—2014 年间，西北地区和西南地区林业站的平均数量变化趋势大致相同。但总的来说，西南地区林业站的平均数量均高于西北地区，两者在 2009 年同时达到最低点，随后又趋于稳定（图 9-3）。

1999—2014 年以来在西部地区 12 个省份中，云南省林业系统参与培训的人员数量最多，其次是四川省，林业培训人员数量参与最少的是西藏和青海。16 年来西部地区各省份林业系统参与培训的人员总量如图 9-4。

9.1.2.2　西部林业生态建设政策实施效果

综合评价西部林业生态建设政策实施效果的维度有三个：社会经济、林业资源和生

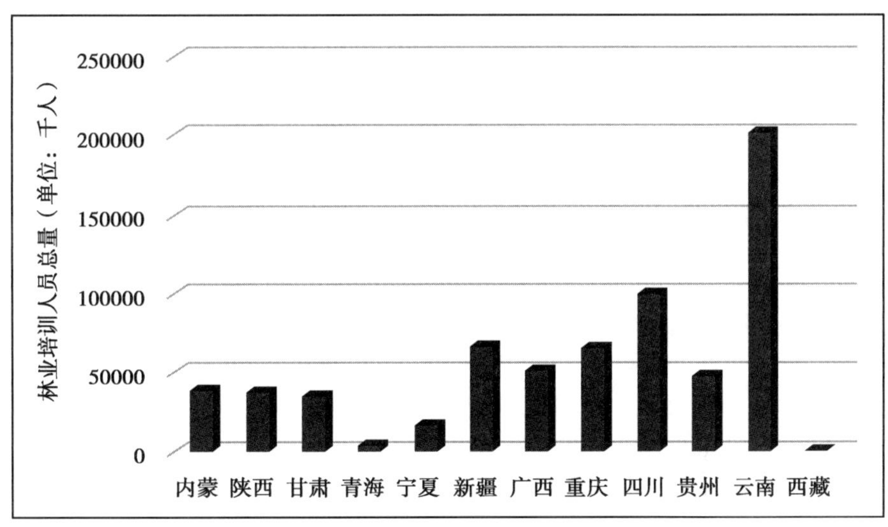

图 9-3　1999—2014 年西部地区的林业培训人员总量

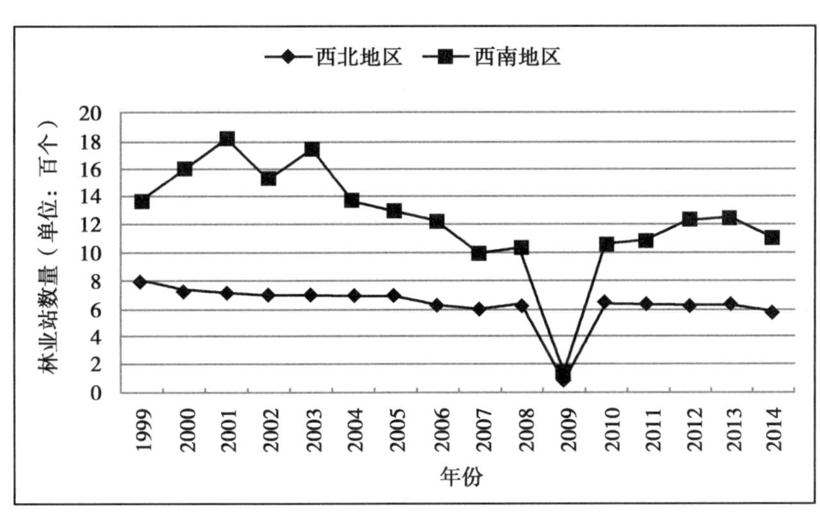

图 9-4　1999—2014 年西北和西南地区的林业站数量

态环境，三个维度又划分为 9 个指标。下面从三个维度分别对西部地区 12 个省份的各项指标在 1999—2014 年之间的均值做对比分析。

9.1.2.2.1　社会经济维度

表 9-4　1999—2014 年西部各省份在社会经济层面的对比

地区	省份	农民人均纯收入（千元）	第一产业增加值（百亿元）	当年新修公路里程（千公里）	林业总产值增加额（亿元）
西北地区	内蒙古	4.45**	8.29	71.08	4.97
	陕西	3.27	7.24	78.09	3.40
	甘肃	2.80*	4.47	63.89	1.05

续表

地区	省份	农民人均纯收入（千元）	第一产业增加值（百亿元）	当年新修公路里程（千公里）	林业总产值增加额（亿元）
西北地区	青海	3.18	1.00	34.23	0.35
	宁夏	3.71	1.12	13.62*	0.56
	新疆	3.71	7.29	89.19	2.62
西南地区	广西	3.80	12.79	39.89	16.59**
	重庆	4.20	5.65	62.61	2.40
	四川	4.12	19.91**	142.56**	9.38
	贵州	2.84	5.37	90.92	5.26
	云南	3.17	9.55	95.90	16.33
	西藏	3.24	0.57*	33.13	0.11*

注：表格中带 * 为本列数据最小值，带 ** 为本列数据最大值。

由表 9-4 发现：1999—2014 年各省份的农村居民人均纯收入的差别很小，介于 2800~4450 元之间；西藏在 16 年间的第一产业增加均值仅为 57 亿元，远低于所有西部地区的平均值；1999—2014 年四川的公路总里程增加值最多，为 142.56 千公里；在林业总产值方面，西藏 16 年间的平均增加额为 0.11 亿元，仍为最小，其次是青海和宁夏，最大增加额的省份是广西。

从西北和西南两个地域来看，在 1999—2014 年间两个地区农村居民人均纯收入的均值无论是数量还是递增趋势都如此一致，如图 9-5。西南地区的第一产业增加值在 1999—2014 年间普遍高于西北地区，但在这 16 年间都呈缓慢增长的态势，如图 9-6。当年新修公路里程在西北和西南地区两个也大致相同，公路里程数都在 2006 年有一个大幅度的提升，如图 9-7。西北地区和西南地区的林业总产值增加额在 16 年间波动较大，但总体来说西南地区的林业总产值呈上升趋势，如图 9-8。

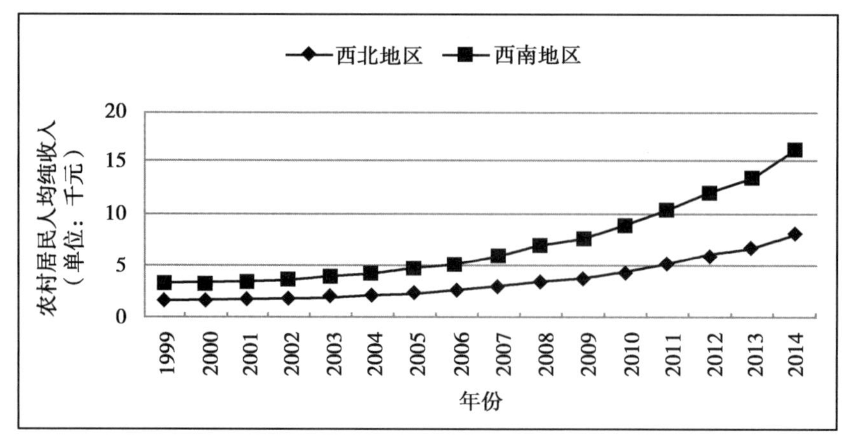

图 9-5　农村居民人均纯收入

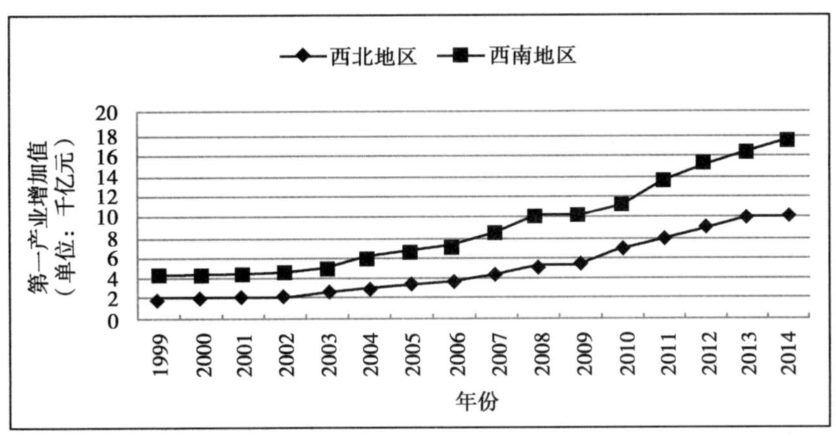

图 9-6　第一产业增加值

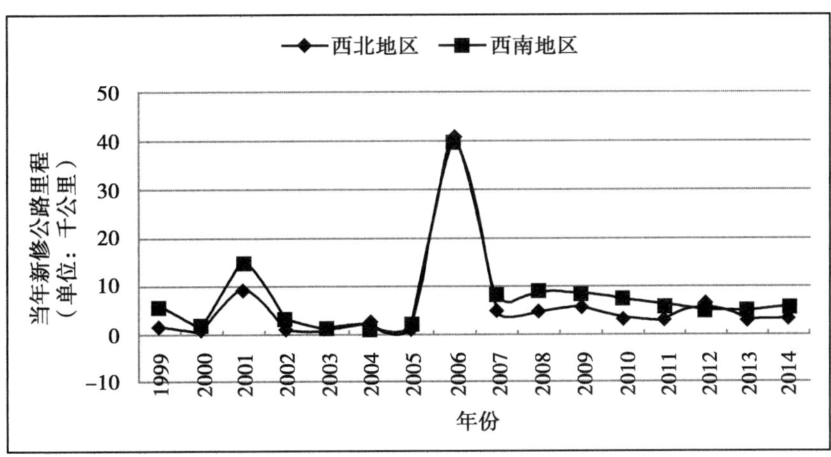

图 9-7　当年新修公路里程

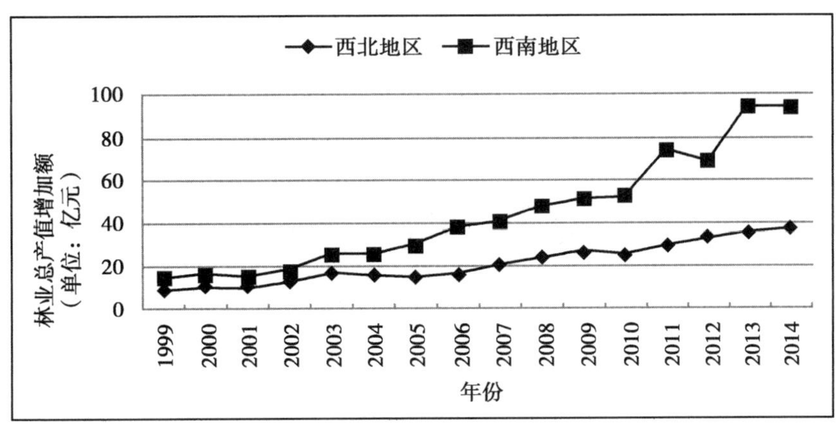

图 9-8　林业总产值增加额

9.1.2.2.2 林业资源维度

表 9-5 1999—2014 年西部各省份在林业资源层面的对比

地区	省份	当年造林面积（十万公顷）	森林蓄积量（亿立方米）	自然保护区面积（百万公顷）
西北地区	内蒙古	6.61**	11.56	12.38
	陕西	3.99	3.36	0.92
	甘肃	2.39	1.89	7.91
	青海	0.90	0.38	19.37
	宁夏	1.12	0.05*	0.44*
	新疆	1.81	2.94	20.18
西南地区	广西	1.39	4.10	1.47
	重庆	1.59	1.04	0.80
	四川	3.69	15.56	7.88
	贵州	2.19	2.16	0.81
	云南	4.37	14.79	3.17
	西藏	0.37*	20.70**	40.69**

注：表格中带 * 为本列数据最小值，带 ** 为本列数据最大值。

由表 9-5 可知，当年造林面积最低的省份是西藏，仅 3.7 万公顷，这主要是因为西藏在整个西部地区的森林蓄积量和自然保护区面积都是最高的，分别为 20.70 亿立方米和 4069 万公顷。1999—2014 年间平均年造林面积最高的省份是内蒙古，而森林蓄积量最低的省份则是宁夏。

考虑西北和西南两个地域，在 1999—2014 年间两个地区的造林面积差别不大，如图 9-9。我国西南地区的森林覆盖率远远超过西北地区，如图 9-10。究其原因是因为西南地区多为江河水源涵养区，天然林占比较高，而西北地区则是我国沙化土地集中的区域。在自然保护区方面，2000 年以前西南地区的自然保护区面积高于西北地区，但从 2001 年以后开始少于西北地区，如图 9-11。

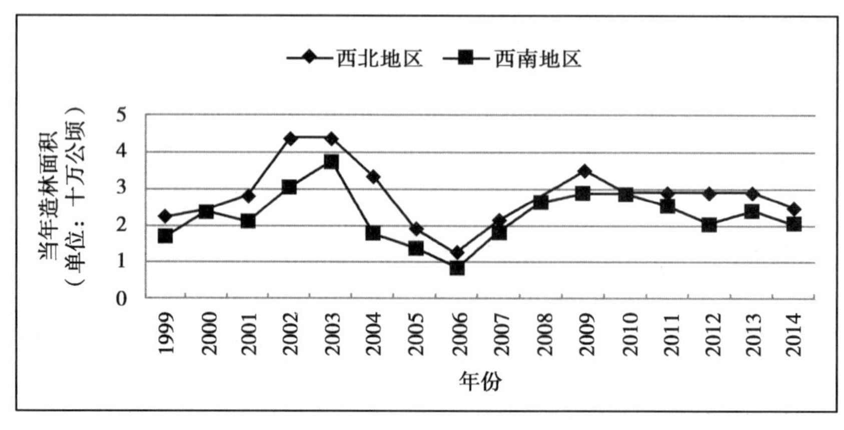

图 9-9 当年造林面积

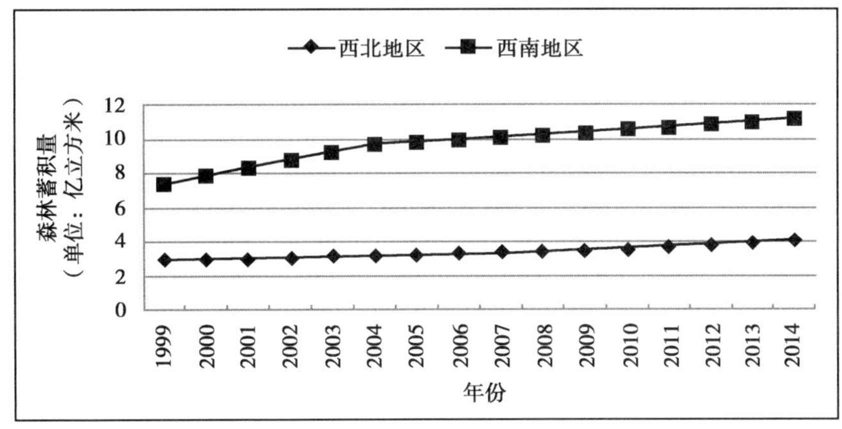

图 9-10　森林蓄积量

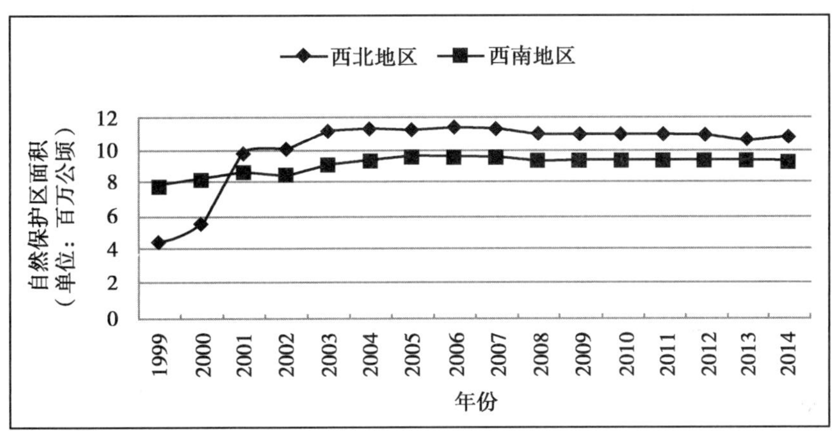

图 9-11　自然保护区面积

9.1.2.2.3　**生态环境维度**

2008 年四川发生了新中国成立以来破坏力最大的汶川地震，其自然灾害经济损失额在 16 年间的平均值也是最高的，达 7202.6 亿元；同期自然灾害经济损失额最少的地区为西藏。自然灾害损失额的两个极端值都发生在西南地区，与其不同的是水土流失治理面积增加额的最大和最小值均发生在西北地区，分别是内蒙古和新疆（表 9-6）。

表 9-6　1999—2014 年西部各省份在生态环境层面的对比

地区	省份	自然灾害损失额（十亿元）	水土流失治理面积增加量（千公顷）
西北地区	内蒙古	10.83	120.04**
	陕西	9.94	–6.76
	甘肃	10.64	11.68
	青海	5.94	2.16
	宁夏	1.19	7.52
	新疆	4.54	2.07*

续表

地区	省份	自然灾害损失额（十亿元）	水土流失治理面积增加量（千公顷）
西南地区	广西	10.74	5.28
	重庆	5.78	6.85
	四川	72.03**	32.30
	贵州	8.79	28.86
	云南	13.61	33.65
	西藏	0.67*	5.21

注：表格中带 * 为本列数据最小值，带 ** 为本列数据最大值。

自然灾害损失在西北和西南两个地区的差别不大，但 2008 年是一个特殊的年份，四川发生了罕见的大地震，其周围地区也相应地遭到破坏，致使当年的自然灾害损失额无论在西北地区还是西南地区都超出往年，如图 9-12。除 1999、2000 和 2012 年外，水土流失治理面积在西部地区的差别不大，如图 9-13。

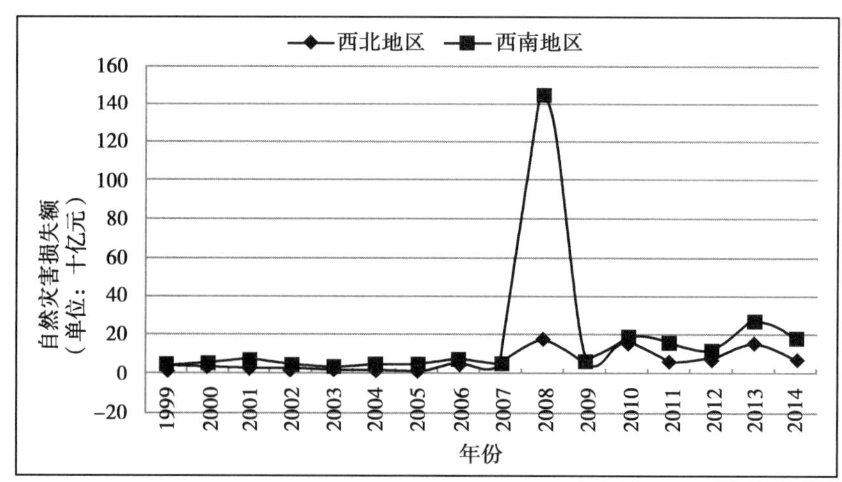

图 9-12　自然灾害损失额

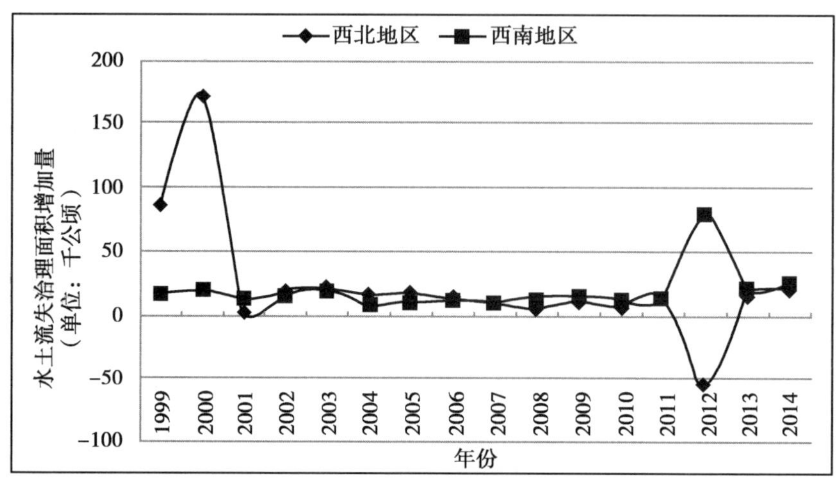

图 9-13　水土流失治理面积增加量

9.2　面向林业生态建设的支持向量回归方法

统计学习理论（statistical learning theory，SLT）是一种小样本统计理论，着重研究在小样本情况下的统计规律及学习方法性质。支持向量机（support vector machinse，SVM）是一种建立在统计学习理论、VC 维理论和结构风险最小化原理基础上的机器学习方法，它在解决小样本、非线性和高维模式识别问题中表现出许多特有的优势，并在很大程度上克服了“维数灾难”和“过学习”等问题，已经成为当前机器学习界的研究热点。此外，支持向量机具有坚实的理论基础，简单明了的数学模型，在模式识别、回归分析、函数估计、时间序列预测等领域都得到了长足的发展，并被广泛应用于文本识别、手写字体识别、人脸图像识别、基因分类及时间序列预测等。

我国西部大开发以来仅有十多年的时间，本章对西部林业生态建设政策的效果分析与评价所利用的数据仅有这十几年的宏观时间序列数据，属于小样本。因此，使用在解决小样本和高维模式识别问题中表现出特有优势的支持向量机方法，分析我国西部大开发以来林业生态建设的效果将是一个很好的选择。而多输出支持向量回归机模型更是从社会经济、自然资源和生态环境三个维度，分别分析每个维度所包含的不同指标（即多个输出变量）间的潜在联系。下面首先介绍支持向量回归机方法所涉及的几个重要问题。

9.2.1　统计学习理论

统计学习理论被认为是目前对小样本统计估计和预测学习的最佳理论。它从理论上较系统地研究了经验风险最小化原则成立的条件、有限样本下经验风险与期望风险的关系及如何利用这些理论找到新的学习原则和方法等问题。该理论针对小样本统计问题建立了一套新的理论体系，在该体系下的统计推理规则不仅考虑了对渐近性能的要求，而且追求在现有有限信息的条件下得到最优结果。

一般情况下，在具体的运用过程中得到的样本量不充分。统计学习理论是正确对待训练样本不充足的情况，探索在训练样本不充足的情况下保证学习算法的一般化能力的办法。前苏联学者 Vapnik 等人通过二十多年的探索，构建出能够处理小样本学习问题的统计学习理论（SLT），提出在样本数量不充足的状态下的统计学习问题，建立统计学习的基本理论体系。20 世纪 90 年代，Vapnik 等人以统计学习理论为基础提出一种全新的机器学习方法——支持向量机（support vector machine，SVM）。

统计学习理论的一个核心概念是 VC 维，模式识别方法中 VC 维的直观定义是：对一个指示函数集，如果存在 h 个样本能够被函数集中的函数按所有可能的 2h 种形式分开，则称函数集能够把 h 个样本打散，函数集的 VC 维就是它能打散的最大样本数目 h。VC 维反映了函数集的学习能力，VC 维越大则学习机器越复杂（学习能力越强）。统计学习理论主要包括四方面内容：①经验风险最小化原则下统计学习一致性的条件；②这些条件下关于统计学习方法推广性的界的结论；③在这些界的基础上建立小样本归纳推理原则；④实现这些新的原则的实际方法。

统计学习理论系统地研究了各种类型函数集的经验风险（即训练误差）和实际风险

（即期望风险）之间的关系，即推广性的界。实际应用中，机器学习方法主要存在两种风险：一是经验风险（即训练误差），另外一种是置信范围风险，后者受学习方法的 VC 维以及训练样本数影响。在有限训练样本下，置信范围随着学习方法的 VC 维增高而变大，经验风险与实际风险之间可能的差别也随之增大。传统的统计学习方法中，算法和学习模型的选择过程就是置信范围的调整过程，如果选取的模型比较适合现有训练样木就可以取得较好的效果。但由于缺乏理论指导，通常只能依赖先验知识和经验进行选择。

针对上述问题，统计学习理论提出一种新的解决思路，将目标函数集解构成函数子集的序列，按照 VC 维的大小排列各个子集，对每个子集分别寻找最小经验风险，综合考虑经验风险和置信范围，取得最小的实际风险（图 9-14）。图中函数集子集 S1⊂S2⊂S3，VC 维：h1≤h2≤h3，这一思想就是结构风险最小化（structural risk minimization，SRM）准则。1992 年，基于这一准则 Vapnik 等人提出了支持向量机方法。

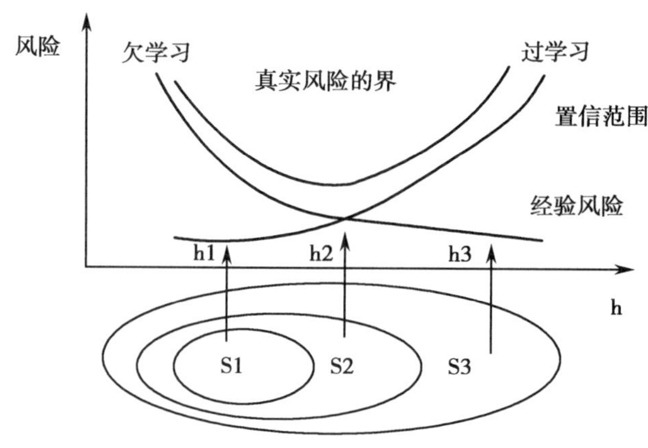

图 9-14　有序风险最小化

在同一子集中置信范围就相同；在每一个子集中寻找最小经验风险和置信范围，取得实际风险的最小值，称作结构风险最小化，即 SRM 准则。

实现 SRM 原则可以有两种思路，一是在每个子集中求最小经验风险，然后选择使最小经验风险和置信范围之和最小的子集，该方法显然比较费时，当子集数目很大甚至是无穷时不可行；二是设计函数集的某种结构使每个子集中都能取得最小的经验风险（如使训练误差为 0），然后只需选择适当的子集使置信范围最小，则这个子集中经验风险最小的函数就是最优函数。支持向量机方法实际上就是这种思想的具体实现。

9.2.2　传统支持向量回归机理论

支持向量机（SVM）是建立在统计学习理论基础上的一种数据挖掘方法，能非常成功地处理模式识别（分类问题、判别分析）和回归问题（时间序列分析）等诸多问题，并可推广于预测和综合评价等领域和学科。通常，把处理分类问题的支持向量机称为支持向量分类机（简称 SVC），把处理回归问题的支持向量机称为支持向量回归机（简称 SVR）。面向西部林业生态建设的政策分析主要基于回归模型来分析，故本节重点介绍用于回归分析的支持向量回归机（SVR）。

传统的支持向量回归机主要包括 ε-*SVR* 和 v-*SVR* 两种模型，它们都是以不敏感损失函数为基础，常用的为 ε- 不敏感损失函数。

9.2.2.1　ε- 不敏感损失函数

ε- 不敏感损失函数可表示为：

$$c[x,y,f(x)]=|y-f(x)|_{\varepsilon} \tag{9-1}$$

其中

$$|y-f(x)|_{\varepsilon}=\max\{0,|y-f(x)|-\varepsilon\} \tag{9-2}$$

这里 ε 是事先取定的一个数。ε- 不敏感损失函数的含义是：在 x 点的观察值 y 与预测值 $f(x)$ 之差的绝对值不超过事先给定的 ε 时，则认为在该点的预测值 $f(x)$ 是无损失的，尽管预测值 $f(x)$ 和观测值 y 可能并不完全相等。图 9-15 给出了损失函数图像。

如果 $f(x)$ 为单变量线性函数

$$f(x)=(w\cdot x)+b \tag{9-3}$$

当样本点位于两条虚线之间的带子里时，则认为在该点没有损失，如图 9-16。我们称两条虚线构成的带子为 ε- 带。只有当样本点位于 ε- 带之外时，才有损失出现。

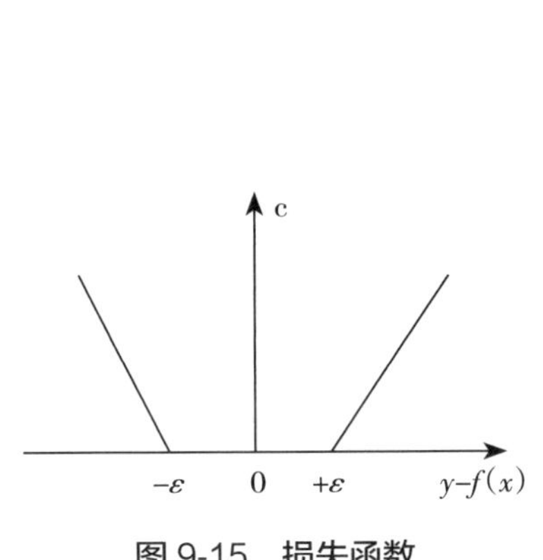

图 9-15　损失函数

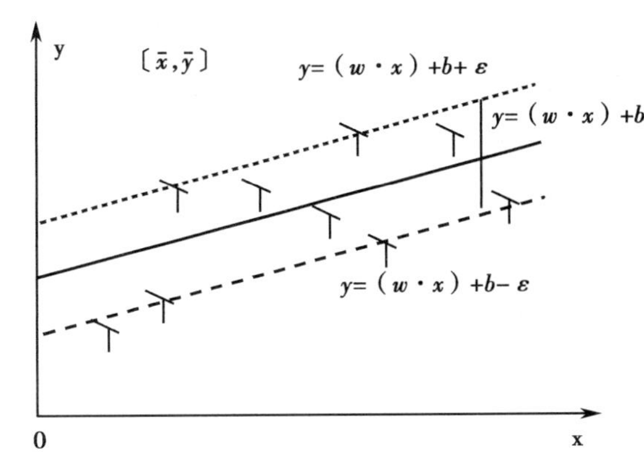

图 9-16　ε- 带超平面

9.2.2.2　硬 ε- 带支持向量回归机

硬 ε- 带支持向量回归机是通过硬 ε- 带超平面的最大间隔构造出来的。设给定训练集 $T=\{(x_1,y_1),\cdots,(x_l,y_l)\}$，其中 $x_i\in R^n,y_i\in R,i=1,\cdots,l$，并给定 $\varepsilon>0$，称一个超平面 $y=(w\cdot x)+b$ 为对于训练集 T 的 ε- 带超平面，如果该超平面的 ε- 带包含了训练集 T 中所有的训练点，即超平面 $y=(w\cdot x)+b$ 满足

$$-\varepsilon\leqslant y_i-[(w\cdot x_i)+b]\leqslant\varepsilon,\quad i=1,\cdots,l \tag{9-4}$$

如图 9-16 就是一个硬 ε- 带超平面。

通过硬 ε- 带超平面可以构造最优化问题，

$$\begin{aligned}&\min_{w\in R^n,\ b\in R}\ \frac{1}{2}\|w\|^2\\ s.t\quad &[(w\cdot x_i)+b]-y_i\leqslant\varepsilon,\quad i=1,\cdots,l\\ &y_i-[(w\cdot x_i)+b]\leqslant\varepsilon,\quad i=1,\cdots,l\end{aligned} \tag{9-5}$$

此即硬 ε- 支持向量回归机的原始问题。

通过上述原始问题构造 Wolfe 对偶问题：

$$\begin{aligned}&\min_{\alpha^{(*)}\in R^{2l}}\frac{1}{2}\sum_{i,\ j=1}^{l}(\alpha_i^*-\alpha_i)(\alpha_j^*-\alpha_j)(x_i\cdot x_j)+\varepsilon\sum_{i=1}^{l}(\alpha_i^*+\alpha_i)-\sum_{i=1}^{l}y_i(\alpha_i^*-\alpha_i)\\&s.t\quad\sum_{i=1}^{l}(\alpha_i^*-\alpha_i)=0\\&\qquad\alpha^{(*)}\geqslant0,\quad i=1,\cdots,l\end{aligned}\tag{9-6}$$

9.2.2.3 ε- 支持向量回归机

为了“软化”硬 ε- 支持向量回归机的原始问题，引进松弛变量 $\xi^{(*)}=(\xi_1,\xi_1^*,\cdots,\xi_l,\xi_l^*)^T$ 和惩罚参数 C，这样便得到了 ε- 支持向量回归机的原始最优化问题：

$$\begin{aligned}&\min_{w\in R^n,b\in R}\frac{1}{2}\|w\|^2+\frac{C}{l}\sum_{i=1}^{l}(\xi_i+\xi_i^*)\\&s.t\quad[(w\cdot x_i)+b]-y_i\leqslant\varepsilon+\xi_i,\quad i=1,\cdots,l\\&\qquad y_i-[(w\cdot x_i)+b]\leqslant\varepsilon+\xi_i^*,\quad i=1,\cdots,l\\&\qquad\xi_i^{(*)}\geqslant0,\quad i=1,\cdots,l\end{aligned}\tag{9-7}$$

同样，可得上述原始问题的对偶问题：

$$\begin{aligned}&\min_{\alpha^{(*)}\in R^{2l}}\frac{1}{2}\sum_{i,j=1}^{l}(\alpha_i^*-\alpha_i)(\alpha_j^*-\alpha_j)(x_i\cdot x_j)+\varepsilon\sum_{i=1}^{l}(\alpha_i^*+\alpha_i)-\sum_{i=1}^{l}y_i(\alpha_i^*-\alpha_i)\\&s.t\quad\sum_{i=1}^{l}(\alpha_i^*-\alpha_i)=0\\&\qquad0\leqslant\alpha_i,\alpha^{(*)}\leqslant\frac{C}{l},\quad i=1,\cdots,l\end{aligned}\tag{9-8}$$

9.2.3 多输出最小二乘支持向量回归机

支持向量机作为一种机器学习方法，具有出色的学习及推广能力，在很多领域都得到了成功的应用。最小二乘支持向量机（LS-SVM）是标准 SVM 在二次损失函数形式下的一种扩展，它用等式约束代替不等式约束，这样只需求解一个等式方程组，避免了耗时的二次规划问题，使求解速度相对加快，在函数估计和逼近中受到很大重视。但是，在实际应用过程中无论是标准 SVM 还是 LS-SVM 往往只考虑单因变量的回归模型，而忽视了解释变量对多个因变量的同时影响。

多输出回归的目的在于学习从多元输入空间到多元输出空间的映射，考虑不同输出变量之间的潜在联系，表现为多个解释变量对多个因变量的同时影响。尽管多输出回归的应用前景很好，但标准的最小二乘支持向量回归机并不能直接处理多输出回归的情形。为了处理多输出回归的问题，一般会为每个输出变量单独构建一个最小二乘支持向量回归机。容易看出，这种常规做法直接丢弃了不同输出变量间的潜在联系，那么如何建模不同输出变量间的潜在关系呢？下面介绍能解决上述问题的多输出最小二乘支持向量机模型，此模型对线性回归方程和非线性回归方程均适用。

为了形式化层次贝叶斯的直观想法，假设所有的 $\mathbf{w}_i$ 都可以被写成 $\mathbf{w}_i=\mathbf{w}_0+\mathbf{v}_i$，其中 $\mathbf{w}_0$ 表示各输出变量间共性的部分，$\mathbf{v}_i$ 表示各输出变量个性化的部分。当不同输出间彼此比较相似时，向量 $\mathbf{v}_i$ 的范数相对较小；而当不同输出变量间关系较弱时，向量 $\mathbf{w}_0$ 的范数较小。

为了同时求解 $\mathbf{w}_0$、$\mathbf{v}_i$ 和 $\mathbf{b}$，可以最小化以下带有约束的目标函数：

$$\min_{\mathbf{w}_0\in\mathbb{R}^{n_h},\mathbf{V}\in\mathbb{R}^{n_h},\mathbf{b}\in\mathbb{R}^{m}} \mathcal{J}(\mathbf{w}_0,\mathbf{V},\boldsymbol{\Xi})=\frac{1}{2}\mathbf{w}_0^{\mathrm{T}}\mathbf{w}_0+\frac{1}{2}\frac{\lambda}{m}trace(\mathbf{V}^{\mathrm{T}}\mathbf{V})+\gamma\frac{1}{2}trace(\boldsymbol{\Xi}^{\mathrm{T}}\boldsymbol{\Xi}) \tag{9-9}$$

$$\text{s.t.}\quad \mathbf{Y}=\mathbf{Z}^{\mathrm{T}}\mathbf{W}+repmat(\mathbf{b}^{\mathrm{T}},\mathbf{l},1)+\Xi, \tag{9-10}$$

其中，$\boldsymbol{\Xi}=(\xi_1,\xi_2,\cdots,\xi_m)\in\mathbb{R}^{l\times m}$，$\mathbf{W}=(\mathbf{w}_0+\mathbf{v}_1,\mathbf{w}_0+\mathbf{v}_2,\cdots,\mathbf{w}_0+\mathbf{v}_m)\in\mathbb{R}^{n_h\times m}$，$Z=(\varphi(\mathbf{x}_1),\varphi(\mathbf{x}_2),\cdots,\varphi(\mathbf{x}_l))\in\mathbb{R}^{n_h\times l}$，$\lambda,\gamma\in\mathbb{R}_+$ 是两个正的真实正规参数。

上述问题的拉格朗日函数为：

$$\mathcal{L}(\mathbf{w}_0,\mathbf{V},\mathbf{b},\boldsymbol{\Xi},\mathbf{A})=\mathcal{J}(\mathbf{w}_0,\mathbf{V},\boldsymbol{\Xi})-trace(\mathbf{A}^{\mathrm{T}}(\mathbf{Z}^{\mathrm{T}}\mathbf{W}+repmat(\mathbf{b}^{\mathrm{T}},l,1)+\boldsymbol{\Xi}-\mathbf{Y})) \tag{9-11}$$

其中，$\mathbf{A}=(\alpha_1,\alpha_2,\cdots,\alpha_m)\in\mathbb{R}^{l\times m}$ 是一个包含拉格朗日乘子的矩阵。最优 KKT 条件满足如下线性方程组：

$$\begin{cases}\dfrac{\partial\mathcal{L}}{\partial \mathrm{w}_0}=0\Rightarrow \mathbf{w}_0=\displaystyle\sum_{i=1}^{m}Z\alpha_i,\\ \dfrac{\partial\mathcal{L}}{\partial \mathrm{V}}=0\Rightarrow \mathbf{V}=\dfrac{m}{\lambda}ZA,\\ \dfrac{\partial\mathcal{L}}{\partial \mathrm{b}}=0\Rightarrow \mathbf{A}^{\mathrm{T}}\mathbf{1}_l=0_l,\\ \dfrac{\partial\mathcal{L}}{\partial \Xi}=0\Rightarrow \mathbf{A}=\gamma\boldsymbol{\Xi},\\ \dfrac{\partial\mathcal{L}}{\partial \mathrm{A}}=0\Rightarrow \mathbf{Z}^{\mathrm{T}}\mathbf{W}+repmat(\mathbf{b}^{\mathrm{T}},\mathbf{l},\mathbf{1})+\boldsymbol{\Xi}-\mathbf{Y}=\mathbf{0}_{l\times m}.\end{cases} \tag{9-12}$$

由上式很容易得出均值向量 $\mathbf{w}_0\in\mathbb{R}^{n_h}$，并且向量 $\mathbf{v}_i\in\mathbb{R}^{n_h}(i\in\mathbb{N}_m)$ 满足关系：$\mathbf{w}_0=\frac{\lambda}{m}\sum_{i=1}^{m}\mathbf{v}_i$。换句话说，$\mathbf{w}_0$ 是一个关于 $\mathbf{v}_1,\mathbf{v}_2,\cdots,\mathbf{v}_m$ 的线性组合。因为对任意的 $i\in\mathbb{N}_m$，$\mathbf{w}_i$ 都可以被写成 $\mathbf{w}_i=\mathbf{w}_0+\mathbf{v}_i$，所以 w_i 也能被表示成一个关于 $\mathbf{v}_1,\mathbf{v}_2,\cdots,\mathbf{v}_m$ 的线性组合。

类似于最小二乘支持向量回归机，估计方程组（9-12）可以得到如下线性方程：

$$\begin{bmatrix}\mathbf{0}_{ml\times m} & \mathbf{P}^{\mathrm{T}}\\ \mathbf{P} & \mathbf{H}\end{bmatrix}\begin{bmatrix}\mathbf{b}\\ \boldsymbol{\alpha}\end{bmatrix}=\begin{bmatrix}\mathbf{0}_m\\ \mathbf{y}\end{bmatrix}, \tag{9-13}$$

其中，$\mathbf{P}$ 为 ml × m 阶矩阵，正定矩阵 $\mathbf{H}$、$\boldsymbol{\Omega}$、$\mathbf{Q}$ 均为 ml × ml 阶矩阵，$\mathbf{K}=\mathbf{Z}^{\mathrm{T}}\mathbf{Z}\in\mathbb{R}^{l\times l}$，α 和 y 为 ml 阶列向量。即线性方程组（9-12）由（1+m）× m 个方程组成。

令 $\alpha^*=(\alpha_1^{*\mathrm{T}},\alpha_2^{*\mathrm{T}},\cdots,\alpha_m^{*\mathrm{T}})^{\mathrm{T}}$ 和 b^* 为方程(9-13)的解，则多输出支持向量回归机对应的决策函数如下：

$$\begin{aligned}\mathbf{f}(\mathbf{x})&=\varphi(\mathbf{x})^{\mathrm{T}}\mathbf{W}^*+\mathbf{b}^{*\mathrm{T}}=\varphi(\mathbf{x})^{\mathrm{T}}repmat(\mathbf{w}_0^*,1,\mathbf{m})+\varphi(\mathbf{x})^{\mathrm{T}}\mathbf{V}^*+\mathbf{b}^{*\mathrm{T}}\\ &=\varphi(\mathbf{x})^{\mathrm{T}}repmat\left(\sum_{i'=1}^{m}\mathbf{Z}\alpha_{i'}^*,1,\mathbf{m}\right)+\frac{\mathbf{m}}{\lambda}\varphi(\mathrm{x})^{\mathrm{T}}\mathbf{ZA}^*+\mathbf{b}^{*\mathrm{T}}\\ &=repmat\left(\sum_{i'=1}^{m}\sum_{j=1}^{l}\alpha_{i'j}^*\kappa(\mathbf{x},\mathbf{x}_j),1,\mathbf{m}\right)+\frac{\mathbf{m}}{\lambda}\sum_{j=1}^{l}\alpha^{j*}\kappa(\mathbf{x},\mathbf{x}_j)+\mathbf{b}^{*\mathrm{T}}.\end{aligned} \tag{9-14}$$

9.3 西部林业生态建设政策效果评价

随着西部大开发的不断深入和生态建设的日益迫切，完善现有的政策体系是西部发展的客观需要，也是国家战略实施的现实需要。林业生态建设将在未来深入实施的西部大开发进程中持续发挥基础性的关键作用。这就需要系统评价西部地区各项林业生态建设政策的综合绩效，研究进一步提升林业生态建设政策的实施效果，并进一步调整、重构和完善西部林业生态建设政策制度体系。然而，目前的研究多数系针对单项林业生态建设政策进行评价分析，而缺乏较为系统和深入的针对西部林业生态建设政策体系的综合性研究，无法完成全面认识现有西部林业生态建设政策体系的研究命题。本章使用多输出最小二乘支持向量机方法，考虑多个解释变量对多个因变量的同时影响，即对国家实施的多项西部林业生态建设的政策进行综合性评价。

9.3.1 模型构建

模型所使用的数据来源于《中国林业统计年鉴》《中国统计年鉴》《中国环境统计年鉴》以及一些研究报告，为1999—2014年共16年时间序列型数据。模型中的解释变量从资金投入和能力建设两个层面的政策性投入中选取，即表9-2中的4个具体指标。用来综合评价西部林业生态建设政策综合效果的被解释变量选择代表社会经济发展的农村居民人均纯收入、第一产业增加值、当年新修公路里程和林业总产值逐年增加额四个指标；代表西部林业资源的指标有三个：当年造林面积、森林蓄积量和自然保护区面积；代表生态环境改善的指标有很多，但限于实际数据的缺乏只选取了两个指标，即自然灾害经济损失额和水土流失治理面积。根据上述解释变量和被解释变量建立多输出最小二乘回归模型，模型构建的具体思路如图9-17。

1999—2014年间的16个时间序列数据是模型使用的机器学习数据，它们属于小样本。一般来说，使用小样本构建回归模型相比较大样本而言所得到估计精度较差，更何况面对的是多输出模型。本章所使用支持向量机方法却是解决此类问题的最佳方法，这是因为多输出支持向量机作为一种新的机器学习方法是以统计学习理论为基础的。而统计学习理论被认为是目前对小样本统计估计和预测学习的最佳理论，它从理论上较系统地研究了经验风险最小化原则成立的条件、有限样本下经验风险与期望风险的关系及如何利用这些理论找到新的学习原则和方法等问题。多输出支持向量机方法是在统计学习理论基础上针对小样本统计问题建立的一套新的理论体系，在该体系下的统计推理规则不仅考虑了对渐近性能的要求，而且追求在现有有限信息的条件下得到最优结果。

9.3.2 结果及分析

根据多输出最小二乘支持向量回归方法，先对数据进行0~1标准化处理，使用MATLAB软件从社会经济、林业资源和生态环境三个维度，综合评价西部林业生态建设政策实施的综合效果，同时对西北地区和西南地区两个不同地域作对比分析。

9.3.2.1 林业生态建设政策实施对西北地区的影响

（1）西北地区的林业能力建设投入，特别是林业培训人员的数量，无论对社会经济、

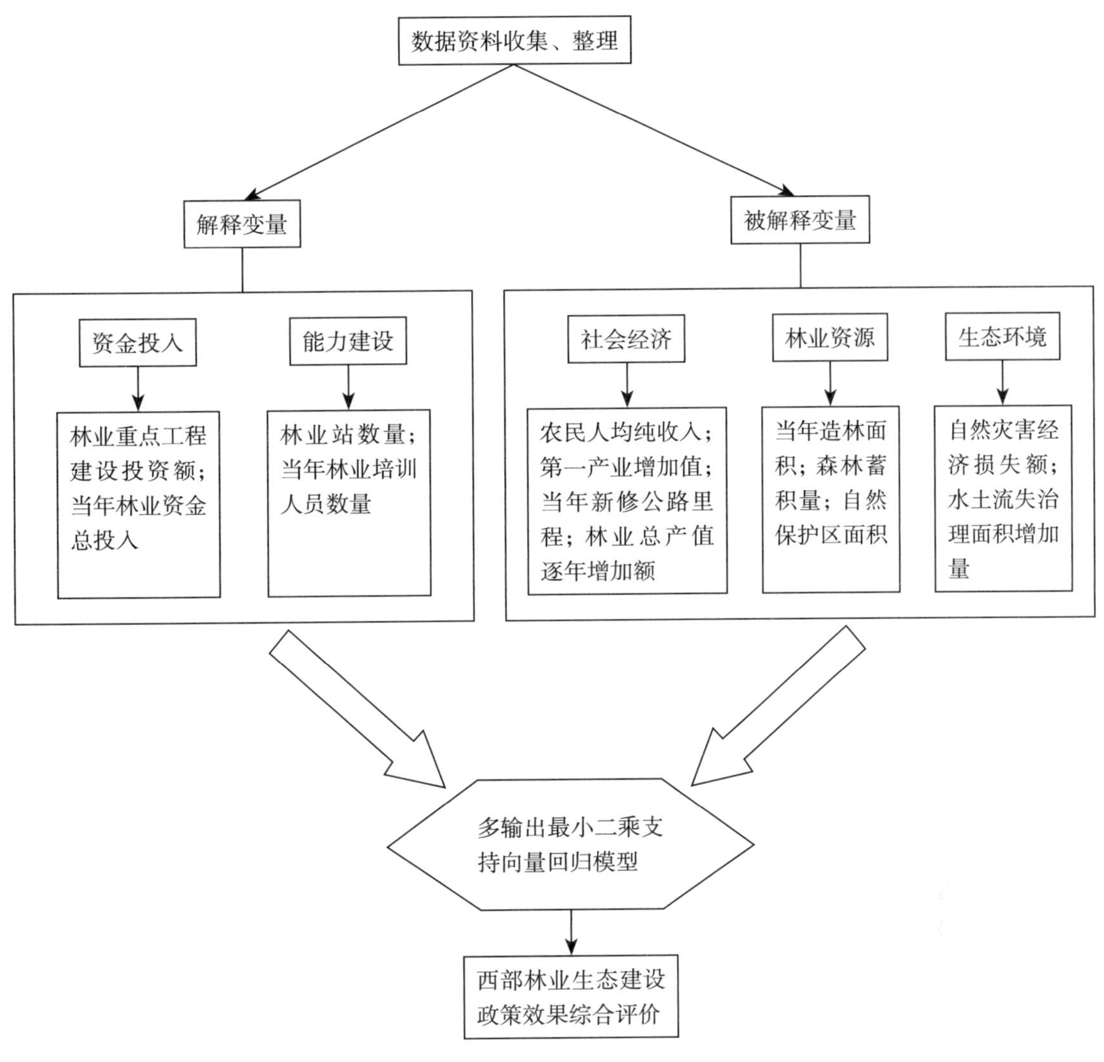

图 9-17　模型构建思路图

自然资源和生态环境都产生很重要的影响。

西北地区林业生态建设政策的实施效果见表 9-7。分析表 9-7 可知：对西北地区的社会经济、林业资源和生态环境三个维度而言，影响最大的是当年林业培训人员的数量（注：表格中带 ** 为本行绝对数据最大值），其次是林业站的数量。我国西部对林业能力建设的投入对此区域的经济（农村居民人均纯收入、第一产业增加值、当年新修公路里程）和自然资源（森林蓄积量、自然保护区面积）都有着较好的正向影响。当年林业培训人员数量每增加 1 千人，农民人均纯收入增加约 694 元，第一产业增加值提高 102 亿元，森林蓄积量增加 0.23 亿立方米，自然保护区面积扩大 222 万公顷。林业站数量每增加 100 个，农民人均纯收入减少 33 元，第一产业增加值降低 5.5 亿元，森林蓄积量增加 23 万立方米，自然保护区面积缩减 4 万公顷。

模型中林业能力建设对生态环境指标影响的权重为负，不能简单认为政策投入对生态环境产生反作用，有可能是林业能力建设投入与当地的生态环境相互影响，生态环

表 9-7　西北地区林业生态建设政策实施效果

被解释变量 \ 解释变量		资金投入		能力建设	
		林业重点工程建设投资额（亿元）	当年林业资金总投入（亿元）	林业站数量（百个）	当年林业培训人员数量（千人）
社会经济权重	农村居民人均纯收入（千元）	0.001009	0.062066	−0.03314	0.693788**
	第一产业增加值（百亿元）	0.002545	0.087824	−0.05472	1.016025**
	当年新修公路里程（千公里）	−0.11248	−0.09617	−1.09228	5.385291**
	林业总产值逐年增加额（亿元）	0.031669	0.030276	0.042782	−0.84846**
自然资源权重	当年造林面积（十万公顷）	0.020364	−0.00202	0.050587	−0.06883**
	森林蓄积量（亿立方米）	0.002785	0.007277	0.002346	0.232474**
	自然保护区面积（百万公顷）	0.035219	−0.01312	−0.0483	2.222525**
生态环境权重	自然灾害损失额（十亿元）	−0.16008	0.167287	−1.0935	−6.11069**
	水土流失治理面积增加量（千公顷）	−2.25412	2.306105	−15.187	−86.5279**

注：表格中带 ** 为本行绝对数据最大值。

境的恶化急需加大对林业工作人员的培训力度。当然，这也许与之前在对林业系统人员培训时，过度强调林业对社会经济和自然资源的作用，而弱化生态环境对此地区的影响有关。

（2）西北地区的林业资金投入对社会经济、自然资源和生态环境的影响相对较小。

政府对西北地区的资金投入对经济和资源的作用虽然为正向影响，但相比较能力建设的投入产生的作用较小。林业重点工程建设投资额和当年林业资金总投入每增加 1 亿元，农民人均纯收入分别仅增加 1 元和 62 元；第一产业增加值分别增加 0.25 亿元和 8.78 亿元；森林蓄积量分别增加 27.85 万立方米和 72.77 立方米。林业重点工程建设投资额和当年林业资金总投入对生态环境的作用分别呈现负正两个方向的影响，且影响力大致抵消。

为验证多输出最小二乘支持向量回归模型对西北地区的社会经济、自然资源和生态环境三个维度的综合估计效果，本研究给出了解释变量与被解释变量间的相关系数以及每个模型估计的拟合优度，见表 9-8。由表 9-8 可知，模型对指标农村居民人均纯收入、第一产业增加值、森林蓄积量的估计精度较高，这是因为这些模型中解释变量与被解释变量有较高的相关性。其他模型的拟合优度相对较低的原因主要是因为解释变量与被解释变量相关性很低导致的，特别是对林业总产值逐年增加额和当年造林面积两个指标。这也进一步说明：在西北地区，林业资金投入和能力建设对林业总产值和造林面积的影响较小。

对当年新修公路里程的模型估计精度较小主要是因为数据奇异点造成的，如图 9-18。图中的“o”代表实际值，“×”表示估计值。仔细观察图 9-18 发现有一个很特别的离群点(粗圈标注)。在 1999—2014 年间，西部地区各省份的公路里程在 2006 年得到了迅猛发展，2006 年这一年公路里程增加值约是其他年份平均值的 8 倍。这也就解释了模型对西北地区当年新修公路里程的拟合效果很差的原因。

表 9-8　西北地区林业生态建设综合评估模型相关系数及拟合优度

被解释变量 \ 解释变量		资金投入		能力建设		模型拟合优度
		林业重点工程建设投资额	当年林业资金总投入	林业站数量	当年林业培训人员数量	
社会经济	农村居民人均纯收入	0.45	0.99	−0.3	0.88	**0.96**
	第一产业增加值	0.46	0.99	−0.31	0.88	**0.97**
	当年新修公路里程	−0.05	−0.1	−0.08	0.08	**0.29**
	林业总产值逐年增加额	0.29	0.25	−0.18	0.13	**0.14**
林业资源	当年造林面积	0.31	0.01	−0.15	−0.03	**0.18**
	森林蓄积量	0.5	0.99	−0.34	0.92	**0.96**
	自然保护区面积	0.49	0.41	−0.37	0.62	**0.51**
生态环境	自然灾害损失额	0.24	0.57	−0.22	0.4	**0.3**
	水土流失治理面积增加量	−0.42	−0.45	0.28	−0.6	**0.36**

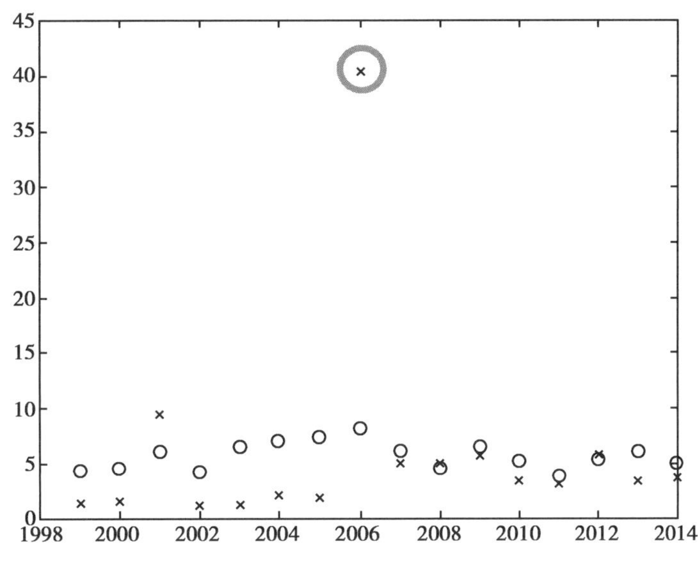

图 9-18　西北当年新修公路里程估计效果

9.3.2.2　林业生态建设政策实施对西南地区的影响

（1）西南地区的林业能力建设投入对社会经济、自然资源和生态环境有较为显著的影响，但相较西北地区而言影响较小。

西南地区林业生态建设政策的实施效果见表 9-9。与西北地区的情况类似，整体来说，指标当年林业培训人员的数量对西南地区的社会经济、自然资源和生态环境三个维度的影响较大（注：表格中带 ** 为本行绝对数据最大值），其次是林业站的数量指标。西南地区的当年林业培训人员的数量对社会经济、自然资源产生正向影响，但较西北地区而言影响相对较小。当年林业培训人员数量每增加 1 千人，农民人均纯收入增加约 216 元，第一产业增加值提高 43 亿元，林业总产值逐年增加 1.75 亿元，森林蓄积量增加 0.05 亿

表 9-9　西南地区林业生态建设政策实施效果

被解释变量 \ 解释变量		资金投入		能力建设	
		林业重点工程建设投资额（单位：亿元）	当年林业资金总投入（单位：亿元）	林业站数量（单位：百个）	当年林业培训人员数量（单位：千个）
社会经济权重	农村居民人均纯收入（单位：千元）	−0.00582	0.018613	−0.05903	0.216234**
	第一产业增加值（单位：百亿元）	−0.01289	0.039624	−0.20709	0.432728**
	当年新修公路里程（单位：千公里）	−0.04197	−0.01451	−0.42176**	0.127449
	林业总产值逐年增加额（单位：亿元）	0.00538	0.024481	−0.22383	1.753228**
自然资源权重	当年造林面积（单位：十万公顷）	0.007393**	0.002127	−0.00515	−0.00476
	森林蓄积量（单位：亿立方米）	0.011254	0.005245	−0.0308	0.049065**
	自然保护区面积（单位：百万公顷）	0.005274	0.001816	−0.01348**	0.009353
生态环境权重	自然灾害损失额（单位：十亿元）	−0.12123	0.136585	−0.20571	−1.57824**
	水土流失治理面积增加量（单位：千公顷）	−0.06027	0.067906	−0.10227	−0.78465**

注：表格中带 ** 为本行绝对数据最大值。

立方米。在西南地区，林业站数量对社会经济、自然资源产生影响为负。林业站数量每增加 100 个，农民人均纯收入减少 59 元，第一产业增加值降低 21 亿元，林业总产值逐年降低 0.22 亿元，森林蓄积量减少 0.0308 万立方米。针对西南地区模型中林业能力建设对生态环境指标影响，解释应该与对西北地区类似。

（2）林业资金总投入，特别是当年林业资金投入，对西南地区的社会经济和生态环境均有着正面的影响，相比西北地区其影响效果仍然较小。

当年林业资金总投入对西南地区的农民人均纯收入和第一产业增加值产生较小的正向影响。每增加 1 亿元的林业资金总投入，农民人均纯收入增加 18.61 元，第一产业增加值增加 3.96 亿元。与当年林业资金投入不同的是，西南地区的林业重点工程建设投资额对农民人均纯收入和第一产业增加值均产生负的影响。每增加 1 亿元的林业重点工程建设投资额，农民人均纯收入减少 5.82 元，第一产业增加值降低 1.29 亿元。林业重点工程建设投资额和当年林业资金总投入对生态环境的作用分别呈现负正两个方向的影响，且影响力大致抵消，这与西北地区相似。

同样，为验证多输出最小二乘支持向量回归模型对西北地区的社会经济、林业资源和生态环境三个维度的综合估计效果，本研究给出了解释变量与被解释变量间的相关系数以及每个模型估计的拟合优度，见表 9-10。由表 9-10 可知，模型对指标农村居民人均纯收入、第一产业增加值、森林蓄积量的估计精度较高，这是因为这些模型中解释变量与被解释变量有较高的相关性，而其他模型的拟合优度相对较低。值得注意的是，资金投入和能力建设对西南地区当年造林面积的拟合优度接近 0，主要是由这些变量间的相关系数很低（也接近 0），导致模型估计精度差，不能用资金投入和能力建设来解释对当年造林面积的影响。

表 9-10　西南地区林业生态建设综合评估模型相关系数及拟合优度

被解释变量＼解释变量		资金投入		能力建设		模型拟合优度
		林业重点工程建设投资额	当年林业资金总投入	林业站数量	当年林业培训人员数量	
社会经济	农村居民人均纯收入	0.32	0.99	−0.40	0.82	**0.98**
	第一产业增加值	0.36	0.97	−0.47	0.78	**0.96**
	当年新修公路里程	0.02	−0.13	−0.09	−0.09	**0.05**
	林业总产值逐年增加额	0.31	0.67	−0.32	0.76	**0.60**
林业资源	当年造林面积	0.24	0.10	0.00	0.03	**0.00**
	森林蓄积量	0.49	0.79	−0.57	0.61	**0.68**
	自然保护区面积	0.44	0.41	−0.48	0.31	**0.29**
生态环境	自然灾害损失额	0.01	0.15	−0.18	0.09	**0.01**
	水土流失治理面积增加量	0.02	0.48	0.01	0.18	**0.27**

当年新修公路里程和自然灾害损失额两个指标的估计精度较差，主要原因也是由数据的奇异点造成的，如图 9-19 和 9-20。图中的“o”代表实际值，“×”表示估计值，离群点在图中由粗圈标注。

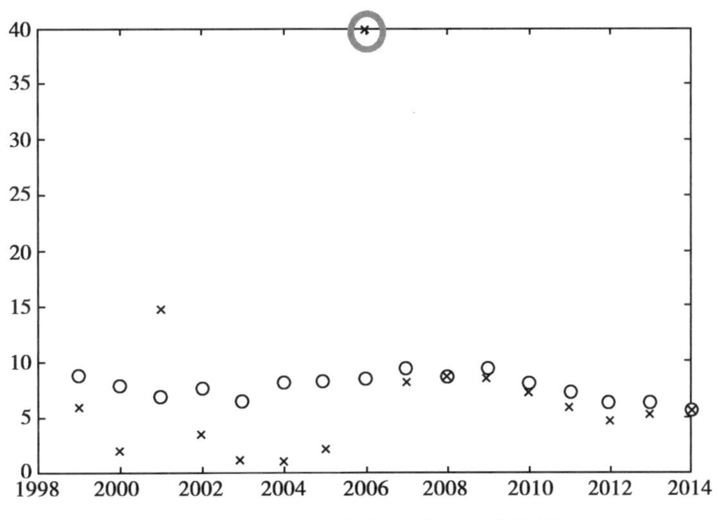

图 9-19　西南当年新修公路里程估计效果

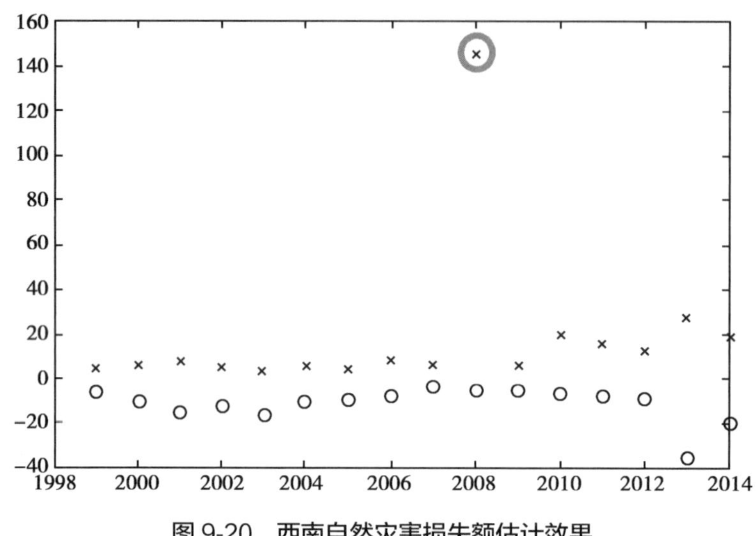

图 9-20　西南自然灾害损失额估计效果

9.4　本章小结

西部地区生态环境状况如何关系到我国全体居民的生存质量和整个社会的发展空间，加强生态建设在西部大开发中具有重要的战略意义。而林业在生态建设中具有鲜明的主体作用，林业生态建设也是西部大开发中最根本、最基础、最长期的基本建设。为此，实施西部大开发战略以来，国家多部门出台和实施了一系列的林业生态建设政策，取得了一定的成效。随着西部大开发的不断深入和生态建设的日益迫切，林业生态建设将在未来深入实施的西部大开发进程中持续发挥基础性的关键作用。系统评价西部地区各项林业生态建设政策的综合绩效，研究进一步提升林业生态建设政策的实施效果，并进一步调整、重构和完善西部林业生态建设政策制度体系，是西部发展的客观需要，也是国家战略实施的现实需要。

针对目前研究多数系针对单项林业生态建设政策进行评价分析，而缺乏较为系统和深入的针对西部林业生态建设政策体系进行的综合性研究，无法完成全面认识现有西部林业生态建设政策体系的研究命题的现状。本章使用多输出最小二乘支持向量机方法，考虑多个解释变量对多个因变量的同时影响，对国家实施的多项西部林业生态建设的政策进行综合性评价。

本章首先解释了多输出最小二乘支持向量方法建模所使用指标的选取，并对建模数据做了相应的描述。然后介绍了建模所基于的基本理论，其中包括统计学习理论、传统支持向量回归机理论和多输出最小二乘支持向量回归机理论。最后，基于社会经济、林业资源和生态环境三个维度，对比西北和西南两个地区对西部林业生态建设政策的实施效果做了综合评价。对西北地区而言，对林业培训人员数量的投入，无论对社会经济、自然资源和生态环境都产生很重要的影响，对社会经济、自然资源和生态环境的影响相对较小；对西南地区而言，林业能力建设投入对社会经济、自然资源和生态环境有较为显著的影响，其次是当年林业资金投入，但均比西北地区影响小。

第 10 章

西部林业生态建设政策系统分析与动态建模

本章以我国西部林业生态建设政策实施的“节点—关系—结构”模型为基础，按照多主体（agent）系统仿真方法与框架，建立我国西部林业生态建设复杂自适应多主体（CAS-MA）政策系统，模拟预测林业生态建设政策体系完善后的效果，为完善和优化西部生态建设政策体系提供理论依据和决策参考。

10.1 西部林业生态建设政策体系与功能构建

10.1.1 Netlogo 平台简介

在 20 世纪 90 年代初期，没有完善的复杂性系统仿真开发工具。一般来说，用户直接使用 C++ 以及 Java 等编程语言直接进行开发工作，这样对于用户的计算机编程水平有着较高的要求，缺乏专用的系统开发平台便会使许多非计算机专业的用户无法方便地进行开发工作。1995 年，美国的圣塔菲研究所（SFI）开发了 Swarm 系统仿真开发平台，这给研究人员提供了一套标准、灵活、可靠的软件工具。在 Swarm 成功推出后，一系列复杂性仿真平台相继被开发，例如，Repast、Ascape 以及 TNGLab 等。这些平台一般包括标准的类库与框架，极大方便了用户的使用，大大缩短了用于编码的时间。由此，基于主体的复杂性系统仿真实验在各个领域都得到广泛应用。下面主要介绍 NetLogo 仿真平台。

NetLogo 最早由 Uri Wilensky 发起，由美国西北大学连接学习与计算机建模中心（Center for Connected Learning and Computer-Based Modeling，CCL）开发，是基于 Java 语言的可编程建模平台，能够运行于 Mac、Windows、Linux 等操作系统。NetLogo 源自 StarLogo 建模语言的下一代，基于 StarLogoT，增加了许多新的特征与接口，并对编程语言和用户界面进行了重新设计，整体功能得到很大完善。一般来说，基于主体建模的专用平台分为两类：以 Swarm 为代表，只提供专用的类库；以 Logo 家族为代表的完整开发环境。其中 Logo 以 StarLogo 和 NetLogo 为代表。

NetLogo 在设计中扩展了语言的需要，从之前的 Logo 的一些重要思想中继承而来，实现更方便的操作和更好的接口，故而 NetLogo 不要求用户有着很强的编程基础，同时它还非常强调模拟平台的功能，这样的性能使得它不仅适用于基础较高的科研工作者，同样也适用于初学者。

NetLogo 是由主体（agent）组成的二维世界，其主体主要分为海龟（turtles）、瓦片（patches）、观察者（observer）以及链（links），下面一一进行介绍：

海龟（turtles）是在二维世界中可以自由运动的主体。每个海龟有着自己的属性，其属性可以完全由用户来赋予。在模拟过程中，其各种属性可以由其他主体或自身来改变，甚至是死亡（即这个海龟从世界中消失）。其主要特征为海龟的位置，以坐标（xcor，ycor）来表示，其中 xcor 与 ycor 均为浮点型数值。在连续的世界中，海龟可以随机运动或者按照一定规则来运动。它们分布在瓦片（patches）上，每个瓦片可以承载一个或多个海龟。NetLogo 改进了早期 Logo 控制海龟数量较少的缺陷，大大提高了独立运行的海龟的数量。

瓦片（patches）是组成模拟二维世界的网格，是一片正方形的地面，不具有移动的能力。每个瓦片都有自己的坐标（pxcor，pycor），例如坐标（0，0）处的瓦片就处在世界的原点处，pxcor 与 pycor 都是整数。整体来说，由瓦片组成的世界坐标具有笛卡尔坐标系的特点（图 10-1、图 10–2）。

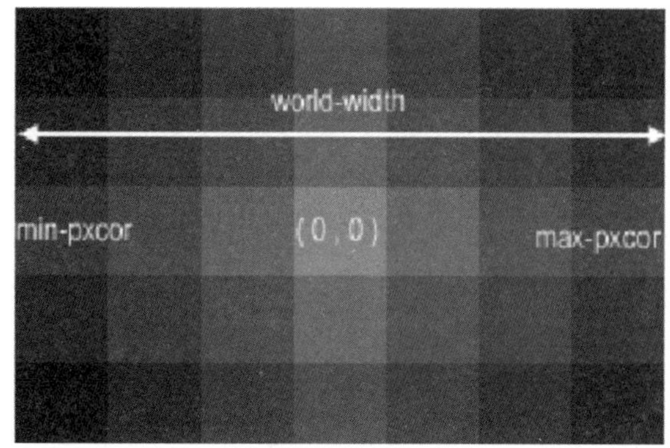

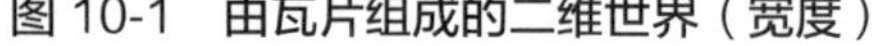
图 10-1　由瓦片组成的二维世界（宽度）

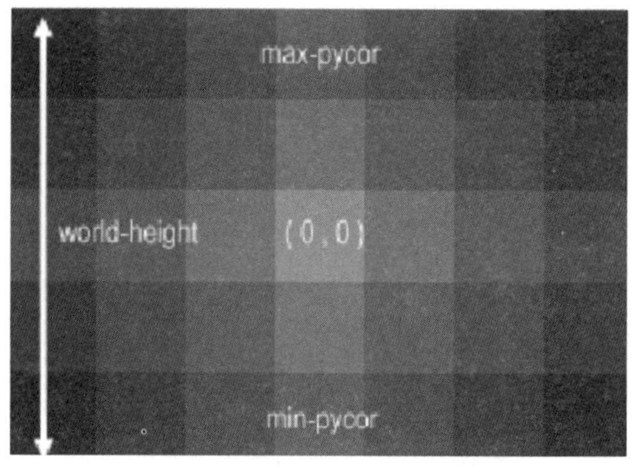

图 10-2　由瓦片组成的二维世界（高度）

观察者（observer）是一个全局主体。它观察着整个二维世界，包括所有主体的属性与行为。它能够接受从世界获取的信息，并对世界中的主体进行属性控制与行为控制。

链（links）主要用于连接两个海龟，没有坐标。这类主体主要用于网络建模分析等。在 NetLogo4.0 版本之前，并不将链作为主体，但其作用同样是很明显的。

NetLogo 提供了丰富的类库以供用户在编码时使用，NetLogo 的运行界面如图 10-3 所示。该平台的类库根据主体的不同可以分为 17 个库：海龟（turtle）、瓦片（patch）、链（links）、文件（files）、主体集合（主体 set）、列表（list）、颜色（color）、输入 / 输出（input/output）、控制流和逻辑（control flow and logic）、字符串（string）、世界（world）、视角（perspective）、电影（movie）、HubNet、数学（mathematical）、系统（system）、绘图（plotting）。NetLogo 为用户提供了十分详细的用户手册，该手册由浅入深，覆盖面广，这也是 NetLogo 广受好评的主要原因。NetLogo 的模型包括可视化部件和例程两部分：在界面页（interface）中创建可视化控件，在例程页（procedures）中编写相应的代码，通过控件将二者联系起来。在界面页中主要有三类部件：运行控制、参数控制和仿真显示；在例程页中可将例程分为两类：命令（command）例程和报告（reporter）例程（具体详情参考 NetLogo 用户手册）。其中，每个例程以关键词“to”开始，以关键词“end”结束。

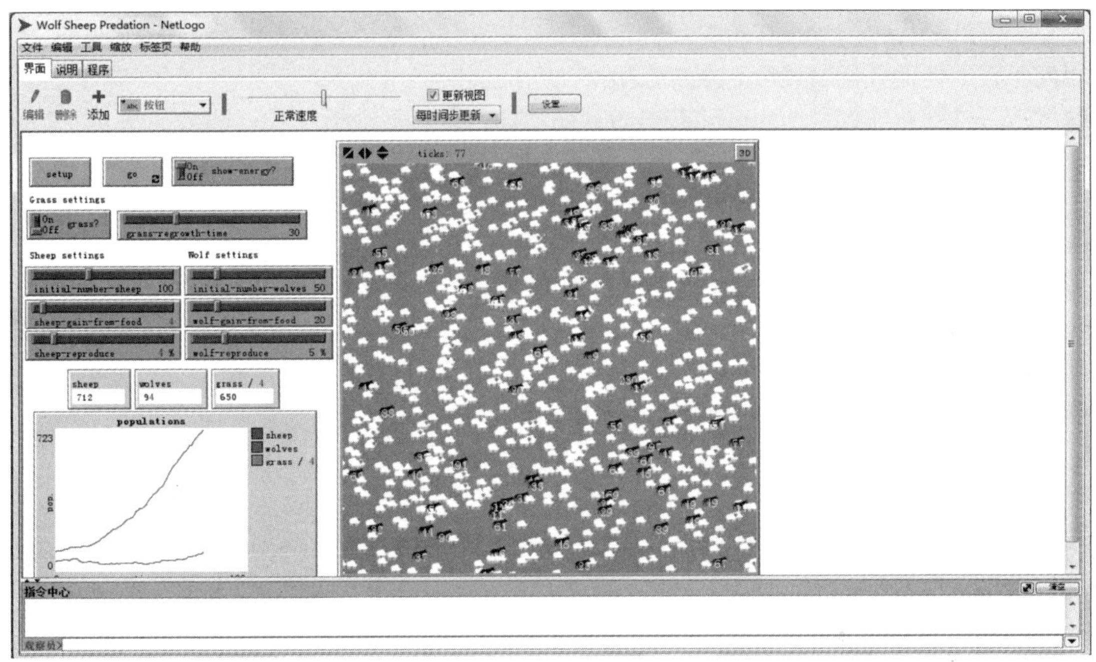

图 10-3　一个 NetLogo 模型的运行界面

10.1.2　模型构建

将西部林业生态环境看作一个完整的系统。可以分析出，在这个系统中涉及林地、农林工作者、国家政策三方面，整个西部林业生态环境的效果是具体由这三方面互相影响作用的结果。因为国家政策不是实体，无法将其具体为一个主体，因此在构建模拟系统的时候将国家政策设为可调节的外生变量。这样，还有林地与农林工作者需要在系统中体现出来，于是在构建模拟系统的时候就构建林地与农林工作者两个种类的主体。下面介绍一下主体的行为分析，以及作为外生变量的国家政策对两个具体实体是如何影响到的。

10.1.2.1　国家政策对于生态效益以及农林工作者积极性的影响

（1）农林工作者对于国家政策的满意程度：经过对云南、宁夏、广西和甘肃多个村庄林农的调研并对数据进行统计之后可以发现，农林工作者对于国家政策的满意程度还是比较高的，达到 80%。具体分析农林工作者对国家政策不满意的原因，发现主要有以下 4 个方面：补贴力度不够、政策信息不透明、政策经常变化、时限过短。

（2）调整政策对于农林工作者满意程度的改变：调查结果显示，补贴力度这一方面，有 80% 的农林工作者感到满意；政策时限方面，有 90% 的农林工作者感到满意；政策信息透明化方面，有 70% 的农林工作者感到满意；政策变化方面，有 80% 的农林工作者感到满意。如果政府对农林工作者不满意的方面进行调整，农林工作者在这一方面的态度就会变为满意。当农林工作者不满意方面都被改进过后，对政策不满意的农林工作者就会对政策满意。

（3）政府投资造林对于生态效益与农林工作者积极性的影响：政府每年会投入一部分资金进行造林，当生态环境发展的效果达到政府预期效果，政府就会停止造林这一方面的投资。林地数量增加后，在加强生态效益的同时，也让农林工作者可操作的林地数量增加，可操作的数量增加会使获得的补贴增加，这样一个机制可以增强农林工作者的积极性，形成一个良性循环。

（4）政策的互相影响：国家为了扶持西部林业生态系统，采取了不止一种政策，政策与政策之间也会相互影响。国家政策对于农林工作者最主要的影响就是对于农林工作者积极性的影响，因此，如果政策之间的影响是正面积极的，就将初始化后的不积极的农林工作者中的一部分转化为积极的；如果政策之间的影响是负面消极的，就将初始化后的积极的农林工作者中的一部分转换为不积极的。

10.1.2.2 农林工作者行为分析

农林工作者作为此仿真系统的主体之一有着鲜明的行为特点，需要对其行为原因进行实际分析，并用程序化的语言描述出来。经过实际考察与分析，本研究选取以下几方面作为影响农林工作者行为的因素：

（1）农林工作者日常成本：农林工作者在对林地进行维护的各个环节上都会有费用支出，然而我们可以不用这么细化地去考虑。多主体仿真建模的思想就是将要研究的点突出，其他没有影响的变量尽量简化与趋同。因此，农林工作者的日常成本在系统中就可以用农林工作者的主体发生移动所产生的成本减去相应的费用来表示。

（2）林下作物等为农林工作者带来的收入：当农林工作者对林地进行操作的时候，就可以从林地上面的作物获得收入，补偿在维护林地过程中所发生的费用。

（3）农林工作者获得补贴：西部林业生态的模拟系统中，使农林工作者有意愿去维护林地，增强生态效益的驱动因素最主要还是国家政策中允诺的补贴。系统运转一个周期后（一年为一个周期），会向农林工作者派发补贴，补贴的额度根据农林工作者的工作量来确定。农林工作者的工作量由其所操作的林地数量以及林地上病虫害的面积来衡量。如果国家政策定制的补贴额度合适就会让农林工作者对政策满意，提高维护林地的积极性，积极性越高，所维护林地的数量就会越高，从而获得更高的补贴，这样就能够形成一个良性循环。

（4）新增农林工作者：西部林业生态系统运转良好的话，达到一定的程度必然会吸引新的农林工作者加入进来。对农林工作者来说，影响他们的最主要因素还是收入。因此，在系统中以农林工作者赚钱的人数作为标准，农林工作者赚钱的人数越多，所能吸引加入到系统中的农林工作者也就越多，反之亦然。

（5）农林工作者的退出：国家政策在制定时将补贴的额度定得过低就会使农林工作者入不敷出，当农林工作者的资金不足以支持他在这个系统中继续运转的话，就退出系统。

10.1.2.3 林地行为分析

林地处在自然环境下，农林工作者会对林地产生影响，林地也会回馈农林工作者。除了与农林工作者相互的影响，自然生长也会对林地产生影响。下面具体分析一下林地的行为。

（1）林地的自然生长：林地有着自己的生长规律，通过查阅资料，林地的生长率与降水量以及病虫害面积有关系。当降水量的值很小时，林地的生长率就会降低，降水量在比较低的水平增加时，林地的生长率会有提高，但当降水量高到一定的水平线，不仅不能够提高林地的生长率，还会降低林地的生长率。病虫害面积所占比率与林地的生长率成反比关系，病虫害面积所占比率越高，林地生长率越低。病虫害对于生长率的影响具有滞后性，即今年发生的病虫害会在几年之后才会有影响。

（2）林地经过维护后生长率的变化：经过农林工作者的人工操作，可以使得病虫害面积减少，林地生长率上升。人工操作的结果不仅使病虫害面积发生减少，还有许多对林地面积增长有益处的地方不能够通过生长率来体现，对于这一方面的处理，还是遵循多主体仿真建模对重要变量突出，其他趋同弱化的原则，直接给所操作的林地增加固定的林地面积。

（3）新增林地：考虑到投资建设林地成本比较高，由农林工作者来承担费用比较困难，因此在所构建的模拟系统中，统一由国家出资造林。

（4）林地退出系统：农林工作者对林地进行维护时有很大的随机性，如果一片林地经常性地被农林工作者错过，那么它的病虫害面积所占总面积比率将会越来越高。这样的结果不仅让林地停止生长，还会使林地面积缩减，当林地面积缩减为 0，它自然就退出系统了。

一个系统要比较真实模拟现实情况，除了要让主体的行为与真实情况尽可能的相符合，还要设定好每个主体的行为决策器以及进入、淘汰机制。在仿真系统中，每个主体的行为是由一个行为决策器来确定的，行为决策器就像主体的 DNA 一样，是用来区别不同主体的关键。系统初始化将会为每个主体随机分配一个行为决策器，主体在进行行为选择时，会完全按照自身行为决策器进行选择。在众多主体中，必定有一些主体达到饱和状态，不能继续发展，而有的主体又因为发展的不好而被淘汰，甚至因为外生变量的变化，导致新的主体加入到模型当中。在初始化以后，类似的主体会有很多，项目组需要设立一些判断机制，来保证模型能够最大限度地按实际情况运行。下面介绍一下各个主体的行为决策器以及判断机制。

10.1.2.4 农林工作者的行为决策器

（1）农林工作者的初始化：农林工作者的属性变量包括：是否对政策满意（满意即参加到政策中、积极性高，不满意对应没有参与到政策中、积极性低，用 have-join 表示），是否对补贴额度满意（subsidy），是否对政策时限满意（time-limit），是否对政策信息透明化满意（information），是否对政策变化程度满意（policy-change）。农林工作者需要监测的信息包括：收入（income），每年所操作的林地面积数（opera-area-year）、病虫害面积数（opera-insect-year），累计操作的林地面积数（opera-area）、病虫害面积数（opera-insect），以及移动的步数（move-number）（图 10-4）。

初始农林工作者的属性：

people-own [income have-join subsidy time-limit information
policy-changemove-number opera-area opera-area-year
opera-insectopera-insect-yearopera-tree-number]

```
to setup-people
  create-people 100
  set-default-shape people "person"
  ask people
  [
    setxy random-xcor random-ycor
    set color yellow
    set income 400
    set have-join 0
    set opera-area 0
    set opera-area-year 0
    set opera-insect 0
    set opera-insect-year 0
    set opera-tree-number 0
  ]
  if policy-1
  [
    ask people
    [
      set information random 10
      if information-change
      [
         set information information - 3
      ]
      set subsidy random 10
      if subsidy-change
      [
        set subsidy subsidy - 2
      ]
      set time-limit random 10
      if time-limit-change
      [
        set time-limit time-limit - 1
      ]
      set policy-change random 10
      if policy-change-change
      [
        set policy-change policy-change - 2
      ]
    ]
    ask people
    [
      if subsidy < 8
      [
        if time-limit < 9
          if information < 7
          [
            if policy-change < 8
            [
              set have-join  1
            ]
          ]
        ]
      ]
    ]
  ]
  ask people
  [
    ifelse have-join = 1
    [
      set move-number 60
    ]
    [
      set move-number 20
    ]
  ]
end
```

图 10-4　农林工作者的初始化

（2）农林工作者的移动：初始化后，分别设定了积极性高的农林工作者（have-join 的值为 1）的移动步数与积极性低的农林工作者（have-join 的值为 0）的移动步数。并且在每一年开始的时候对移动步数进行重置。系统运行的一个周期中，农林工作者移动

1 步相应的移动步数减少 1,所拥有的资金也相应减少固定值。当可移动步数降低至 0 时，农林工作者在这个周期内不再移动（图 10-5）。

```
to people-move
    if move-number > 0
    [
      rt random 50
      lt random 50
      fd 1
      set income income - 0.02
      set move-number move-number - 1
    ]


end
```

图 10-5　农林工作者的初始化

（3）农林工作者的退出：农林工作者的资金不足以支持其在西部林业生态系统中的运行（即 income 属性值小于 20），则退出系统（图 10-6）。

```
to quit-people
  if income < 20
  [die]
end
```

图 10-6　农林工作者的退出

（4）新农林工作者的加入：系统运行一个周期内，如果资金有所增加的农林工作者人数占到农林工作者总人数的 50%，就会有 2 个新的农林工作者进入系统（图 10-7）。

```
to add-people
  if have-add-people = 0
  [
      if earn-people / count people > 0.5
      [
        hatch earn-people / count people * 10
        [
          rt random-float 360 fd 1
          set income 400
          set have-join 0
          set opera-area 0
          set opera-area-year 0
          set opera-insect 0
          set opera-insect-year 0
          set opera-tree-number 0

        ]
  ]

end
```

图 10-7　农林工作者的加入

10.1.2.5 林地的行为决策器

（1）林地的初始化：林地的属性变量有林地面积（area）、病虫害面积（insect）、是否被维护过（have-opera 值为 1 代表被维护过，have-opera 值为 0 代表没有被维护过）。为了避免不必要的因素对于系统效果的评价，将林地的林地面积与病虫害面积都初始为相同的值（图 10-8）。

初始林地的属性：tree-own [area insect have-opera]

```
to setup-tree
  create-tree 300
  set-default-shape tree "tree"
  ask tree
  [
    setxy random-xcor random-ycor
    set color green
    set area  10
    set insect 0.7
    set have-opera 0
  ]
end
```

图 10-8 林地的初始化

（2）林地的自然生长：系统一个周期结束后，对林地的自然生长进行操作，即在原有林地面积上增加林地生长率所增加的林地面积。病虫害面积也增加一个固定的值（图 10-9）。

```
to tree-grow
  ifelse year-countdown <= 0
  [
    set year year + 1
    ask tree
    [
      set area area  * (100 + rainfall)  / (100 + insects)
      set insect insect + 0.02
      set have-opera 0
    ]
    ask people
    [
      ifelse have-join = 1
      [
        set move-number 60

      ]
      [
        set move-number 20
      ]
      set income income + opera-tree-number * 100
      set income income + 200
      set opera-area-year 0
      set opera-insect-year 0
      set opera-tree-number 0
    ]

    set year-countdown tree-grow-time
    set money-gov 2000

  ]
  [set year-countdown year-countdown - 1]
end
```

图 10-9 林地的自然生长

（3）林地经过农林工作者维护：系统运行过程中，农林工作者与林地的图形有重叠代表农林工作者将对林地进行维护。如果林地还未被服务过（即 have-opera 为 0），林地接受农林工作者的维护；如果林地已被服务过（即 have-opera 为 1），林地不接收维护，农林工作者继续移动（图 10-10）。

```
to operation
  ask tree
  [

    let prey one-of people-here
    if prey != nobody
    [
      if have-opera = 0
      [
        set abc area
        set def insect
        set have-opera 1
        ifelse abc / def < 0.06
        [
          ask prey
          [
            set income income + 2
            set income income - def * 2
            set opera-tree-number opera-tree-number + 1
          ]
        ]
        [
          ask prey
          [
            set income income + 1
            set income income - def * 2
            set opera-tree-number opera-tree-number + 1
          ]
        ]
      ]
    ]
  ]

end
```

图 10-10　林地经过人工操作

（4）新林地进入系统:政府每年投资造林,生成新的林地。新林地所在位置随机分布,所具有属性与系统初始化的林地属性一样（图 10-11）。

（5）林地退出系统：系统运行过程中，病虫害发生得非常厉害，病虫害发生面积达到总面积的 60% 时，林地自然退出系统（图 10-12）。

```
to add-tree
  if money-gov >= 2000
  [
    hatch 1
    [
      rt random-float 360 fd 1
      set area 10
      set insect 0.5
    ]
    set money-gov money-gov - 2000
  ]
end
```

图 10-11　新林地进入系统

```
to quit-tree
  if insect / area > 0.6
  [die]
end
```

图 10-12　林地退出系统

10.2 系统运行动态模拟（以甘肃省天保工程为例）

因为林地不可能无限制地增长，一个固定面积的土地所能承载的林地数量也是有限的，因此系统中设定一块林地最高的生长量为 50，系统中所能承载最多的林地数量为 400。系统中涉及的政策有天保工程。通过系统运行动态模拟，我们将探究天保政策在甘肃省的政策效果以及对天保政策进行改进之后的政策效果。其中系统的初始数据来源为 2012 年西部调查整理所得。

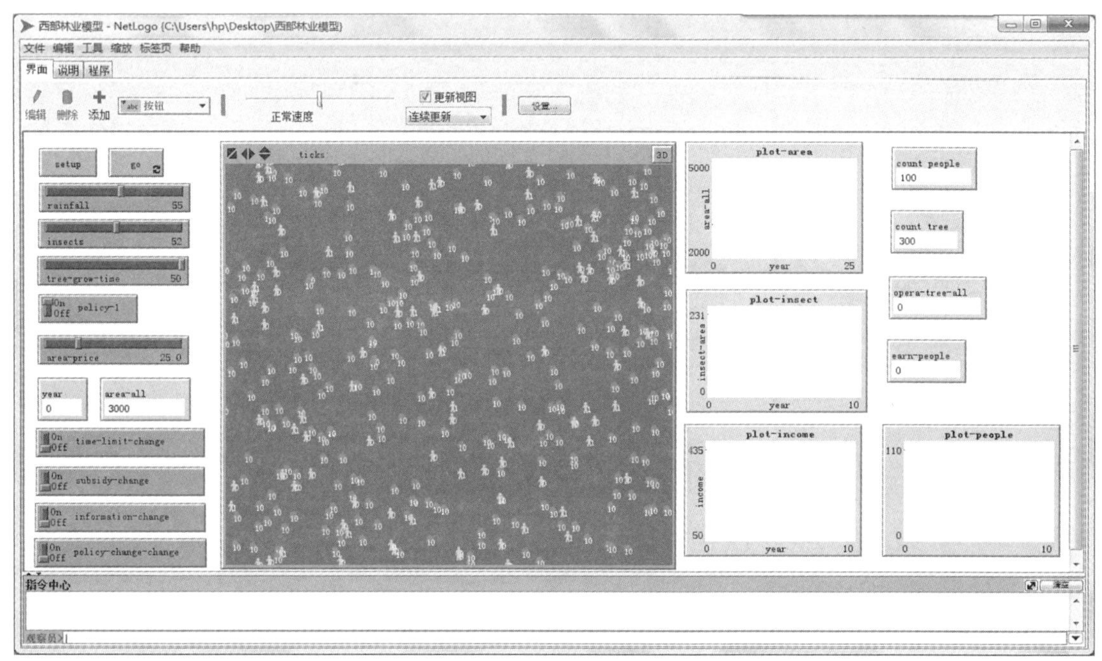

图 10-13 系统运行的界面

10.2.1 系统有效性分析

两张图相比，整体趋势还是相似的，证明系统与现实情况相似，系统是有效的（图 10-14、图 10-15）。

10.2.2 基准情况下设置

想要讨论甘肃省的生态效益，就必须先确定基准情况下的生态效益。之后的谈论都是在基准情况下对相关变量进行调整，之后重新运行系统，把所获得的输出数据与基准情况下的输出数据进行比较从而评价各种情况下对于甘肃省生态效益的影响。探究天保政策对于甘肃省生态效益的影响问题，基准情况即现实中的情况，即只有天保政策参与系统的情况。

让天保工程（policy）加入到系统中，对影响农林工作者满意率的四个因素不做调整，进行系统模拟（图 10-16）。

从图 10-17 可以看出，农林工作者的状态栏 0、1 随机分布，说明了在政策进入的情

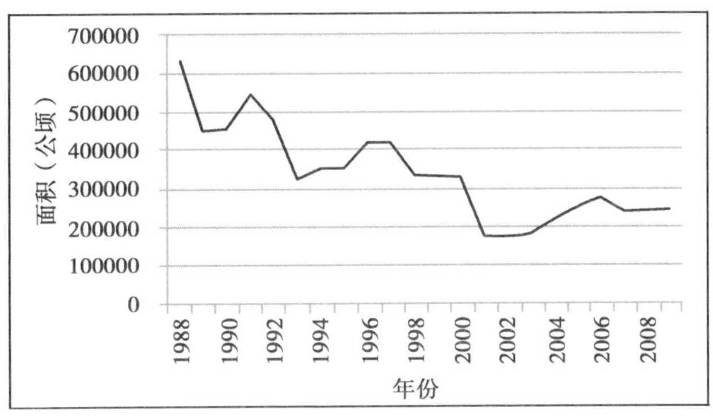

图 10-14　甘肃省 1998—2008 年病虫害发生面积

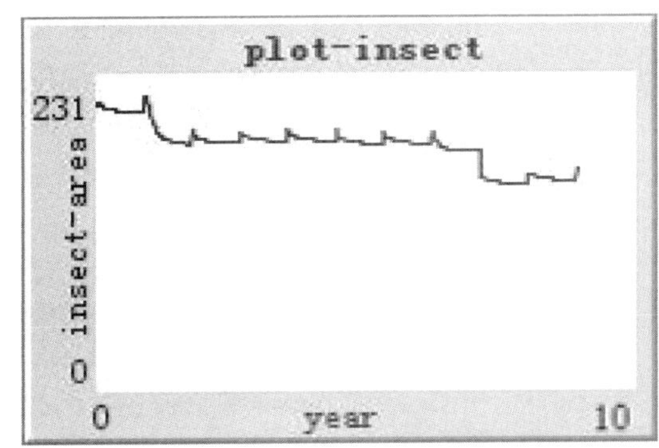

图 10-15　系统模拟 10 年输出的病虫害面积统计图

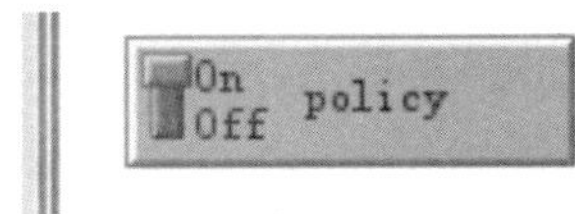

图 10-16　打开天保工程的开关

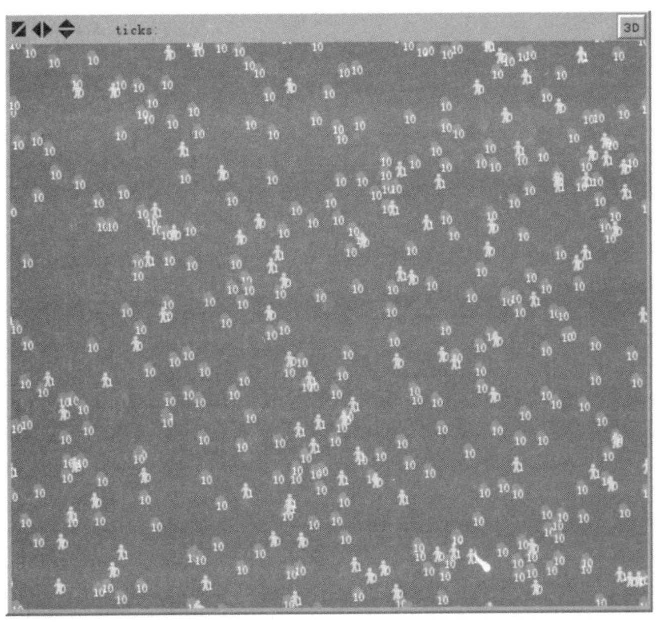

图 10-17　有天保工程参与到系统中的条件下系统初始化

况下，部分农林工作者对于政策满意，行动积极。

通过数据框监测的数据有三个：林地总面积、林地病虫害总面积、农林工作者平均资金持有量、农林工作者数量，在没有政策进入系统的情况下，运行了 100 个周期（即经过了 100 年），返回数据如图 10-18 至图 10-21。

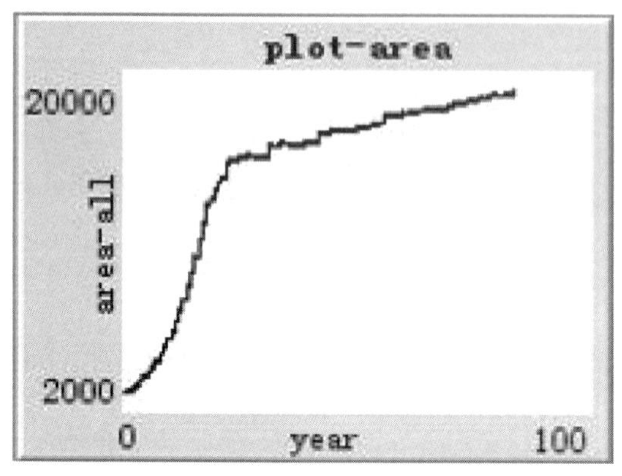

图 10-18　基准情况林地总面积统计图

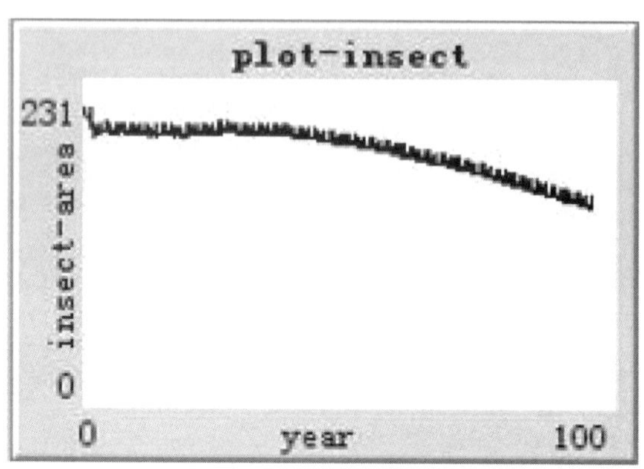

图 10-19　基准情况林地病虫害总面积统计图

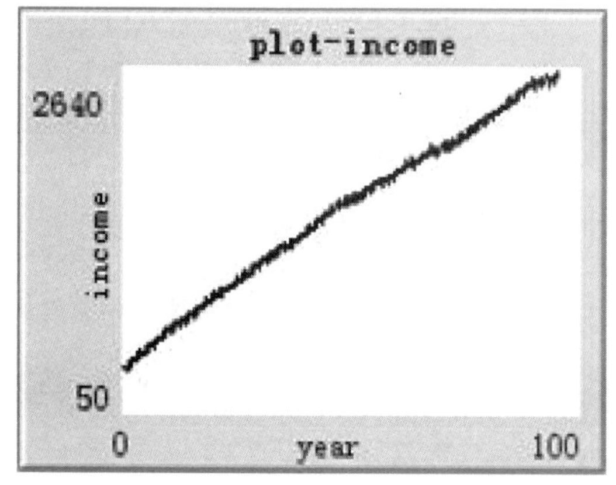

图 10-20　基准情况农林工作者资金持有量统计图

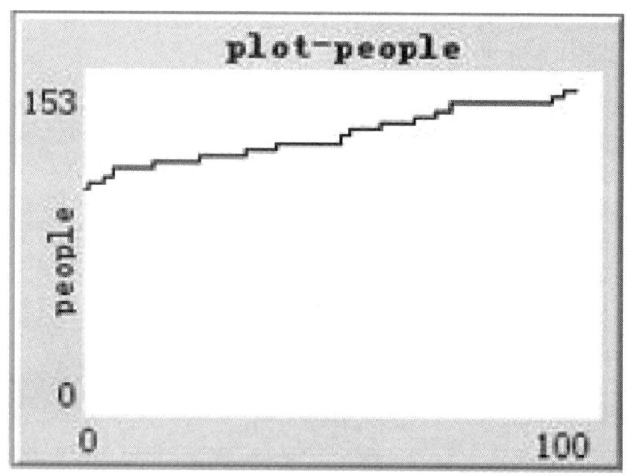

图 10-21　基准情况农林工作者数量统计图

10.2.3　天保工程政策影响分析

如果讨论天保政策对于生态效益的影响，就要将没有天保政策与有天保政策的情况进行对比之后进行评价。

图 10-22　关闭天保工程的开关

模拟在没有政策参与时，系统的运转结果如图 10-22、图 10-23。

通过数据框监测的数据有三个：林地总面积、林地病虫害总面积、农林工作者平均资金持有量、农林工作者数量，在没有政策进入系统的情况下，运行了 100 个周期（即经过了 100 年），返回数据如图 10-24 至图 10-27。

最终系统运行结果如图 10-28。

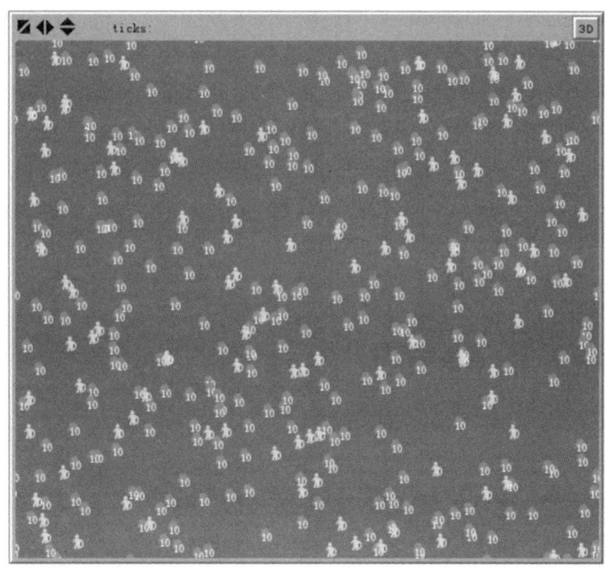

图 10-23　没有政策参与到系统中的条件下系统初始化

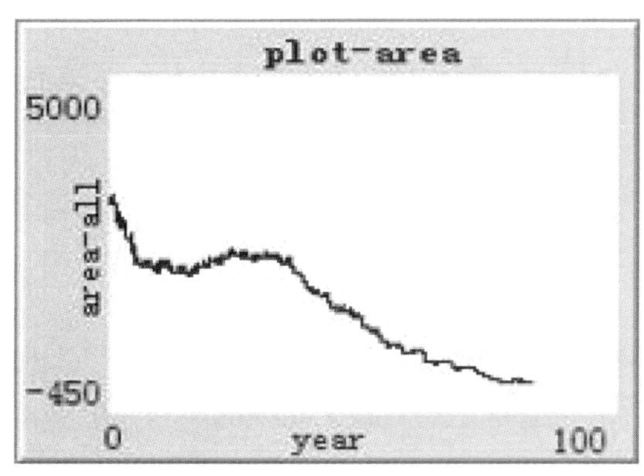

图 10-24　无天保政策参与的林地总面积统计图

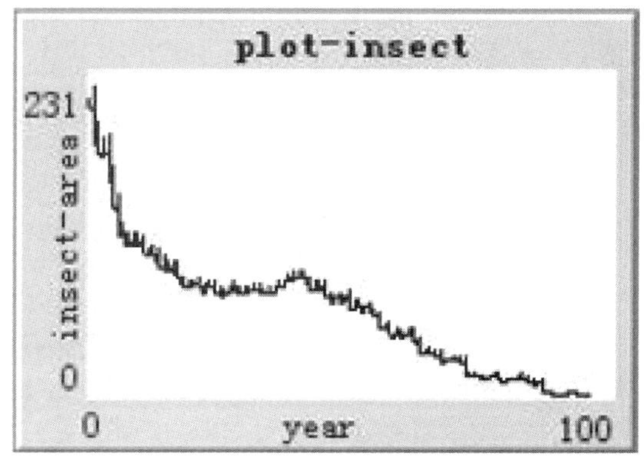

图 10-25　无天保政策参与的林地病虫害总面积统计图

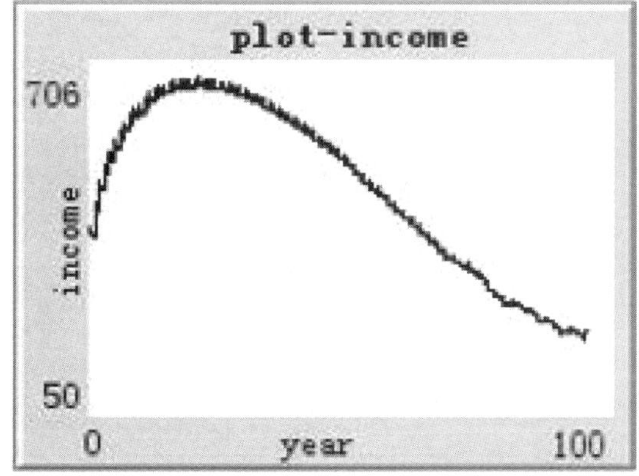

图 10-26　无天保政策参与的农林工作者资金持有量统计图

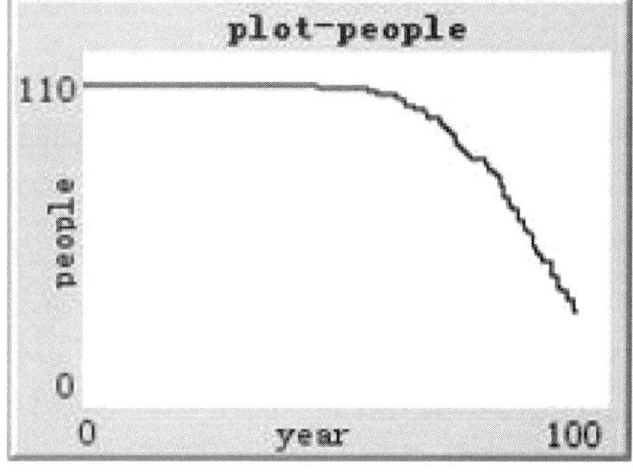

图 10-27　无天保政策参与的农林工作者数量统计图

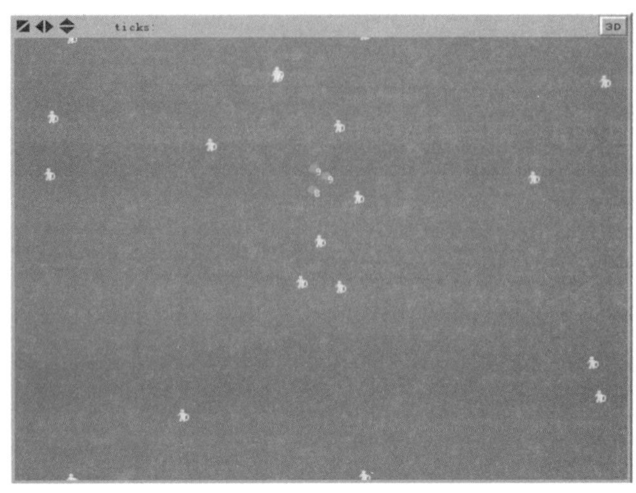

图 10-28　没有天保政策情况下最终运行结果

结果分析：从最后的运行结果来看，系统中只剩下非常少量的农林工作者与林地。通过分析，导致这种极端情况出现的原因是因为没有外部的刺激，即没有政策的补贴支持，农林工作者的工作积极性就相对要低，反应到行动上，就是移动次数减少，能够操作到林地的几率减少，对林地的影响就是没受到操作林地数量增加，林地的病虫害数量就会增加。久而久之，农林工作者收入减少，大量农林工作者退出系统；林地病虫害严重，大量林地退出系统。因此，实行天保政策是非常必要的。

10.2.4　天保工程满意度调整分析

在确定天保政策有实行的必要的基础上，为了让天保政策对生态效益做出更大的贡献，所以我们探究在提高天保政策满意度的情况下，甘肃省的生态效益变化情况。农林工作者是否对天保政策满意与四个属性有关。满意即参加到政策中、积极性高，不满意对应没有参与到政策中、积极性低，用 have-join 表示。这四个属性指：是否对补贴额度满意（subsidy），是否对政策时限满意（time-limit），是否对政策信息透明化满意（information），是否对政策变化程度满意（policy-change）。如果农林工作者对于这四个属性都感到满意，则对天保政策感到满意，只要有一个属性感到不满意，就对天保政策感到不满意。系统中有四个开关对应四个属性，当打开某一属性的开关，所有农林工作者对于这一属性都感到满意。

对影响农林工作者满意度的四个方面进行调整，运行模拟系统如图 10-29、图 10-30。

从图 10-30 中可以看出农林工作者的状态栏都是 1，代表经过改革后的政策使得农林工作者都对政策满意，积极行动。

通过数据框监测的数据有四个：林地总面积、林地病虫害总面积、农林工作者平均资金持有量和农林工作者数量，在没有政策进入系统的情况下，运行了 100 个周期（即经过了 100 年），返回数据如图 10-31 至图 10-34。

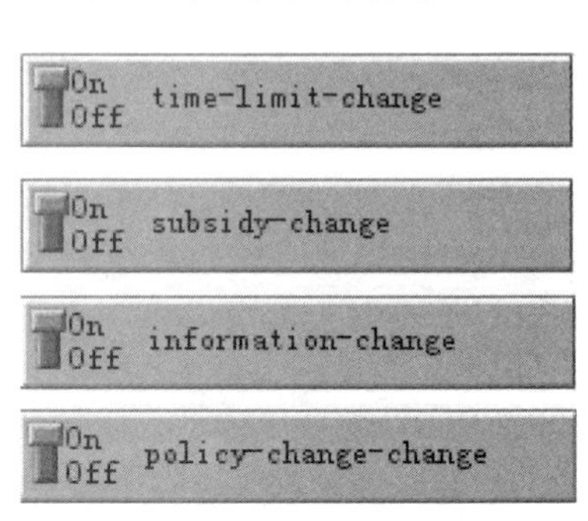

图 10-29　打开调整开关

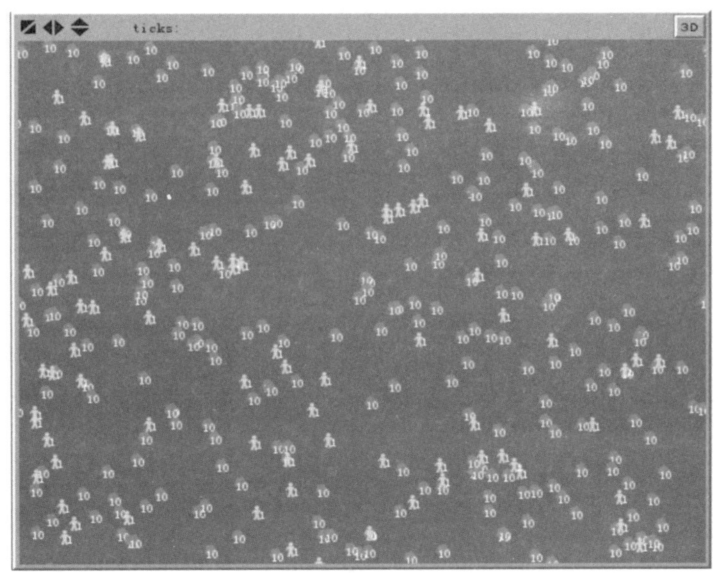

图 10-30　调整过后系统初始化

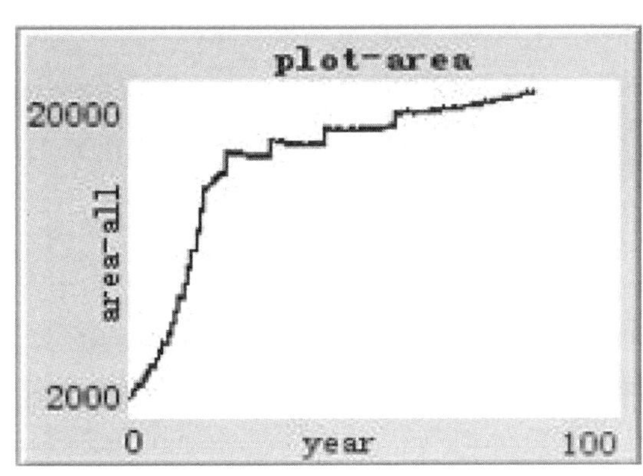

图 10-31　调整满意度后林地总面积统计图

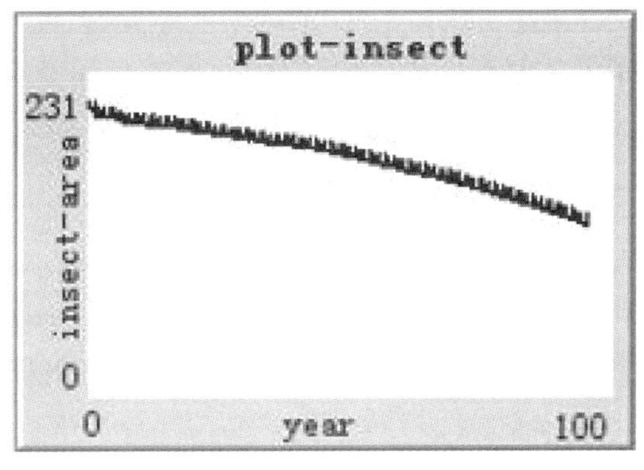

图 10-32　调整满意度后林地病虫害总面积统计图

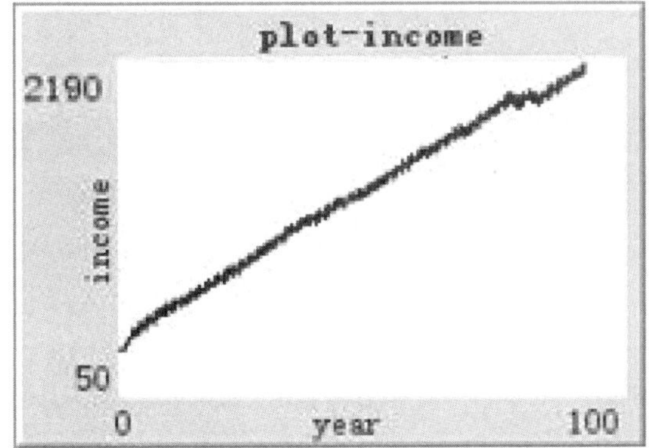

图 10-33　调整满意度后农林工作者资金持有量统计图

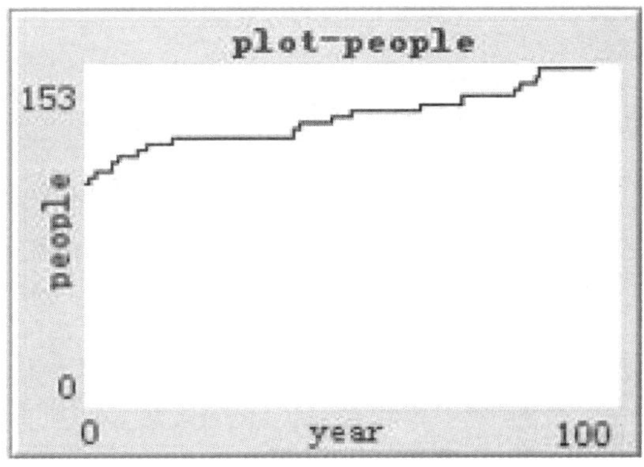

图 10-34　调整满意度后农林工作者数量统计图

结果分析：与前面两种情况相比，林地总面积与农林工作者平均资金持有量变化的趋势是一样的。然而在林地总面积图中，调整满意度后林地面积增长率速度最快。而统计农林工作者资金持有量的图形，并不是如想象中那样农林工作者的最终资金持有量会继续加大，反而降低到 2190 元左右。分析其中的原因，是系统在前期的运转良好，就会引入新的农林工作者进入系统，农林工作者数量的增加使得农林工作者之间发生竞争，人均可操作的林地树木就会减少，使得最终的资金持有量相比于在基准情况发生减少。至于林地病虫害总面积与基准情况相比则是下降的程度加快。因此，天保政策在增强满意度的情况下，林地面积与病虫害面积的变化情况并没有发生比较大的变化，而农林工作者的收益反倒下降，可见，将重点放在提高天保政策满意度上的作用效果是有限的。

10.2.5　补贴额度调整分析

西部林业生态系统中，最重要的驱动因素就是天保政策的补贴额度，那是否将补贴额度定得越高生态效益就会越好？通过分析，这显然是不对的。过低的补贴额度会打击农林工作者的积极性，而过高的补贴额度虽然会使得林地面积与病虫害面积朝着生态效益增强的方面发展，但是，高补贴定会导致更多的农林工作者进入系统，会加剧农林工作者间的竞争。所以，应该寻找合适的补贴额度，使得林地面积增加、病虫害持平甚至是减少，且农林工作者的收入呈现持续增长的趋势。

（1）将补贴额度定为 1.5 元 / 亩，仿真结果如图 10-35。

返回结果如图 10-36 至图 10-39。

area-price　1.5

图 10-35　调整补贴额度为 1.5 元 / 亩

结果分析：综合图 10-36 至图 10-39，由于补贴额度比较低，整个系统运行过程中不仅没有一个新进入的农林工作者，还有许多农林工作者因为资金持有量不足以支持其在系统中的活动而退出系统。分析统计林地总面积的图形，前期因为人员充足，总面积还能够处于稳步上升的阶段，然而由于后期大量的农林工作者退出系统，导致大量林地没能够被维护，使得整体林地面积在后期处于下降的趋势，甚至一部分林地因为发展不好而退出系统。分析统计林地病虫害总面积的图形，可以看

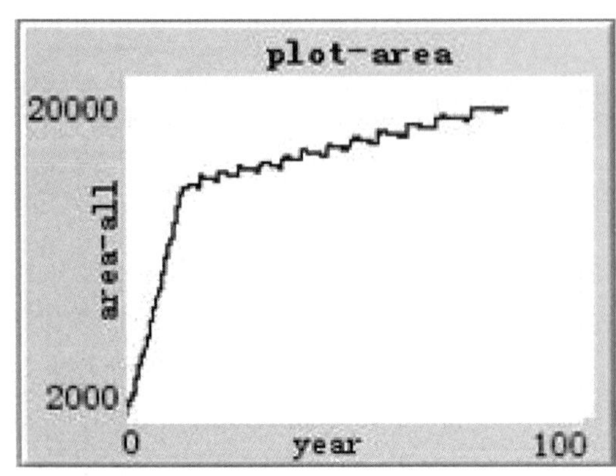

图 10-36　补贴额度为 1.5 元 / 亩情况下林地总面积统计图

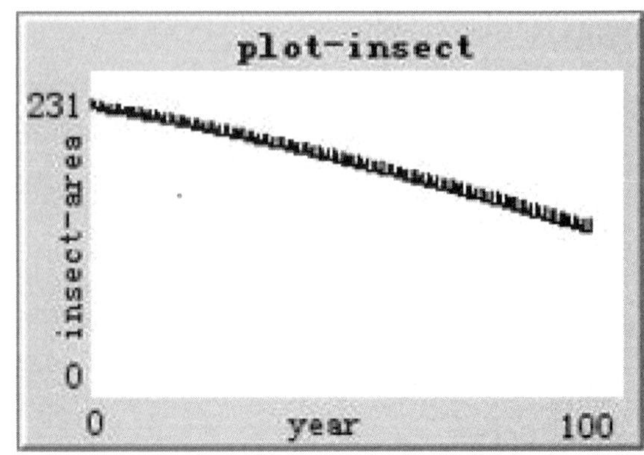

图 10-37　补贴额度为 1.5 元 / 亩情况下林地病虫害总面积统计图

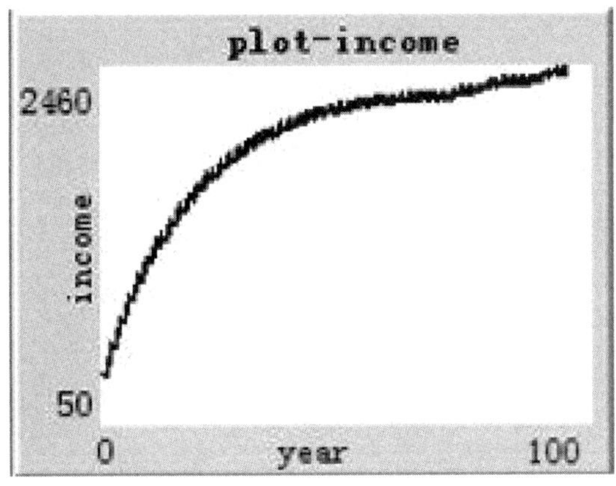

图 10-38　补贴额度为 1.5 元 / 亩情况下农林工作者资金持有量统计图

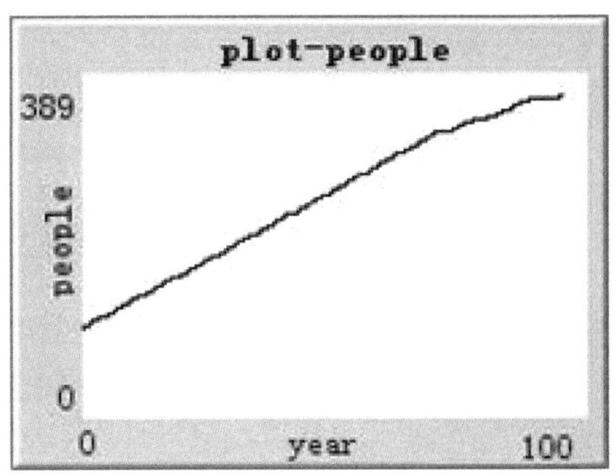

图 10-39　补贴额度为 1.5 元 / 亩情况下农林工作者数量统计图

出是个类似于倒 U 的图形，图形中上升阶段的原因是因为农林工作者退出系统，比较少人对林地进行维护，使得病虫害面积呈上升趋势，而后面的下降趋势是因为有一部分病虫害面积爆发厉害的林地退出系统，保留下来的林地属于情况比较好的林地，使得林地的总病虫害面积呈下降趋势。最后分析一下农林工作者资金持有量的图形，从系统运行结束后农林工作者最终的资金持有量来看，比较低的补贴额度使得最终农林工作者资金持有量只有 765 元左右，比基准情况的 2500 元以上的资金持有量有了十分明显的下降。

（2）补贴额度提高到 12.5 元 / 亩，仿真结果如图 10-40。

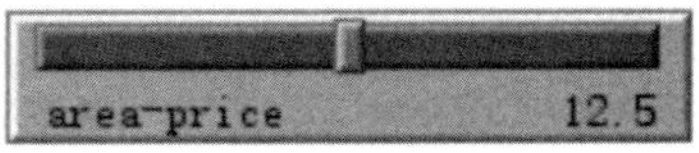

area-price　12.5

图 10-40　调整补贴额度为 12.5 元 / 亩

返回的图形如图 10-41 至图 10-44。

结果分析：在补贴额度足够高的情况下，林地面积的增长情况与林地病虫害面积的下降情况肯定是越来越好，然而对于农林工作者资金持有量的改善的能力越来越弱。分析农林工作者资金持有量的统计图，农林工作者资金持

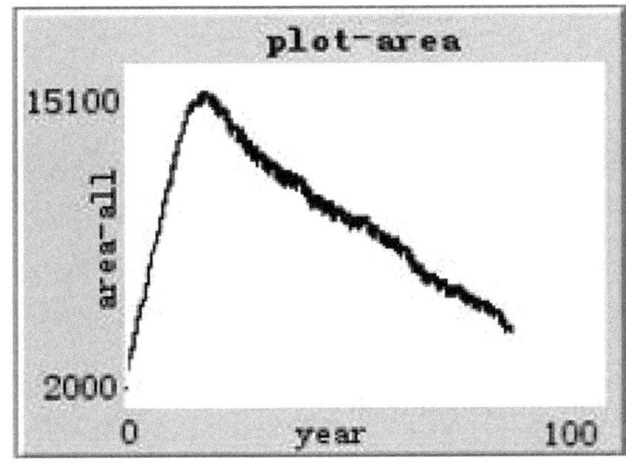

图 10-41　补贴额度为 12.5 元 / 亩情况下林地总面积统计图

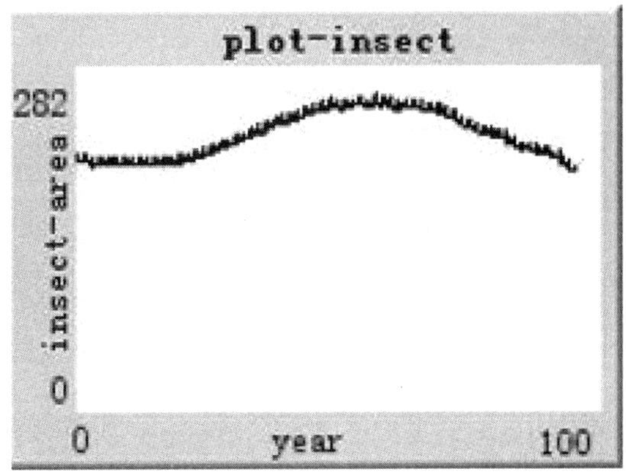

图 10-42　补贴额度为 12.5 元 / 亩情况下林地病虫害总面积统计图

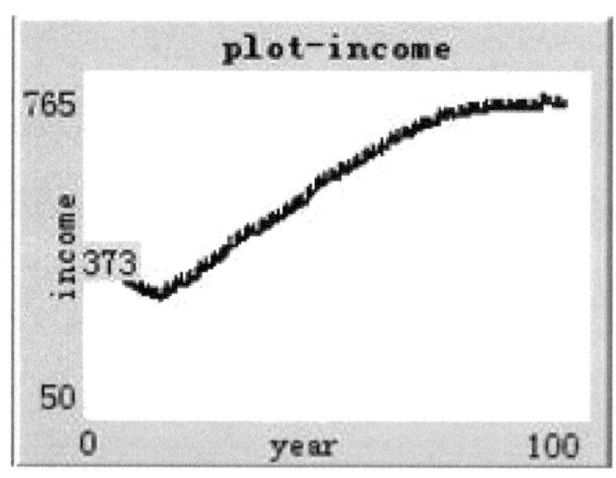

图 10-43　补贴额度为 12.5 元 / 亩情况下农林工作者资金持有量统计图

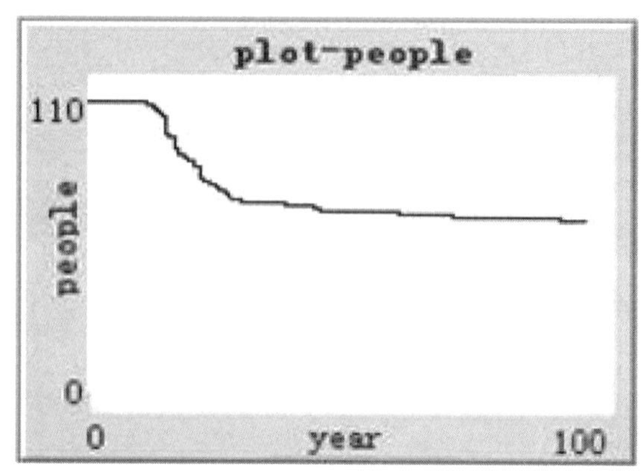

图 10-44　补贴额度为 12.5 元 / 亩情况下农林工作者数量统计图

有量的增长速度到后面越来越慢，这是因为后期进入系统的农林工作者数量越来越多，竞争导致的结果。

因此，应该选择一个合适的补贴额度能够使得系统中的林地面积一直呈现上涨趋势，林地的病虫害面积一直呈现下降趋势，并且使得农林工作者的资金持有量图形尽量呈现直线上升趋势。经过反复的实验，当补贴额度定在 7.4 元 / 亩的时候，能够得到比较理想的情况。

area-price 7.4

图 10-45　补贴额度定在 7.4 元 / 亩

（3）补贴定在 7.4 元 / 亩，仿真结果如图 10-45。

返回的图形如图 10-46 至图 10-49。

结果分析：无论从林地总面积、林地病虫害总面积、农林工作者资金持有量，都是达到最佳的情况。

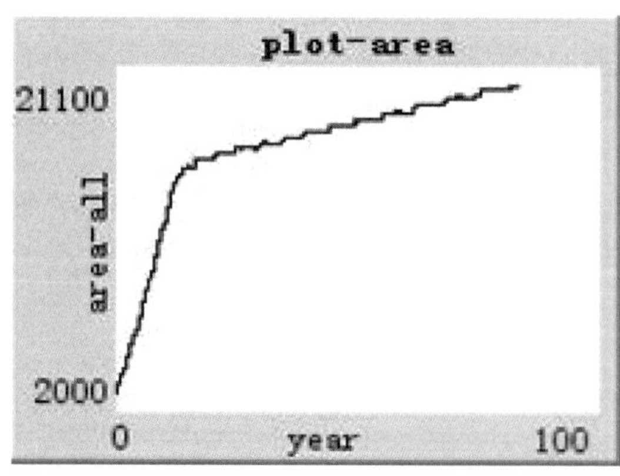

图 10-46　补贴额度为 7.4 元 / 亩情况下林地总面积统计图

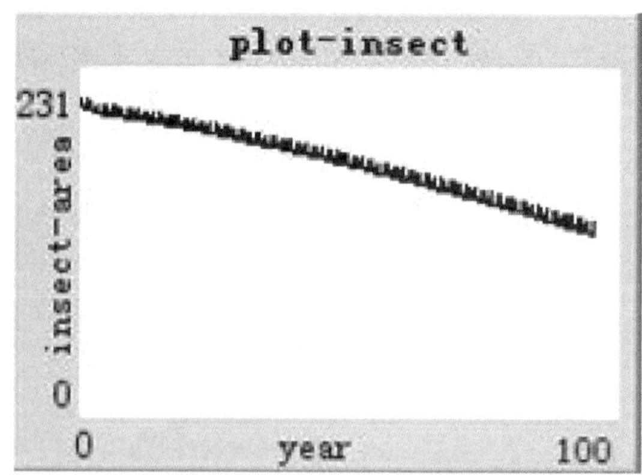

图 10-47　补贴额度为 7.4 元 / 亩情况下林地病虫害总面积统计图

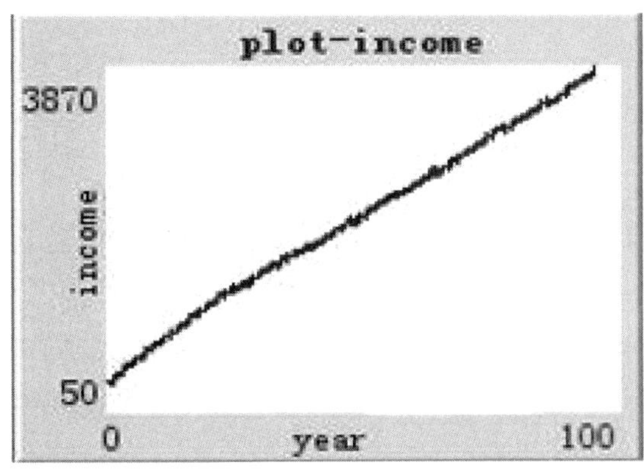

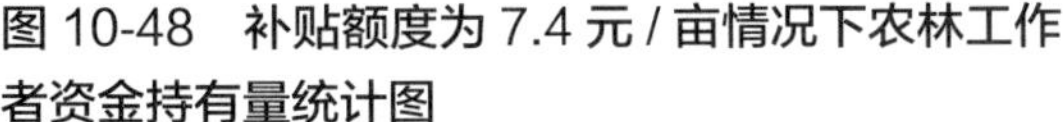
图 10-48　补贴额度为 7.4 元 / 亩情况下农林工作者资金持有量统计图

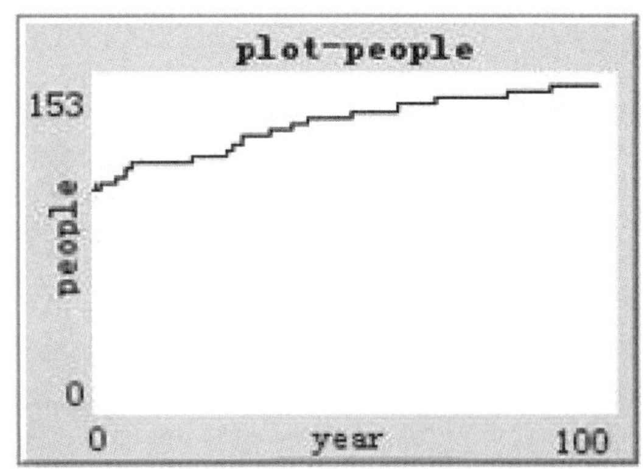

图 10-49　补贴额度为 7.4 元 / 亩情况下农林工作者数量统计图

10.3　政策建议

（1）对于现有政策的调整。林地发展的好坏与农林工作者的工作积极性有着密切的关系，农林工作者的积极性又与政策的制定有着密切的联系。农林工作者对于天保政策满意与否的因素有四个，分别是：补贴额度、政策信息透明化、政策变化、政策时限。当农林工作者对天保政策的四个属性都感到满意的时候，农林工作者就会对政策感到满意，从而加入政策中；只要农林工作者加入到政策中，因为有补贴的驱动，农林工作者就会有更高的积极性，导致的结果就是林地得到更好的保护，农林工作者也能有不错的收入情况。系统分别在不调整这四个因素的条件下和调整这四个因素的条件下运行，发现在不调整的情况下，除了维持林地的总面积增长以及林地病虫害面积下降外，还能够使农林工作者获得更好的收益。

（2）对于补贴额度的调整。根据国家林业局网站披露，天保工程 2013 年第二期补贴额度为 5 元 / 亩养护林。对于农林工作者的补贴不能够过低，这将使得农林工作者不能够弥补自己的支出，也不能够设置过高，这会造成国家资源的浪费。通过多次试验，最优的补贴额度为 7.4 元 / 亩。

10.4　本章小结

本章基于 NetLogo 平台，将西部林业生态环境看作一个完整的系统。系统中涉及林地、农林工作者、国家政策三方面，而整个西部林业生态环境的效果是具体由这三方面互相影响作用的结果。在此基础上，结合西部地区林业生态建设问卷数据，界定了仿真模型的相关参数，并对参数的拟合进行了检验。在模型构建的基础上，结合甘肃省林业生态建设问卷数据，本研究仿真了林业生态建设的趋势，并就指标优化问题进行了探讨。

第 11 章

西部林业生态政策创新及职能转变

西部林业生态建设在西部生态环境建设中具有基础地位。但是，目前由于林业生态政策内部各目标间、各环节间以及与当地经济、社会发展之间还存在很多不协调的方面，影响了林业生态政策在西部地区的执行与作用。因此，国家与地方林业主管部门有必要开展林业生态政策的创新以及政府职能的转变，这将有利于改善西部林业生态政策的协调性，有利于加快西部林业生态的建设，有利于促进林业在西部生态大环境建设中发挥应有的作用。本章主要讨论西部林业生态政策创新及职能转变的原则、西部林业生态政策创新的内容以及各级林业政府职能的转变方式。

11.1 西部林业生态政策创新及政府职能转变原则

自从我国西部林业生态建设开始以来，都是以政府主导模式①为主来开展的。但实际上，纵观国外的生态建设模式，除了政府主导模式，还有社会参与模式②、双轨制模式③、社会推进模式④（延军平，2008）。因此，我国可以考虑因地制宜地采用多种模式来进行林业生态建设。但是，不论采用哪种模式或是几种模式同时推进，都需要在现有林业生态政策基础上进行创新，同时，林业管理机构的职能要做相应的转变，才会有利于林业在西部生态建设过程中作用的发挥。在此过程中，要把握以下几个原则：

11.1.1 协调性原则

首先，在林业生态政策创新过程中，要保证林业生态政策目标的可协调性。林业生

---

① 政府主导模式主要是指政府以市场化的、财政的手段以及非市场的行政力量，通过制定法律法规，组织和管理生态环境建设，从发起到规划再到执行的整个过程都由政府控制。

② 社会参与模式是指在生态环境建设过程中，公民个人通过一定的程序或途径参与一切与生态环境建设相关的决策活动，也可以组成社会组织并通过组织化的形式表达个人意愿，参与建设活动，使最后的决策符合广大公众的切身利益。

③ 双轨制模式是指在生态环境建设过程中同时采用行政法律手段和经济手段，发挥政府和市场的双重作用。

④ 社会推进模式是指社会内部由于各种条件成熟而形成一种自发地、自下而上地推动生态环境建设的力量。

态政策目标不仅要保证生态建设，还肩负着过多的民生的改善、区域发展的重任，所以在政策设计过程中就要充分考虑政策的生态、经济、社会目标之间的协调性。

其次，在林业生态政策创新过程中，要保证林业生态政策过程的可协调性。要保证政策在制定、执行、监督、评估、调整过程中的上级与下级、同级各政府间、政策与民众间的协调性，又能保证政策的效果。

再次，在林业生态政策创新过程中，要保证林业生态政策与当地经济发展的协调性。

11.1.2　有效性原则

首先，要保证政策投入的有效性。包括政策创新过程中所要投入的人、财、物、信息等方面要有价值，当然在衡量其投入的成本效益时，要考虑长期效益与短期效益相结合，短期成本与长期成本相结合。

其次，要保证政策过程管理的有效性。包括新政策的制定、执行、监督、评估、调整全过程管理的有效性。任何一个环节的管理缺失都会造成政策创新过程中效果的损失。

11.1.3　可持续性原则

目前西部地区的林业生态政策都是以工程方式来实施的，这就使得各项林业政策难以具有长期稳定性，也必然会影响到林业政策执行的力度以及林业生态政策的效果。如果想要林业生态政策可以发挥应有的作用，就需要林业生态政策不仅在时间上可持续，在政策过程管理中都要本着可持续的原则。

11.1.4　可操作性原则

林业生态政策创新时，要保证其未来的可操作性，不能只是纸上谈兵，否则就会毫无意义。要想使其林业生态制度创新具有可操作性，就要使其与当地资源禀赋相适应、与当地经济发展过程相适应、与当地人文环境相适应，而且要充分考虑政策实施过程的人、财、物等的可操作性。

11.1.5　以人为本的原则

所有林业生态政策的最终目标是改善生态环境，促进当地居民的生计，实现人与自然的和谐发展。而且，政策的落实都是要靠当地政府与民众的支持与努力。因此，政策创新要坚持以人为本的原则，才能有效地保证政策效果。

11.1.6　尊重自然文化的原则

目前林业生态政策都是以造林为主，但西部地区并不都适合造林，所以要因地制宜地采用封育、保护、适度造林以及大规模改造的政策。要在尊重自然以及当地文化的基础上，达到与自然和谐相处。

下面就分别从西部林业生态政策的创新与林业管理部门政府职能的转变来进行讨论。

11.2 西部林业生态政策创新

目前由于林业生态政策内部各目标间、各环节间以及与当地经济、社会发展之间还存在很多不协调的方面，影响了目前林业生态政策在西部地区的执行与作用，同时也说明现行的林业生态政策存在各种问题，因此，对林业生态政策内容的创新需求日益强烈，同时，为保证林业生态政策的创新可以达到预期的效果，还需要从林业生态政策的制定、执行、评估、监督以及调整过程来进行创新机制的保障，这样才有可能从根本上转变目前的政策不协调的问题。

11.2.1 西部林业生态政策内容创新

（1）从工程式短期政策向制度规范化的长期政策转变。目前我国西部林业生态政策形式主要是以生态工程方式，比如三北防护林工程、退耕还林工程、石漠化综合治理工程、重点地区速生丰产用材林基地建设工程等。都只是短期的工程类政策，这必然导致地方林业部门采用的工作方式是努力完成短期的造林或抚育目标。尽管目前退耕还林工程出台了《退耕还林条例》、重点生态公益林工程出台了《国家级公益林管理办法》,但是，并不是所有的工程都可转化为正式的规范化的制度，因此，需要转变目前工程式短期政策的实施方式，要努力建设起规范化制度化的长期林业生态政策。

（2）从政府为主的建设方式向多方共同建设方式转变。目前我国的林业生态政策体现的都是政府推动林业生态建设的思想，但生态建设仅靠政府，尤其仅靠林业部门，其力量是有限的。但西部地区林业投资生态作用显著，全社会将受益，因此需要充分调动社会各方力量投入到林业建设中来。

（3）从“只管树”向规范人与社会行为转变。地方林业部门的主要任务是造林、营林、采伐、运输，一切都是围绕着树来做工作，但随着十八提出建设生态文明，说明林业管理部门不仅要关注树，还要关注与树相关的其他因素。要从“只管树”向规范人与社会行为方面转变。

（4）从只注重项目实施向注重项目实施过程中技术创新转变。目前林业发展大多是依靠各种项目的实施，项目短的有一年的，长的有十年的，这与林业的经营周期长特点相比，就显得太短，而且很多项目由于经费不够，使得项目在实施过程中多以简单方式开展，林业经营效率很低。因此，需要在加长项目实施的周期的同时，加大林业科学技术的创新与应用，才能改善林业政策的效果。

（5）从简单投入方式向有质量的投入方式转变。林业项目的短时期的特点还造成基层在林业投入方面以简单投入方式为主，而且很多项目只想要涉及面广，并没有科学地考虑投入成本的有效性问题。林业经营收益慢的特点对林业投入的数量与质量的要求更高，否则很难激发并吸引林业经营者经营林业。

（6）从正式制度为主向正式与非正式制度相结合的方式转变。并不是所有林业政策与项目都能转化为正式制度，既然这样就可以把经得起时间检验的如造林抚育补贴、抵押贷款贴息等对林业经营者影响较大的政策转化为正式的制度，保证其可以长期实施下去，有效地保证林业经营者的积极性。

（7）从注重生态政策实施规模向注重生态政策实施质量转变。目前，对林业部门的政绩考核中对很多政策实施的考核多采用政策涉及面积、比例等规模指标，并没有真正重视其实施质量问题。但目前真正影响林业发展的主要就是林业生态政策的实施质量问题，不论是国家林业局还是基层林业主管部门其实都认识到了这一点，但由于很多质量指标具有监测困难的特点，在信息不对称的问题存在的情况下，规模指标比较好观测。但在社会上对我国林业发展要求越来越高的今天，我们只能从注重规模向质量转变，才能保证林业的真正发展。

（8）从仅注重"造林"政策向注重建立基本产权制度转变。目前西部地区所有林业政策都是围绕着"造林"展开的，基层林业部门的业绩考核多以新增的"造林"面积为主,因此基层林业部门只是想办法多"造林"。由于国有林地上可造林空间已经所剩无几，但由于大部分西部地区的集体林权改革的明晰产权工作仍然需要继续深化，实际"造林"工作无法充分发挥林地经营者的积极性，因此，大部分西部地区的林业基层部门多是以工程队方式来组织造林。此种方式造林后，其后续管理工作往往无人来管，因为林业局已经完成造林任务，而林地经营者由于不是自己亲自造的，觉得种上的树与自己没有关系,所以也不会真正关心树的成长过程,这也是造成"造林"成活率低的一个原因。因此，要改变这种林业部门工作可持续性差的问题，还要真正地把林业产权问题落实，这样才能充分吸收林业部门之外的各类林地经营者来参与到林业建设中，才能从根本上解决林业建设的内在动力问题。

（9）从只注重林业生态效益向注重多方面效果转变。纵观其他国家林业发展的经验，会发现林业的经营者不仅重视林业生态效益，而是经济效益与生态效益兼顾，林业生态建设的效益要多样化的要求，很多情况下影响了林业的发展。林业主管部门没必要对每一项政策都追求三方面效益最大化，要对不同政策有不同的侧重就好，只要各种政策的综合效益最大就好。

林业生态政策内容的创新，离不开林业生态政策过程的创新。下面就从林业生态政策过程的视角来讨论林业生政策创新的保障机制的建立。

11.2.2　西部林业生态政策过程创新

林业生态政策过程包括制定、执行、监督、评估以及调整的过程，要创新林业生态政策，必然要从政策过程的全方位进行创新。

（1）政策制定过程创新：

首先，政策制定时就要考虑正式制度与非正式制度的同时建立。正式制度是由宪法、成文法和政策规章组成的。非正式制度是指人类在长期交往过程中形成的价值观念、伦理规范、道德观念、风俗习惯、意识形态等方面的总称。二者是相互依存的。正式制度的建立和实施需要非正式制度的支持，非正式制度又受正式制度的影响而改变。因此在做政策制定的创新时，要考虑正式制度与非正式制度的同时建立。

其次，在政策制定时要考虑自上而下与自下而上过程的结合。西部林业生态政策主要是要解决生态发展与当地经济发展的矛盾问题以及与当地民生的矛盾问题，因此，生态政策不能因为是以国家投入为主，而强调自上而下的制定过程，更要强调自下而上的过程，这样才有利于政策的实施效果。

最后，在政策创新中要注意政策制定过程的科学性。要把典型案例分析与样本分析相结合、理论与实证方法相结合、政府与政策研究机构相结合，这样才能保证政策制定过程的科学性。

（2）政策执行过程创新：

政策在制定后的执行过程中，我们发现有很多的问题。而这些问题有政策本身问题，也有在执行过程中负责执行的部门与相关人员的问题。此外，林业又有很多政策受自然地理条件的限制执行起来非常困难，那么在政策执行时就要根据客观条件与政策本身的特点，采用不同的执行过程。

（3）政策评估过程创新：

首先，保证政策评估的方法的科学性。

其次，保证政策评估要由非利益相关方进行的原则。

最后，要保证政策评估过程的客观性。

（4）政策监督过程创新：

首先，保证政策监督的及时性。

其次，保证政策监督的适度性。政策监督如果太过频繁，会造成基层单位工作的繁杂性；如果太过严格，会造成政策监督失效。

再次，保证政策监督过程中自我监督与非利益相关方监督相结合的原则。

最后，要保证政策监督过程的严谨性。

（5）政策调整过程创新：

首先，保证政策调整的及时性。

其次，保证政策调整的科学性。

最后，要保证政策调整的严谨性。

要想林业生态政策内容创新得到很好的效果，并使林业生态政策过程创新更好地达到对政策内容创新的保障作用，林业管理部门必然面临着政府职能的转变。

11.3 林业管理部门政府职能转变

林业管理部门政府职能的转变，要通过提高政府治理水平和充分发挥市场机制来实现，主要从规则制定职能、规则维护职能、引导支持职能以及组织协调职能四个方面来看如何转变。

11.3.1 规则制定职能

（1）林业生态工程建设：法律法规是政府履行推进林业生态建设工程职能中的首要职能，政府应制定相关政策推进林业生态建设工程的发展。首先，政府应制定天然林保护、退耕还林、风沙源治理等政策来保障林业生态工程的顺利进行。其次，政府应制定《退耕还林法》《湿地保护法》等法律法规来进一步完善生态工程的相关制度，政府应完善《中华人民共和国环境保护法》《中华人民共和国草原法》《中华人民共和国森林法》《中华人民共和国土地管理法》《中华人民共和国水法》《中华人民共和国水土保持法》《中华人民共和国自然保护区条例》《中华人民共和国野生动物保护法》等法律法规来进一步推进生态建设的稳定发展（赵静，2009），以保证相关政策的实施执行有据可依为目的，保证政府各有关部门以及个人在实施生态保护过程中的行为是在相关法律法规的范围内进行的，同时得到法律的保护。

（2）林业产权制度：我国的森林归国家所有，在林权规则制定方面，政府职能的履行首先必须要明晰林地承包者的相应权利，保证承包者经营的自主性。政府应在使用权上落实财产处置权，科学支付生态补偿金；经营管理上重点落实经营权，保护经营者的合法权益；林权流转制度上规范流转程序，加强流转管理，规范产权交易行为。使林业产权的划分体现在使用权、经营权上，加快完善林权流转、林业经营管理制度，提高社会上对林业生产者产权的认可度，真正稳定林业产权收益权的大小。

（3）生态补偿机制：政府应制定“政府主导、多元投入、公众参与、社会协同”的生态补偿机制，切实履行规则制定的职能。首先，在资金筹集方面，政府应建立健全生态补偿投资体制，在政府主导的基础上引导社会各方参与。其次，在融资渠道方面，政府应完善投融资平台建设，引入资金来源，加强战略合作（张伟，2012）。第三，在税收方面，政府应本着公平税赋、让利于民的原则进行税收优惠，以财政扶持林业生态建设。第四，生态移民方面，政府应实行积极的生态移民政策，妥善解决移民的生产、生活安置等问题。

（4）林业多产业协同发展：政府应充分发挥规则制定职能，促进林业多产业协同发展。首先，政府应积极开展生态采伐试点，大力发展可再生的生物质能源、林下经济培育、野生动物繁育等产业，巩固第一产业在西部地区的发展。其次，政府应对非木质林产品加工企业进行税收扶持，以巩固西部林业第二产业的发展。第三，政府应发展生态产业、绿色产业等新兴产业，以森林绿色产品加工带动林副产品发展，放宽市场准入标准，加快实现资本积累，以大力发展第三产业。第四，政府应成立专门的林业旅游管理部门，以森林—草甸—雪山、森林—牧场—沙漠生态景观线，以及珍稀动植物保护区和具地域特色的林区边境旅游为特色鼓励文化创意产业的发展。

（5）林业碳汇项目：政府应履行规则制定的职能，制定有效促进森林碳汇项目发展的制度、体系，并健全相关的法制管理。首先，政府应建立专门的森林碳汇法律体系，健全相关法制管理，应运用法律和必要的行政手段保证森林碳汇项目的正常运营，应在建立专门的森林碳汇法律体系的同时，注意与国际法，林业国际公约相衔接。其次，政府应建立科学的森林碳汇标准体系，严格准入，公正执法，完善制度和措施（周燕，2011）。

（6）生态文明建设：政府应制定与新兴产业相关的政策法规来保障和推进西部新兴产业的高速发展。首先，政府应制定相关法律法规，规范西部新兴产业的企业或个人行为，保障西部新兴产业的快速发展。其次，政府应制定财政金融税收等政策，积极引导社会资金，加大财政补贴力度以扶持西部地区新兴产业发展。第三，政府应建立西部新兴产业发展的评价体系，实时监测西部新兴产业的发展态势，有效促进西部新兴产业发展。

11.3.2　规则维护职能

（1）林业生态工程建设：为了进一步促进林业生态工程的快速发展，政府应制定配套的政策、制度或体系。首先，政府应健全监督网络，应突破单一的行政监督的局限，建立社会、舆论等多方面的监督体系，并通过运用信访、举报、听证等不同的监督体系手段，实现主体更丰富、形式更多样、效率更高的新型监督体制（赵静，2009）。其次，政府应强化环境执法监督，实行行政首长环保问责机制，追究污染地区主要负责人责任，特别要严肃查处与污染企业沆瀣一气的地方官员（赵静，2009）。第三，政府应做到有法必依、违法必究，应依照有关法律严厉打击破坏生态环境、污染自然环境、破坏植被、破坏野生动植物的犯罪分子、企业甚至是个人。对于违背生态环境保护相关法律、文件或者精神的破坏生态环境的行为要坚决制止并予以制裁，对于生态建设中出现的违法行为，要坚决追究法律责任。

（2）林业产权制度：政策之间以及政策与法律之间的相互协调也是政府无法回避的问题，为此，政府必须完善林业产权的配套制度和相关法律。政府应加快林业使用权制度、经营管理制度以及林权流转制度的相关配套政策及法律法规的制定，制定追究制度和赔偿制度，建立健全执行监督机制，加强和改善林业司法监督，以切实保障森林经营者在产权下放进程中的权利。

（3）生态补偿机制：为了更好地维护规则，政府应尽快在建立生态补偿机制的基础上确定并完善相应的法律法规和配套政策，使得生态效益的受益者向生态效益的提供者给予经济补偿。首先，政府应按照“谁投资谁受益”的原则制定生态补偿维护机制，维护投入者的切实利益。其次，政府应完善小额贷款机制，多渠道、多层次地帮助林农满足资金需求。第三，政府应在减税让利过程中严格管理并规范收费制度，并确保优惠政策要长期稳定并落实。第四，政府应保证移居者的生活状况，对生态移民中移民的生产、生活安置问题予以妥善解决。

（4）林业多产业协同发展：为了更好地促进林业多产业的协同发展，政府应对其决策的制定进行科学的理论指导，并且提供相应的辅助支持政策。首先，政府应进行木质、非木质林产品的市场需求分析预测，科学制定主要林产品的发展规划路线；加强知识产权保护，促进技术成果商业化。其次，政府应减少对大、中、小企业的审批、干预，同时应科学完善相关的税收减免政策。第三，政府应加大西部生态旅游的宣传力度，要放开经营权，使森林旅游资源经营权市场化。第四，政府应培育森林文化市场主体，科学地根据社会情形对西部林业多产业协同发展的模式进行调整。

（5）林业碳汇项目：为了保障森林碳汇机制相关规则的实施，进一步健全森林碳汇机制，政府应为其提供相应的辅助支持政策。首先，政府应建立森林碳汇技术标准体系支持政策，支持加快建立与国际接轨并具有中国特色的森林碳汇计量监测标准体系，为我国不同区域、不同模式、不同树种的碳汇林提供技术支撑和科学依据，为全国森林碳汇可测量、可报告、可核查奠定基础。其次，政府应制定并出台健全林业重大生态修复工程政策、强化林业保护政策、完善林业补贴政策等相关政策，促进森林碳汇机制的高效实施（李少科，2013）。

（6）生态文明建设：政府应落实规则维护的政府职能，保障西部新兴产业快速发展。首先，针对木本粮油产业，国家应认真落实林业税费及相关优惠政策，为木本粮油产业发展创造宽松的外部环境，保障木本粮油产业快速发展；政府应建全木本粮油质量检测机制，加强相关产品质量检测，维护消费者的利益。其次，针对野生动植物繁育利用产业，政府应加大对野生动植物资源的保护力度，将对其的保护上升到法律政策层面，严惩蓄意破坏的单位和个人，共同保护西部地区野生动植物资源。第三，政府应对相关新兴产业加大监管力度，并关注相关政策的实施进展，为西部新兴产业发展提供有力支撑。

11.3.3　引导支持职能

（1）林业生态工程建设：政府应有效使用引导支持的职能来保障林业生态建设工程、生态保护工程等项目的顺利推进。首先，政府应实施减免税收、差别利率等税收优惠政策或制定税收支持政策，强化对生态工程和循环型项目的支持力度，增强财税对生态建设的支持和调节功能（唐英，2007）。其次，政府应加大财政支持力度：政府应充实科研经费，利用经济杠杆促使更多的人才、专家向生态环境保护的研究中转移，为我国西部地区的荒漠化和水土流失治理建言献策，推动这一科学领域的发展；政府应拨款建立一批国家级自然保护区、禁猎区和种源基地及珍稀植物培育基地，恢复和发展珍稀物种资源，并对野生动植物资源起到保护作用；政府应为建立西部地区的区域防护林体系和生态屏障给予资金支持，为荒漠化防治和水土流失治理提供资金支持。第三，政府应加大林业生态建设工程的推广力度，深入宣传生态保护的相关法律法规，增强广大公民有关生态保护和环境保护的法律意识和法制观念，使全社会共同参与到林业生态建设的工程活动中，促进生态建设的高速发展（邓廷涛，2008）。

（2）林业产权制度：政府应配套履行支持引导的职能，在林地的使用权制度、经营管理制度、林权流转制度逐步完善的同时开展引导工作，确保产权明晰，使人民群众获得实实在在的经济效益。其政府职能应定位于政策引导、提供服务、建设良好的市场环境。政府应大力推行承包制、股份制、股份合作制等，以拍卖、租赁、股份和合作等多种形式推进林权组合，鼓励社会各方面的力量参与到林业生态和产业建设中来（柯水发，2013）。在产权下放的进程中逐渐退出在林地流转中的主导地位，利用市场经济合理配置林地资源，政府转为政策引导的政府，为市场服务的政府（张伟，2012）。

（3）生态补偿机制：政府是“生态型”林业生态建设主体，市场是“产业型”林业生态建设主体，政府完善生态建设补偿机制应对市场进行必要的、科学的引导和支持，建立多元化的生态补偿体制，完善支持引导职能。首先，政府应积极引导国内外资金投向生态建设、环境保护和环境污染治理。其次，政府应放宽林业金融机构的准入门槛并降低监管标准，鼓励各类机构进入林业金融市场。第三，通过实行减少成本型税收的政策，引导社会各阶层组织、机构资金及技术进入我国西部生态环境领域。第四，积极引导农民改用节能发电发热设备以加强西部地区的农村能源建设，减少对环境的破坏。

（4）林业多产业协同发展：由于西部地区特殊的自然、社会环境背景，政府必须对西部林业多产业的发展加以引导支持，调动社会各企业、组织、个人积极性。针对第一产业，政府应鼓励发展大径珍贵用材，扶持龙头企业发展，建立林场工业园区，发展企业集群。针对第二产业，政府应推进企业管理标准化，引导建立资源节约型和环境友好型企业，提高立木的利用率。针对第三产业，政府应加大西部生态旅游的宣传力度，要放开经营权，促使森林旅游资源经营权逐步市场化。

（5）林业碳汇项目：为有效促进森林碳汇项目的发展，政府应进一步完善引导支持的职能，应对森林碳汇项目的参与者以及潜在参与者进行必要的、科学的引导和支持。首先，政府应通过在全国范围内开展人员培训、国际交流、专题报道等方式，对森林碳汇机制的重要性和森林碳汇的基础知识加大宣传，提高全民环保减排意识；全方位宣传森林碳汇，动员企业和个人共同参与到森林碳汇企业中，为建立完善的森林碳汇机制营造良好的氛围。其次，政府应通过搭建碳汇信息平台、网络信息平台和引导非京都碳汇市场建立等方式，促进森林生态效益市场化机制的形成，保障森林碳汇项目顺利实施。第三，政府应确立森林碳汇所有权制度，极大减少交易风险；应合理分配碳汇交易主体权责，并通过强制力保证实施，维护稳定的交易环境；应鼓励当事人积极参与到碳汇市场交易中去，提升中国政府和企业在致力于改善全球生态环境中的国际形象（谭静婧，2011）。第四，政府应建立碳排放产权交易机制，制定不同碳排放、能源使用效率的限定标准。第五，政府应加大对碳汇项目的资金投入，完善生态税收，应在信贷和价格方面给予碳汇项目参与者必要的优惠，形成财政、税收、金融协同配套的运行机制（付玉和金银亮，2008）。第六，政府应从财政预算上体现对森林碳汇的政策倾斜，然后通过公共支出政策、分配性财政政策、调节性财政政策、税收豁免、税收抵免、纳税扣除、优惠税率等政策手段，引导企业和个人购买碳汇（周燕，2011）。

（6）生态文明建设：政府应对西部新兴主导产业的发展加以引导支持，调动社会相关企业、组织以及个人的积极性，共同促进西部新兴主导产业的高速发展。首先，政府应对西部新兴产业加大资金投入和减免相关税收，强化财政金融保障，调动林农和企业积极性，逐步通过政府投资、引进外资等方式增加相关产业专项扶持资金规模。其次，针对木本粮油产业，政府应实行木本粮油良种生产专项补贴政策，减轻相关企业负担；应积极调整产业结构，实施全国木本粮油基地建设工程，形成合理的“木本油料—粮食”产业结构和产业带，促进木本粮油产业发展。第三，针对沙产业，政府应突出抓好资源培育，大力扶持龙头企业发展。第四，针对林下经济产业，政府应推行复合生产经营模式，鼓励各种社会主体跨所有制、跨行业、跨地区投资发展林下经济，切实落实“谁造谁有、合造共有”的政策，统一税费政策、资源利用政策和投融资政策，为各种林下经济主体创造公平的竞争环境（韩杏容等，2011）。第五，针对野生动植物繁育利用产业，政府应加大对野生动植物资源保护的宣传力度，带动全社会合力保护西部地区的野生动植物资源；应设立野生动植物培育基地，在保护野生动植物资源的同时，全面开发利用野生动植物资源的多种功能。

11.3.4 组织协调职能

（1）林业生态工程建设：政府应协调好与市场的关系，与企业和个人的关系，目的在于将政府“有形之手”和市场“无形之手”有机高效地结合起来，找准市场功能和政府行为的最佳结合点，在推动市场机制高效运行的前提下，调动企业、个人或组织对于生态保护工程建设的积极性，鼓励全民有规律、有计划地植树种草，恢复西部地区植被，使市场中的企业或个人同政府合力保障生态建设目标的实现。

（2）林业产权制度：政府应改善由于管理体制不完善导致的权责划分不清、政出多门现象，在制度制定、施行的过程中充分协调各个部门，充分履行组织协调职能。首先，政府应在林地使用权中协调各级部门，使权、责落实到组织、单位和个人。其次，政府应在经营管理中对不同经营主体所属政府、机构、组织加以协调，做好不同类型林地的分类管理和经营流转工作。第三，在林权流转过程中，政府应协调好与森林资源交易机构、承包合作组织间的合作关系。

（3）生态补偿机制：生态补偿涉及各级政府、社会组织和个人的切实权益，所以政府在履行职能时应注重多部门的组织协调工作，切实解决因地方保护、部门职能交叉造成的政出多门、责任不落实、执法不统一等问题。政府应有效地与小额信贷部门、金融投资机构、各地方税收机构、各地方村委会积极合作，建立信息互通、统一行动、联合督察的跨地区协作机制。

（4）林业多产业协同发展：政府应正确处理好林业多种经营与森林资源保护之间的关系，处理好多形式的林业合作组织之间的关系，以高效合作、高效产出在全社会牢固树立生态文明的理念。首先，政府应注重对不同产业林业社区型、企业型股份合作组织的组织协调工作，本着互助互利的原则使其真正能够打破行政区域的约束，扩展经营规模。其次，政府应注重不同林业产业经营者和林业政府部门之间的组织协调工作，保证营林者在顺利完成生产经营活动的同时，大力推进林业生态体系的建设。第三，政府应注重森林文化企业、科研机构、高等院校等与政府、营林者间的组织协调工作，以森林文化高层次人才对森林资源、文化产品的创新进行前瞻性的经营管理。

（5）林业碳汇项目：政府应组织协调好森林碳汇项目各方利益者或参与者间的关系，为森林碳汇项目不断注入新动力。首先，政府应组织并鼓励掌握国内外森碳汇计量监测技术与碳汇管理的专业人才加入到森林碳汇的项目中，推进西部生态建设发展。其次，政府应积极协调与企业、个人的关系，应积极协调碳汇项目参与者间的利益关系，完善我国森林生态效益市场途径，鼓励更多的企业、个人参与到森林碳汇交易中。

（6）生态文明建设：政府应落实组织协调的政府职能，协调好与相关企业、个人的关系，共同促进西部新兴主导产业的发展。首先，政府应对西部新兴产业进行宣传，使社会公众逐步认识到新兴产业的重要性并进行投资。其次，政府应协调好与企业和个人间的利益关系，使企业和个人共同参与到相关新兴产业的建设中。第三，政府应引进专业技术人才共同参与西部新兴产业的建设，促进西部新兴产业快速发展。

11.4　本章小结

本章界定了西部林业生态政策创新及政府职能转变的原则，指出了西部林业生态政策管理创新的内容，提出了林业管理部门政府职能转变的思路。其中，转变的原则主要包括协调性原则、有效性原则、可持续性原则、可操作性原则、以人为本的原则、尊重自然文化的原则。西部林业生态政策创新主要包括政策内容创新、政策过程创新等。林业管理部门政府职能的转变，要通过提高政府治理水平和充分发挥市场机制来实现，主要从规则制定职能、规则维护职能、引导支持职能以及组织协调职能等方面进行工作思路和方法上的转变。

第 12 章 结论、政策启示与研究展望

本章对整个研究进行全面总结，概括出本研究的主要研究结论，给出研究结论的启示，并在指出本研究不足的基础上对未来的相关研究提出建议。

12.1 主要结论

本研究科学分析我国西部林业生态建设政策的结构，对我国西部生态建设政策实施效果和政策体系协调性进行评价，进而归纳出我国西部林业生态建设政策上存在的问题，运用演化博弈的思想和方法对政策效果的成因进行分析，继而对我国西部林业生态建设政策体系进行完善，并运用多主体（Agent）系统仿真方法和框架对政策体系进行动态模拟与效果预测，实现对该领域较为系统的研究。本课题研究对于科学认识十年来我国西部生态建设政策效果、厘清生态建设政策体系的协调性，完善我国西部林业生态建设政策体系具有重要意义。主要结论有：

12.1.1 西部林业生态政策的演进呈现科学化、法制化等特点

本研究对天然林资源保护工程，退耕还林工程，三北、长江流域重点防护林体系建设工程等林业重点工程的政策演进进行了剖析，指明了林业生态政策演进的动因和趋势。其中，西部林业生态政策变迁的动因有：国民生态意识提升、政府推动力度加大、生态立法进程加速、区域经济社会发展、林业科学技术进步。西部林业生态政策呈现如下趋势：政策制定程序法制化、政策实施内容透明化、政策参与机制社区化、政策督导体系完备化、政策配套保障创新化。

12.1.2 西部林业生态建设可归类为 4 种模式，区域性特点显著

本研究根据对各生态区的林业生态建设目标和政策实施状况的分析，在主成分分析和因子分析的基础上对各生态区建设模式和重点实施的政策进行总结，分析结论为：生态工程补助、造林和森林生态效益补偿是中国西部林业生态建设主要投资用途，且总额呈上升趋势；农户对林业生态建设政策和林业生态工程实施总体满意，但区域间存在差

别；不同生态区归类为 4 类生态模式，因地制宜地采取重点林业生态建设政策。

西北草原荒漠化区域采取林业生态工程造林模式，重点实施政策是森林生态效益补偿政策和生态工程与土地政策。西南石漠化防止区域采用林业投资模式，以及沙化与保护区建设模式，采取生态、经济相结合的政策。生态政策为生态工程与土地政策、生态补偿与生态移民政策；经济政策为财政投资政策、金融与税收政策、信贷政策和林业产业政策。黄土高原水土保持区域采取沙化与保护区建设模式，重点实施政策是生态工程与土地政策，以及生态补偿与生态移民政策。重要森林功能区域采用林业生态工程造林模式与林业投资模式相结合，采取生态与经济政策相结合。生态政策是森林生态效益补偿政策和生态工程与土地政策；经济政策是财政投资政策、金融与税收政策、信贷政策和林业产业政策。青藏高原江河水源涵养区采用林业资源保护模式，重点实施政策是生态工程与土地政策。

12.1.3 西部林业生态建设成效显著

本研究通过系统评价得出，西部林业生态建设取得积极成效，林业生态效益、经济效益、社会效益、能力建设稳步提高。生态效益方面，森林面积、森林蓄积量、森林覆盖率均稳步增长。经济效益方面，林业总产值不断上升，木材采伐量波动中呈现上升趋势，林业第三产业产值从 2008 年开始不断上升。社会效益方面，在岗职工年平均工资稳步增长，在岗人数有升有降，基层林业工作站人员文化程度不断提高。

12.1.4 西部林业生态建设整体协调较好，局部存在冲突

本研究对西部林业生态政策协调性进行了评价，得出了相关结论。第一，从层次协调性来看，在实行西部大开发政策之后，我国西部地区的林业固定资产、造林面积占国土面积的比重、森林覆盖率等指标都明显提升，并且与全国的比值也在稳步增加，反映出我国林业生态建设的协调性总体在增强。但是，西部地区单位森林面积蓄积量有所下降。第二，从区域协调性来看，尽管近年来西北地区在体现林业生态建设的指标上都有明显改善，但与西南地区相比还存在很大差距，多数指标的数值还不足西南地区的 50%。第三，从林业生态建设与经济社会发展的协调性来看，我国西部地区业生态建设与经济社会发展的耦合协调度由 2002 年以前的不到 0.5 升至 2011 年以后的高于 0.8，显示西部地区经济社会发展与林业生态的耦合协调发展程度不断提升，目前已进入相互促进、协同发展的极度协调状况。第四，从林业生态政策的协调性看，本研究的问卷调查显示西部地区林业生态政策与耕地粮食问题、水利建设、草原畜牧建设、环境保护和基础设施建设等西部开发其他政策总体上具有较高的协调关系，但林业生态政策与草原畜牧建设以及基础设施建设等政策还存在一定冲突。

12.1.5 西部林业生态建设可持续性良好，但后续发展挑战多

本章评价了西部林业生态建设可持续性。研究表明，西部地区林业生态建设在人口、资源和环境方面具有可持续性，在林业产业层面也体现出经济、社会、生态可持续发展的特点。同时，基于农户认知和满意度视角来看，西部林业生态建设通过增加农户经济收入和提高农户生活质量而呈现出更深远意义的可持续性。但是，研究还发现，西部林

业生态建设可持续性仍然面临区域间沟通联系薄弱、后续产业发展升级艰难、农户持续发展条件不足、政府间协调性有限等诸多挑战。

12.1.6 西部林业生态建设政策效果存在区域差异

本研究基于社会经济、林业资源和生态环境三个维度，对比西北和西南两个地区对西部林业生态建设政策的实施效果做了综合评价。对西北地区而言，对林业建设能力的投入，无论对社会经济、自然资源和生态环境都产生很重要的影响，对社会经济、自然资源和生态环境的影响相对较小；对西南地区而言，林业能力建设投入对社会经济、自然资源和生态环境有较为显著的影响，其次是当年林业资金投入，但均比西北地区影响小。

12.1.7 西部林业生态政策应进行系统创新，其职能应转变

本研究界定了西部林业生态政策创新及政府职能转变的原则，指出了西部林业生态政策管理创新的内容，提出了林业管理部门政府职能转变的思路。其中，转变的原则主要包括协调性原则、有效性原则、可持续性原则、可操作性原则、以人为本的原则、尊重自然文化的原则。西部林业生态政策创新主要包括政策内容创新、政策过程创新等。林业管理部门政府职能的转变，要通过提高政府治理水平和充分发挥市场机制来实现，主要从规则制定职能、规则维护职能、引导支持职能以及组织协调职能方面进行工作思路和方法上的转变。

12.2 研究启示

本研究在对生态理论建设与国际实践进行梳理的基础上，立足于对我国西部林业生态建设,对背景和演进过程进行描述,主要对其政策的区域和模式发展,政策的综合影响、协调性以及可持续性、政策效果进行分析和评价，并对我国西部林业生态政策的创新和职能转变进行了阐述。本研究认为国外较为成熟的生态建设理论与一些优秀的国际实践经验对于我国西部林业生态建设的实施过程有着重要的借鉴意义。从多方面对我国西部林业生态建设的评价上来看，林业生态的政策在趋势上向好的方面发展，林业生态协调性、可持续性总体趋势向好，但在个别方面还有待提升。通过理论和以天保工程为例的建模分析发现，从自然、生态、经济和林农意识等角度上来看，各项政策的实施和力度应取到合理的水平。从政策的创新和职能上看，还有较大的提升空间。通过以上的分析，本研究主要得到以下五点重要的启示：

12.2.1 新制度下林业生态建设政策需要新的要求

2000 年开始，我国实行西部大开发战略，至 2010 年，10 年间在西部 12 省份林业投资累计达 2150.64 亿元，累计完成营造林 3065 万公顷，森林覆盖率和森林蓄积量都有了显著提升。在这一背景下，国家多部门出台和实施了一系列的林业生态建设政策，取得了一定的成效，但也存在一定的问题，面临着一些挑战。因此，林业生态建设政策的制定和实施也应做相应的转变，才会有利于林业在西部生态建设过程中作用的发挥。在

此过程中，要把握以下几个原则：

（1）协调性原则。保证林业生态政策目标的可协调性，林业生态政策目标不仅要保证生态建设，还要充分考虑政策的生态、经济、社会目标之间的协调性。保证林业生态政策过程的可协调性，要保证政策在制定、执行、监督、评估、调整过程中的上级与下级、同级各政府间、政策与民众间的协调性，又能保证政策的效果。要保证林业生态政策与当地经济发展的协调性。

（2）有效性原则。政策投入的有效性，包括政策创新过程中所要投入的人、财、物、信息等方面要有价值。政策过程管理的有效性，包括新政策的制定、执行、监督、评估、调整全过程管理的有效性。

（3）可持续性原则。保证林业生态政策不仅在时间上可持续，在政策过程管理中都要本着可持续的原则。

（4）可操作性原则。林业生态制度创新要与当地资源禀赋相适应、与当地经济发展过程相适应、与当地人文环境相适应，而且要充分考虑政策实施过程的人、财、物等的可操作性。

（5）以人为本的原则。所有林业生态政策的最终目标是改善生态环境，促进当地居民的生计，实现人与自然的和谐发展。政策创新要坚持以人为本的原则，才能有效地保证政策效果。

（6）尊重自然文化的原则。要因地制宜地采用封育、保护、适度造林以及大规模改造的政策。要在尊重自然以及当地文化的基础上，达到与自然和谐相处。

12.2.2　新背景下西部林业生态政策的创新及职能转变

新背景下，林业生态政策的创新应从制定、执行、评估、监督以及调整过程来进行创新机制的保障，具体应该从以下几点进行：

（1）西部林业生态政策内容创新。从工程式短期政策向制度规范化的长期政策转变；从政府为主的建设方式向多方共同建设方式转变；从“只管树”向规范人与社会行为转变；从只注重项目实施向注重项目实施过程中技术创新转变；从简单投入方式向有质量的投入方式转变；从正式制度为主向正式与非正式制度相结合的方式转变；从注重生态政策实施规模向注重生态政策实施质量转变；从仅注重“造林”政策向注重建立基本产权制度转变；从只注重林业生态效益向注重多方面效果转变。

（2）西部林业生态政策过程创新。林业生态政策过程包括制定、执行、监督、评估以及调整的过程，要创新林业生态政策，必然要从政策过程的全方位进行创新。要从政策制定、执行、评估、监督和调整的全过程进行创新。

（3）林业管理部门政府职能转变。林业管理部门政府职能的转变，要通过提高政府治理水平和充分发挥市场机制来实现，主要从规则制定职能、规则维护职能、引导支持职能以及组织协调职能四个方面来进行转变。

12.2.3　加强林业生态建设制度本身的系统性和协调性

国家出台实施了一系列关于西部林业生态建设政策和相关制度，但“政出多门”是个不争的事实，政策的系统性和政策间的协调性也是一个亟需讨论的问题。西部地区现有的主要林业生态建设政策包括：一是我国先后在西部地区实施了天然林资源保护、退耕还林、京津风沙源治理、三北防护林体系建设、野生动植物保护及自然保护区建设、湿地保护与恢复、石漠化综合治理等一系列林业生态工程；二是通过制定财政金融税收等政策，积极引导社会资金，扶持西部地区生态林业产业发展；三是加强和完善西部地区生态公益林管护和生态效益补偿机制；四是加大了对西部地区森林防火和林业有害生物防治的基础设施建设投资；五是启动了国有林区棚户区和国有林场危旧房改造工程和推行集体林权制度改革，极大地调动了广大农民营林致富的积极性；六是积极开展林业援藏援疆及扶贫开发工作，加强对西部地区林业生态建设的扶持。由于这些政策由不同的部门实施，政策之间的协调性问题比较突出，如何协调好这些政策间的关系，还需政府的顶层决策、宏观把控以及各部门间的相互协调。

12.2.4 发挥农户利益核心驱动力，鼓励农民生态创业，推进林区生态富民

林区的自然资源比较丰富，寻找生态与经济的契合点，充分发挥农户利益核心驱动力，鼓励农户实施生态创业，实现生态富民，具体的实施体现在5个“打通”：

（1）打通技术障碍：培育创业项目。林区农户生态创业首先受制于技术，应培育适宜农户生态创业的项目，应做到：①加快经济树种，尤其具有生态价值树种的培育，为林区农户实施生态创业提供资源保障；②加大对林下经济的政策扶持，鼓励林农通过林下经济实施创业；③扩大与畜牧业的研究协同，加快培育适合林下养殖的畜牧业产品。

（2）打通资本障碍：设立先导基金。由于林区农户整体经营意识淡薄，对市场环境不敏感，需要政府进行积极引导。除了现有的小额信贷、科技服务、合作组织扶持等政策外，针对生态创业，建议设立政府先导基金，由政府设立生态创业投资公司，协调生态创业投资公司、创业农户和民间资本的三方谈判，完成整体融资计划并确定管理机制。

（3）打通市场通道：实现农超对接。政府可在打通市场通道上有所作为，较为现实的方法是实现农超对接，协助农户和商家签订意向性协议书，为优质农产品进入超市搭建平台。在操作上，可编制农户生态创业产品名录，指引区域农户生态创业方向。政府、农户与超市签订三方协议，实施“超市销售有政府补贴鼓励、农户生产有超市订单保障、政府补贴有生态导向目标”的方针政策。

（4）打通区域协同：激发集群效应。由于我国林业生产力水平较低，进行单一行为的创业面临极大的困难。集群创业是林业发展解决规模经济问题的有效途径，可作为鼓励农户生态创业的重要战略安排。针对政府的独特作用，政府可以通过多种路径扶持林农进行集群创业。但应注意集群形成后的管理问题和盲目扩大规模往往带来较多的负面问题。

（5）打通思想禁锢：改变农户观念。农户是实施生态创业的主体。但是，我国农户普遍属于风险厌恶型经营者，较少主动实施创业行为。对此，为鼓励农户实施生态创业，应采用多种形式对农民进行培训。

12.2.5 林业生态建设研究的“点面结合”与系统性、科学性

本项目在研究过程中，对研究方法本身也得到几点启示：

（1）注重“点”和“面”的结合。关于西部林业生态政策的研究应注重个体案例、

各个区域、单一政策与西部整体区域、政策的全盘规划，以及自然、环境、社会、经济等多层面问题的结合。将多点结合，延伸至多层面，形成系统的全面研究体系。

（2）注重研究整体的系统性。以政策体系整体为着眼点，分层次和类型进行剖析，实现西部林业生态建设政策的系统性研究。现有研究大多针对林业生态建设的某一项政策的效果评价，忽视了政策之间的密切联系。此类研究应着眼于政策体系整体，特别关注于政策之间的关联和协调性研究。

（3）注重研究的科学性。对林业生态建设领域方面的研究可借助经济学思想，以计量经济学、统计学、仿真学等及复杂科学理论方法，协助分析西部林业生态建设政策效果形成的原因。以生态建设政策为研究对象，但不拘泥于生态问题，借助经济学和社会学等多学科方法，实现对成因的多角度分析和研究结论的比较。

12.3 研究展望

我国西部地区的生态环境十分重要但又非常脆弱，同时社会经济发展与生态环境保护之间的矛盾较为剧烈。而林业是生态环境建设的主体，本研究对西部地区林业生态建设政策相关问题进行了系统研究。当前，我国处于全面建设小康社会的关键时期，扶贫和生态环境保护仍然是其中的两个关键短板，进一步探讨林业等生态建设政策相关问题具有重要意义。基于本研究，结合我国社会经济发展的新形势、新趋势，可以从以下五方面进一步研究林业生态建设相关问题。

（1）探索社会经济快速发展对西部林业生态政策绩效的影响及变革。随着西部大开发深入推进、“一带一路”战略具体实施，我国西部地区社会经济发展速度仍然相对较高。社会经济快速发展，使得社会经济对生态环境的压力发生分化。一些地区农村经济活动对森林资源的压力在减小，而另外一些地区为了获得更多经济收入不得不加大对森林资源的利用程度。社会经济发展对生态环境压力的空间差异，使得林业生态建设政策绩效不同，压力变小的地区，生态环境质量变好，但是并非林业生态建设政策的结果；而压力变大的地区，则使得现行林业生态建设政策绩效变差。因此，有必要进一步研究社会经济快速发展对西部林业生态建设的影响，以及由此产生的西部林业生态建设政策变革。

（2）探索国家治理体系现代化对西部林业生态建设政策的影响及变革。国家治理体系现代化也是新时期我国社会发展的重要内容，其也会对西部林业生态建设政策产生影响。从行政管理体制来看，我国是单一制国家，但是，具体行政管理中，地方政府具有相对较大的自主性，而且，不同的地区具有不同的民族、文化、风俗习惯等，这些因素共同使得在不同的地方林业生态建设政策及相关政策的实施差异较大，其效果也差别较大。因此，有必要结合我国行政管理体制特点和各个地方的社会治理特征，探索社会治理视角的林业生态建设政策实施及其成效的影响因素，并进一步分析国家治理体系现代化趋势下如何提升林业生态建设政策的效果。

（3）探索生态扶贫制度政策与西部林业生态建设政策的协调融合。生态扶贫是我国补足贫困短板、全面建设小康社会的重要政策手段，包括生态移民、生态补偿、生态产业等。根据相关研究，生态补偿是受到农户欢迎的、比较有效的扶贫方式，但是补偿标准不合理，其作用有待充分发挥。为了如期实现脱贫目标，生态扶贫等扶贫政策投入的力度势必逐渐加大。那么，生态扶贫制度政策与林业生态建设政策之间的协调、协同则是需要研究的问题，二者的协调和协同将更好地促进脱贫致富与生态建设。

（4）探索促进市场、公益参与林业生态建设的制度政策。目前为止，西部林业生态建设相关政策，主要以政府投入为主。未来，可以考虑发挥市场投入、公益投入在林业生态建设中的作用。因为在我国市场经济体系日益完善、人们公益意识不断增强的背景下，市场投入、公益投入路径更为可行。针对市场投入，需要政府进一步创新制度环境，搭建交易平台，降低交易成本；针对来自于社会组织、NGO 组织、企业与个人捐赠等方面的公益投入，需要建立合理引导公众捐赠林业生态建设的政策环境。为此，需要进一步具体研究在西部林业生态建设中如何进行制度创新以促进市场、公益参与林业生态建设。

（5）开展西部地区和中东部地区在林业生态建设政策方面相关问题的比较研究。尽管西部地区在森林生态系统的重要性、脆弱性方面比中东部地区更为突出，但是开展西部地区和中东部地区的比较研究也是有益的。一方面，可以在本研究分析西部林业生态建设政策评价和分析的基础上，进一步分析中东部地区林业生态政策并进行比较分析，从而也更好地促进中东部地区林业生态建设政策的演进。另一方面，关于经济发展与林业生态建设及政策需求、国家治理体系现代化与林业生态建设及政策需求、生态扶贫与林业生态建设政策等内容，更需要将西部地区和中东部地区进行比较研究。这样不仅可以促进新形势下林业生态建设政策的完善和林业生态建设实践，也有助于探索经济发展、社会治理、生态建设之间的客观规律，对丰富林业生态建设相关理论具有较高理论价值。

12.4 本章小结

本章总结了本研究的主要结论，给出了研究结论的政策启示，并在指出本研究不足的基础上对未来的相关研究提出了建议。

参考文献

[1] 包英爽,李智勇,叶兵,等.西部土地退化地区林业科技创新能力评价研究[J].林业经济,2011(5):85-88.

[2] 曹利军,王华东.可持续发展评价指标体系建立原理与方法研究[J].环境科学学报,1998,18(5):80-86.

[3] 陈建成,程宝栋,印中华.生态文明与中国林业可持续发展研究[J].中国人口资源与环境,2008,18(4):139-142.

[4] 陈钦,刘伟平.试析林业生态建设资金的来源和使用[J].绿色经济,2002(2):63-65.

[5] 程红,李金华,王福东.论发展现代林业与建设生态文明[J].林业经济,2010(1):25-33.

[6] 程默.中国林业生态工程建设引动机制研究[D].杨凌:西北农林科技大学,2007.

[7] 董德明,刘磊,赵文晋,等.生态省建设中资源可持续利用评价指标体系研究[J].东北师大学报(自然科学版),2005,37(1):104-108.

[8] 高瑞馨,王凤友.林业可持续发展指标体系和综合评价研究概述[J].防护林科技,2005(4):38-40.

[9] 高兆蔚.林业生态环境建设成效评价指标体系的研究[J].华东森林经理,2003,17(1):24-28.

[10] 谷建才,陆贵巧,么凤居.论林业生态环境建设的主体地位[J].林业科学,2000,36(5):127-132.

[11] 国家发展和改革委员会.西部大开发“十二五”规划[Z].2012-02.

[12] 国家发展和改革委员会.发展改革委关于印发西部地区重点生态区综合治理规划纲要的通知[Z].发改西部〔2013〕336号.2013-03-22.

[13] 国家林业局造林司.黄河中上游地区林业生态建设与治理模式[J].林业实用技术,2002(4):35-36.

[14] 韩杏容.中国林业生态工程管理信息化建设研究[D].北京:北京林业大学,2007.

[15] 侯景新,尹卫红.区域经济分析方法[M].北京:商务印书馆,2005.

[16] 胡明形.西部林业产业发展的资源、市场与产业结构潜力研究[D].北京:北京林业大学,2008.

[17] 黄清芳.林业生态体系建设的监测指标体系研究[J].林业勘察设计,2002(2):26-29.

[18] 贾卫国.江苏省平原林业生态建设模式的选择[J].生态经济,2009(10):116-119.

[19] 蒋敏元,包玉华.试论社会主义生态建设主体下的林业可持续发展[J].林业经济问题,2006,26(5):421-424.

[20] 蒋敏元.以生态建设为主体的新林业发展战略构想[J].林业科学,2005,41(2):74-81.

[21] 柯水发,赵铁珍.退耕还林工程利益相关者行为动态博弈分析[J].林业经济问题,2008,28(1):47-51.

[22] 柯水发.农户参与退耕还林行为理论与实证研究[D].北京:北京林业大学,2007.

[23] 孔垂柱.生态建设产业化、产业发展生态化——做大做强云南林业经济的调查与思考[J].求是,2004(22):30-32.

[24] 黎平,曾玉林,陈建成.论我国生态林业建设方略[J].绿色中国,2005(2):29-31.

[25] 李长亮.中国西部生态补偿机制构建研究[D].兰州:兰州大学,2009.

[26] 李红勋.西部大开发林业生态环境建设管理体制研究[D].北京:北京林业大学,2002.

[27] 李金海 . 区域生态承载力与可持续发展 [J]. 中国人口·资源与环境，2001，11 (3): 78-80.

[28] 李清源 . 西部生态建设的制约因素分析及策略选择 [J]. 青海师范大学学报（哲学社会科学版），2005 (5): 25-28.

[29] 李双江，曹明明，王菊翠 . 西部地区退耕还林（草）运行机制初探 [J]. 干旱区资源与环境，2004，18 (5): 56-59.

[30] 李永慧 . 林业生态工程农户满意度及其影响因素研究 [D]. 北京：北京林业大学，2013.

[31] 李玉红 . 加快生态建设促进农业可持续发展措施之初探 [J]. 内蒙古农业科技，2006 (S1): 6-7.

[32] 李育才 . 面向 21 世纪——林业发展战略 [M]. 北京：中国林业出版社，1996.

[33] 李育材 . 生态建设与构建和谐社会——兼论林业可持续发展 [J]. 宏观经济管理，2005 (12): 12-13.

[34] 李正发 . 区域可持续发展评价指标体系 [J]. 数量经济技术经济研究，2000 (4): 48-51.

[35] 李正辉，闫瑾 . 金融稳定与金融竞争力协调效应测度及其国际比较研究 [J]. 统计与信息论坛，2012，27 (2): 3-8.

[36] 李植斌 . 区域可持续发展评价指标体系与方法的初步研究 [J]. 人文地理，1998 (4): 74-78.

[37] 林海明 . 如何用 SPSS 软件一步算出主成分得分值 [J]. 统计与信息论坛，2007，22 (5): 15-17.

[38] 刘东生 . 经济社会发展转型与林业 [J]. 绿色中国，2010 (3): 60-63.

[39] 刘纪远，邵全琴，樊江文，等 . 中国西部地区生态保护建设路径的探讨 [J]. 中国人口·资源与环境，2013，23 (10): 38-43.

[40] 刘耀彬，李仁东，宋学锋 . 中国城市化与生态环境耦合度分析 [J]. 自然资源学报，2005，20 (1): 105-112.

[41] 刘勇 . 中国林业生态工程后评价理论与应用研究 [D]. 北京：北京林业大学，2006.

[42] 刘玉，刘毅 . 中国区域可持续发展评价指标体系及态势分析 [J]. 中国软科学，2003 (7): 117-122.

[43] 刘志义 . 西部经济发展和林业生态建设 [J]. 国土绿化，2005 (11): 13.

[44] 马丽，金凤君，刘毅 . 中国经济与环境污染耦合度格局及工业结构解析 [J]. 地理学报，2012，61 (10): 1299-1307.

[45] 马明，黄清 . 加强林业生态建设的几点措施 [J]. 林业科技，2005，30 (4): 69.

[46] 马世俊，王如松 . 社会—经济—自然复合生态系统 [J]. 生态学报，1984，4 (1): 1-9.

[47] 马永春 . 陕西省天然林保护工程效益评价 [D]. 杨凌：西北农林科技大学，2010.

[48] 聂影 . 政府、市场与林业生态建设研究 [J]. 生态经济，2000 (12): 20-22.

[49] 彭珂珊 . 我国西部的生态问题与退耕还林 [J]. 首都师范大学学报（自然科学版），2001，22 (1): 103-109.

[50] 钱文涛，金香兰 . 西部开发与生态环境的保护和建设 [J]. 延边大学农学学报，2004，26 (1): 44-49.

[51] 冉瑞平 . 西南地区林业生态环境保护与建设中的林农行为分析——来自四川邛崃市的调查 [J]. 农业经济问题，2006 (9): 41-46.

[52] 任恒祺，邱俊齐，朱永杰 . 西部大开发林业生态环境建设管理与政策研究 [M]. 北京：中国林业出版社，2006.

[53] 戎晓红 . 退耕还林工程经济补偿机制研究——以雅安市雨城区为例 [J]. 中国人口·资源与环境，2011，21 (S1): 448-450.

[54] 邵权熙 . 当代中国林业生态经济社会耦合系统及耦合模式研究 [D]. 北京：北京林业大学，2008: 97-98.

[55] 石广义 . 中国西部林业生态经济发展模式与对策研究 [D]. 北京：北京林业大学，2005.

[56] 史建俊 . 西部生态建设绩效分析与财政投资机制创新研究 [D]. 杨凌：西北农林科技大学，2004.

[57] 史培军，张淑英，潘耀忠，等 . 生态资产与区域可持续发展 [J]. 北京师范大学学报（社会科学版），

2005（2）：132-138.
[58] 宋洪峰，曹楠，陈建成．中国西部林业生态建设政策的归类研究——基于590条政策内容的质性分析[J]. 林业经济评论，2013，3：80-87.
[59] 宋维明，程宝栋．关于中国木材产业发展与生态保护关系的思考[J]. 林业经济，2006（1）：38-42.
[60] 宋焱，徐颂军．广东林业生态建设可持续发展研究[J]. 林业资源管理，2005（10）：11-15.
[61] 孙鸿烈．西部生态建设的主要任务及战略措施[J]. 矿物岩石地球化学通报，2002（1）：4-7.
[62] 王洛林，魏后凯．我国西部大开发的进展及效果评价[J]. 财贸经济，2003（10）：6-13+96.
[63] 王书华，王忠静，石培华．我国西部生态环境建设：症结与出路[J]. 干旱区资源与环境，2003（6）：19-23.
[64] 王彦辉，贾志清．加强林业生态环境建设，实现可持续发展[J]. 中国农业科技导报，2000（3）：79-82.
[65] 吴会贤，王永丽，康文兰．以生态环境建设带动林业产业化发展[J]. 中国林业，1998（12）：31.
[66] 吴巧生，王华．论区域可持续发展系统中的环境因素[J]. 中国软科学，2001（4）：113-115.
[67] 吴守蓉．试论林业生态文明建设中的林业部门的政府职能[J]. 林业经济，2010（5）：107-110.
[68] 谢晨，赵金成，姜喜麟，等．加大西部地区退耕还林力度，推动“两增任务”完成——甘肃省退耕还林调研报告[J]. 林业经济，2010（07）：55-58.
[69] 谢煜．林业生态与产业共生协调度评价模型及其应用研究[D]. 南京：南京林业大学，2009.
[70] 徐建华，卢艳，岳文泽，等．区域可持续发展水平综合评价排序计算模型研究——以三西地区为例[J]. 干旱区地理，2002（1）：45-50.
[71] 徐龙．中国林业生态工程投资管理体制研究[D]. 北京：北京林业大学，2010.
[72] 严耕．生态危机与生态文明转向研究[D]. 北京：北京林业大学，2009.
[73] 杨国秀，向安强，孙凌洁．西部地区生态环境现状及其理性思考[J]. 科技进步与对策，2002（8）：24-26.
[74] 杨文杰，刘国强，代军，等．西北地区林业发展战略研究[J]. 西北林学院学报，2004（1）：154-156+165.
[75] 杨永辉，肖秀梅．运用系统工程方法对区域可持续发展影响因素的分析[J]. 科学管理研究，2008（3）：59-61.
[76] 姚昌恬．中国西部开发林业生态建设战略及政策设计[D]. 北京：北京林业大学，2003.
[77] 姚昌恬．中国西部林业生态建设[J]. 中国林业，2001（15）：8-11.
[78] 姚顺波，张晓蕾．退耕还林对农业生产结构影响的实证研究——以陕北吴起县为例[J]. 林业经济问题，2008（5）：390-395.
[79] 姚巍．陕西天然林保护工程十年建设现状及发展对策研究[D]. 杨凌：西北农林科技大学，2010.
[80] 叶锋．我国林业产业结构与增长分析[D]. 北京：北京林业大学，2009.
[81] 张宝林，潘焕学．防沙治沙生态补偿模式创新研究[J]. 科学管理研究，2012（06）：73-76.
[82] 张卉．中国西部地区退耕还林政策绩效评价与制度创新[D]. 北京：中央民族大学，2009.
[83] 张蕾，周洪．西部开发实施的林业政策评价[J]. 西北林学院学报，2003，18（1）：59-62.
[84] 张蕾．实施以生态建设为主的林业发展战略是构建和谐社会的历史选择[J]. 绿色中国，2005（12）：9-12.
[85] 张晓星，吴铁雄，周莉，等．基于主成分分析的平原26省林业发展水平评价[J]. 中南林业科技大学学报（社会科学版），2010，4（4）：10-13.
[86] 张勰．中国西部人口素质评价及发展策略研究[D]. 武汉：武汉理工大学，2012.
[87] 张艳芳．基于生态经济协调发展的我国林业分类经营研究[J]. 科技创业月刊，2007（8）：71-72.
[88] 张振国，苏明，傅志华，等．我国西部生态环境建设与林业财政政策导向[J]. 经济研究参考，2005（90）：2-15.

[89] 赵巩玉．试论加强法制建设健全林业生态建设的保障体系［J］. 甘肃林业高职教育，2010（6）: 106-108.
[90] 赵普．西部地区集体林权制度改革与林业产业化问题研究［J］.2010（22）.
[91] 赵彦云．中国产业竞争力研究［M］. 北京：经济科学出版社，2009.
[92] 郑度．区域可持续发展中的环境伦理问题［J］. 地理研究，2005（2）: 3-10.
[93] 郑文松．我国林业生态建设理念之探讨［J］. 林业建设，2010（1）: 48-50.
[94] 支玲，陈佳鑫．我国西部退耕还林工程与城市化的关系——以四川等四省为例［J］. 世界林业研究，2010（3）: 47-51.
[95] 支玲，杨明，卿向阳，等．西部退耕还林工程可持续发展能力评价——以云南省鹤庆县、贵州省织金县和四川省朝天区为例［J］. 林业科学，2010（5）: 161-169.
[96] 周莉，陈晓倩，温亚利，等．南江县退耕还林工程的财政支出效率评价［J］. 北京林业大学学报（社会科学版），2009（3）: 126-133.
[97] 周生贤．总结经验：开拓进取全面推进跨越式发展［J］. 林业经济．2002（2）: 4-13.
[98] 周泽峰．以生态建设为主的林业投资政策建议［J］. 绿色中国，2004（22）: 27-28.
[99] Allen A O，Feddema J J. Wetland loss and substitution by the Section 404 emit program in Southern California［J］. Environmental Management，1996，20（2）: 263-274.
[100] Armitage D，Berkes F，Doubleday N. Adaptive co-management collaboration learning and multi-level governance［D］. University of British Columbia Press，Vancouver，British Columbia，Canada，2007.
[101] Armitage D，Plummer R. Adaptive Capacity and Environmental Governance［D］. Springer: Berlin，Germany，2010.
[102] Armstrong F T. Ways to make analysis relevant but not prescriptive［J］. Studies in Intelligence，2002（46）: 37-43.
[103] Aroson J，Floc'H E L. Vital landscape attributes: missing tools for restoration ecology［J］. Restoration Ecology，2010，4（4）: 377-387.
[104] Béné C. The good，the bad，and the ugly: discourse，policy controversies，and the role of science in the politics of shrimp farming development［J］. Development Policy Review，2005（23）: 585-614.
[105] Boni L，Womack K L. Wall Street research: will new rules change its usefulness?［J］. Financial Analysts Journal，2003（59）: 25-29.
[106] Burger J A. Management effects on growth，production and sustainability of managed forest ecosystems: Past trends and future directions［J］. Forest Ecology and Management，2009（258）: 2335-2346.
[107] Caldwell P. Courting the expert: clash of culture?［J］. British Journal of Haematology，2005（129）: 730-733.
[108] Chapman M G. Improving smpling designs for measure in grestoration inaquati chabitats［J］. Journal of Aquatic E-cosystem Stress and Recovery，1999（6）: 235-251.
[109] Cuperus R，Canters K J，Piepers A A G. Ecological compensation of the impacts of a road. Preliminary method of A50 road link［J］.Ecological Engineering，1996，7（4）: 327-349.
[110] Das G G，Alavalapati J R R，Carter D R，et al. Regional impacts of environmental regulations and technical change in the US forestry sector: a multiregional CGE analysis［J］. Forcst Policy and Economics，2003，7（1）: 25-38.
[111] Earn D J D，Levin S A，Rohani P. Coherenceand Conservation［J］. Science，2000，290（5495）: 1360.
[112] Elbakidze M，Angelstam P K，Sandström C.，et al. Multi-stakeholder collaboration in Russian and Swedish Model Forest initiatives: adaptive governance toward sustainable forest management?［J］. Ecology and Society，2010，15（2）: 14.
[113] Erice J，Timothy J C，Frederick W K. Restored repairman buffers as tools for ecosystem restoration

in the main; processes, end points, and measures of success for water, soil, flora, and fauna [J]. Environmental Monitoring and Assessment, 2000, 63 (1): 199-210.

[114] Esty D C, Marc A L, Tanja S, et al. Pilot 2006 environmental performance index [R]. New Haven: Yale Center for Environmental Law and Policy, 2006: 10-20.

[115] Henderson H. Ethical Markets: Growing the Green Economy [D]. White River Junction, 2006, VT: Chelsea Green.

[116] Jr R A P. When scientists politicize science: making sense of controversy over [J]. Environmental Science and Policy, 2004, 7 (5): 405-417.

[117] Keskitalo E C H, Klenk N, Bullock R, et al. Preparing for and responding to disturbance: examples from the forest sector in Sweden and Canada [J]. Forests, 2015, 2 (2): 505-524.

[118] Lackey R T. Axioms of ecological policy [J]. Fisheries, 2006, 31 (6): 286-290.

[119] Leary N, Adejuwon J, Barros V, et al. Stitch in time: General lessons from specific cases [A]. In Climate Change and Adaptation [C]. Earthscan: London, UK, 2007.

[120] McGinley K, Cubbage F W. Governmental regulation and nongovernmental certi.cation of forests in the tropics: Policy, execution, uptake, and overlap in Costa Rica, Guatemala, and Nicaragua [J]. Forest Policy and Economics, 2011, 13 (3): 206-220.

[121] Mills T J. Position advocacy by scientists risks scientific credibility and may be unethical [J]. Northwest Science, 2000, 74 (2): 165-168.

[122] Nabuurs G J, Päivinena R, Schanzc H. Sustainable management regimes for Europe's forests a projection with EFISCEN until 2050 [J]. Forest Policy and Economics, 2001, 3 (3): 155-173.

[123] O'Leary, Rosemary, Catherine Gerard, Lisa Blomgren Bingham. Introduction to the Symposium on Collaborative Public Management [J].Special issue, Public Administration Review, 2006 (66): 6-9.

[124] Olsson P, Folke C, Galaz V, et al. Enhancing the fit through adaptive co-management: creating and maintaining bridging functions for matching scales in the Kristianstads Vattenrike Biosphere Reserve, Sweden [J]. Ecology and Society, 2007, 12 (1): 28.

[125] Pagiola S, Arcenas A, Platais G. Can payments for environmental—services help reduce poverty? An exploration of the issues and the evidence to date from Latin America [J]. World Development, 2005, 33 (2): 237-253.

[126] Pagiola S, Landell-Mills N, Bishop J. Making market-based mechanisms work for forests and people [M]. London, UK: Earthscan, 2002.

[127] Palomo I, Martín-López B, López-Santiago C, et al. Participatory scenario planning for protected areas management under the ecosystem services framework: the doñana social-ecological system in southwestern spain [J]. Ecology and Society, 2011, 16 (1): 23-56.

[128] Robinson J G. Conservation biology and real-world conservation [J]. Conservation Biology, 2006, 20 (3): 658-669.

[129] Roebuck P, Phifer P. The persistence of positivism in conservation biology [J]. Conservation Biology, 1999, 13 (2): 444-446.

[130] Rykiel E J. Scientific objectivity, value systems, and policymaking [J]. Bioscience, 2001, 51 (6): 433-436.

[131] Salwasser H. Confronting the implications of wicked problems: changes needed in Sierra Nevada National Forest planning and problem solving [J]. Proceedings of the Sierra Nevada Science Symposium: Science for Management and Conservation.USDA Forest Service General Technical Report PSW-GTR-193. U.S. Department of Agriculture, Albany, California, 2004, 7-22.

[132] Schmitz M F., Ataufi J A, de Pablo C L, et al. Changes in land use in Northern Spain: effects of forestry management on soil conservation [J]. Forest Ecology and Management, 1998, 109 (1): 137-150.

[133] Stoiculescu D, Ianculescu M, Leandru V, et al. Ecological conservation and reconstruction of fore striver meadow ecosystems under human influence [J]. Revista Padurilor, 1987, 2 (102): 61-66.

[134] Tsipris J, Meron M. Climatic and hydrological aspect of the Hula restoration project [J]. Wetlands Ecology and Management, 1998, 6 (2-3): 91-101.

[135] Van Houtan K S. Conservation as virtue: a scientific and social process for conservation ethics [J]. Conservation Biology, 2006, 20 (5): 1367-1372.

[136] Wali M K. Ecological succession and there habilitation of disturbed terres trial ecosystems [J]. Plant and Soil, 1999, 213 (1-2): 195-220.

[137] Wilfried S. Restoration of the highly entropic Lings Reservoir [J]. Hydrobiologia, 1999, 416: 85-96.

[138] Wunder S. Payments for environmental services: some nuts and bolts[R]. CIFOR Occasional.2005(24): 3-8.

附　录

村代码：

______省（自治区、直辖市）西部林业生态建设调查问卷（村表）

您好！我们正在做一项科研调查，目的是了解您对西部林业生态建设的意见和建议。您的回答有助于国家林业生态建设政策的完善，感谢您的配合。

市（地区）:______________________________

县（区）:______________________________

乡（镇）:______________________________

村:______________________________

主要民族:______________________________

受访干部姓名:______________________________

性别:______________________________

职位:______________________________

电话号码:______________________________

调查员姓名:______________________________

电话号码:______________________________

调查日期:______________________________

查表人姓名:______________________________

A 村基本情况

A1. 人口及收入情况

项目	单位	2000 年	2005 年	2008 年	2011 年
01. 自然村数	个				
02. 村民小组数	个				
03. 少数民族个数	个				
04. 总户数	户				
05. 少数民族户数	户				
06. 总人口	人				
07. 少数民族人口	人				
08. 劳动力总数	人				
09. 党员数	人				
10. 参加合作医疗保险人数	人				
11. 参加养老保险统筹人数	人				
12. 年人均总收入	元 /（人·年）				
13. 年人均纯收入	元 /（人·年）				

A2. 交通及通讯情况

项目	单位	2000 年	2005 年	2008 年	2011 年
01. 最近的能跑拖拉机以上交通运输工具的路离村中心有多远?	公里				
02. 村到最近的县城有多远?	公里				
03. 村离最近的信贷机构的距离	公里				
04. 村里是否有电话信号?	1= 有，2= 没有				

05. 总体而言，林业生态工程使您村的交通条件有什么变化?

5= 明显改进　4= 一般改进　3= 没有变化　2= 一般恶化　1= 明显恶化

A3. 劳动力流动情况

说明:

常年外出做非农工作的人员:这是指每天不回家的在外做工（拿工资）或者自营（自己经商、包工程、跑运输）超过一个月，但以后很可能回来的人员，包括每周工作日做工但周末回来的人员，常年在外做工但春节回来的人员。

自营工作的人员: 非农经营（包括经商和运输）活动的人员，一般从事该活动在一个月以上。常年在本地做非农工作的人员:这是指每天可以回家的在外做工（拿工资）或者自营（自己经商、包工程、跑运输）超过一个月的人员。

项目	单位	2000	2005	2008	2011
01. 常年外出做非农工作的人员	人				
02. 常年在本地做非农工作的人员	人				
03. 在本村企业工作的人员	人				

04. 总体而言，林业生态工程使您村外出打工的人员增加还是减少？

5= 明显增加　4= 一般增加　3= 没有变化　2= 一般减少　1= 明显减少

A4. 村企业情况

项目	单位	2000	2005	2008	2011
01. 企业总数	个				
02. 其中涉林企业	个				

B　村组织

B1. 村组织概况

1　近十年里，因林业生态工程开会的次数变化如何？

3= 变多了　2= 没变化　1= 变少了

2　总体而言，您认为村民对林业生态工程会议的重视程度如何？

5= 非常重视　4= 比较重视　3= 一般重视　2= 比较不重视　1= 非常不重视

B2. 村领导情况

上任前当过什么干部编码：

1= 村支书；2= 村长；3= 村会计；4= 副书记；5= 副村长；6= 村委会委员；7= 管理企业机构的领导；8= 管理企业机构的成员；9= 生产队干部；10= 大队干部；11= 公社干部；12= 村民小组长；13= 其他村干部；14= 乡镇干部；15= 其他（请说明）；16= 林业部门干部或职工；17= 民兵连长 / 民兵营长；

从事经济方面的工作编码：

1= 农业；2= 个体户；3= 厂长或企业经理；4= 职工 / 汽车教练员；5= 打工；6= 其他（请说明）；7= 运输；8= 管经济的联系主任；9= 兼养老院副院长；

项目	单位	村长	书记
01. 年龄	岁		
02. 教育年限	年		
03. 哪一年上任？	年		
04. 上任前当过什么干部？（多选）	编码		
05. 任职前的经济方面的工作	编码		

C 土地资源（单位：亩）

项目	2000 年	2005 年	2008 年	2011 年
01. 全村土地总面积				
02. 耕地总面积（不包括果园、茶园，但包括在农地中种的经济林）				
03. 其中：在农田里种的经济林				
04. 林地面积				
其中：经济林				
用材林				
薪炭林				
防护林				
特种用途林				
05. 其中：林地划入国家自然保护区面积				
06. 其中：林地划入公益林的面积				
07. 其中：林地划入国家公益林的面积				
08. 其中：林地划入国有林场经营的面积				
09. 集体林面积（包括村集体 + 村小组集体）				
10. 林地中本村单户经营的面积				
11. 林地中本村大户经营的面积				
12. 林地中本村联户经营的面积				
13. 流转出去的林地（外村或外单位）				
14. 草地面积				

D 村工程参与情况

D1. 工程基本情况

1. 起源：0= 天然林；1= 人工林

2. 类型：1= 防护林；2= 用材林；3= 经济林；4= 薪炭林；5= 特种用途林

序号	项目	到目前为止参与工程的面积	哪年开始参与	如果结束，哪年结束的?	参与地块起源	参与地块类型	全村劳动力投入量［单位：个工（人·天）］					参与户数（户）				
							2000 年	2005 年	2008 年	2011 年	累计	2000 年	2005 年	2008 年	2011 年	累计
01	退耕还林（草）工程															
02	天然林资源保护工程															
03	重点生态公益林工程															
04	三北及长江流域等防护林体系建设工程															
05	野生动植物保护及自然保护区建设工程															
06	石漠化综合治理工程															
07	湿地保护与恢复工程															
08	重点地区速生丰产用材林基地建设工程															
09	农业工程															
10	水利工程															
11	环保工程:（污水工程，农村“三堆”等）															

D2. 工程资金情况

序号	项目	上级政府转移款（万元）					本村配套资金数（万元）					实际利用资金数（万元）				
		2000 年	2005 年	2008 年	2011 年	累计	2000 年	2005 年	2008 年	2011 年	累计	2000 年	2005 年	2008 年	2011 年	累计
01	退耕还林（草）工程															
02	天然林资源保护工程															
03	重点生态公益林工程															
04	三北及长江流域等防护林体系建设工程															
05	野生动植物保护及自然保护区建设工程															
06	石漠化综合治理工程															
07	湿地保护与恢复工程															
08	重点地区速生丰产用材林基地建设工程															
09	农业工程															
10	水利工程															
11	环保工程:（污水工程,农村“三堆”等）															

D3. 工程造林、抚育、采伐情况

序号	项目	造林面积（亩）					抚育面积（亩）					采伐量（立方米）				
		2000 年	2005 年	2008 年	2011 年	累计	2000 年	2005 年	2008 年	2011 年	累计	2000 年	2005 年	2008 年	2011 年	累计
01	退耕还林工程															
02	天然林资源保护工程															
03	重点生态公益林工程															
04	三北及长江流域等防护林体系建设工程															
05	野生动植物保护及自然保护区建设工程															
06	石漠化综合治理工程															
07	湿地保护与恢复工程															
08	重点地区速生丰产用材林基地建设工程															
09	农业工程															
10	水利工程															
11	环保工程:（污水工程，农村“三堆”等）															

D4. 本村目前正在执行的林业生态项目情况与影响

编码 1. 工程名称：A. 退耕还林（草）工程　B. 天然林资源保护工程　C. 重点生态公益林工程　D. 三北及长江中下游等防护林工程　E. 野生动植物与自然保护区建设工程　F. 石漠化综合治理工程　G. 湿地保护与恢复工程　H. 重点地区速生丰产用材林基地建设工程　I. 其他______

编码 2. 了解或参与程度：非常高（5 分）；比较高（4 分）；一般（3 分）；比较低（2 分）；非常低（1 分）

编码 3. 影响程度：极大促进（5 分）；一般促进（4 分）；没显著影响（3 分）；一般制约（2 分）；极大制约（1 分）

项目	工程 1：	工程 2：	工程 3：	工程 4：
01. 工程名称（编码 1）				
02. 了解程度（编码 2）				
03. 您参与了哪些工程（选择打勾）				
04. 参与程度（编码 2）				
05. 在西部大开发中占什么地位？ A. 首要地位　B. 次要地位　C. 其他________				
06. 对西部地区社会发展影响？（编码 3）				
07. 对西部地区经济发展影响？（编码 3）				
08. 对西部地区生态发展影响？（编码 3）				

1. 总体而言，您认为制约西部地区经济与社会发展的主要原因是什么？

首先（　　）其次（　　）再次（　　）

A. 投入不足　B. 生态环境恶化　C. 扶持政策太少　D. 基础设施落后　E. 水土流失严重，农业基础薄弱　F. 资金、技术与人才匮乏　G. 其他___

2. 总体而言，您认为林业生态建设与耕地粮食问题有多大冲突？

A. 极大冲突　B. 一般冲突　C. 没有冲突

冲突体现在哪些方面？

____

3. 总体而言，您认为林业生态建设与水利建设有多大冲突？

A. 极大冲突　B. 一般冲突　C. 没有冲突

冲突体现在哪些方面？

____

4. 总体而言，您认为林业生态建设与草原畜牧建设有多大冲突？

A. 极大冲突　B. 一般冲突　C. 没有冲突

冲突体现在哪些方面？

____

5. 总体而言，您认为林业生态建设与环境保护有多大冲突？

A. 极大冲突　B. 一般冲突　C. 没有冲突

冲突体现在哪些方面？

____

6. 总体而言，您认为林业生态建设与基础设施建设有多大冲突？

A. 极大冲突　B. 一般冲突　C. 没有冲突

冲突体现在哪些方面？

____

7. 您认为林业生态建设还与哪些方面存在冲突？冲突体现在哪些方面（如人口资源、扶贫、电力等）？冲突大吗？

____

D5. 本村各林业生态工程情况

（一）请对各个工程的生态、经济与社会目标是否达标与效果等给予评价（打分）

填表时，编码只选填表人认为最重要的 3 个目标。

编码 1. 生态目标：A. 保护生物多样性　B. 遏制生态环境恶化　C. 涵养水源　D. 增加森林覆盖率　E. 防风固沙　F. 庇护农田　G. 保护牧场　H. 加快自然保护区建设　L. 野生动植物拯救工程　M. 加强天然湿地保护　N. 其他________________

编码 2. 经济目标：A. 提高林农收入水平　B. 促进林业产业的发展　C. 促进参观旅游　D. 地方财政收入　E. 其他________________（经济可持续发展等）

编码 3. 社会目标：A. 促进农民就业　B. 提高农民生活质量　C. 引导农民脱贫致富　D. 增加社会保障覆盖率　E. 妥善分流安置国有林业企业富余职工　F. 促进社会可持续发展　G. 其他________

打分原则：非常满意（5 分），比较满意（4 分），一般满意（3 分），比较不满意（2 分），非常不满意（1 分）

<table>
<tr><th colspan="2">评价（打分）</th><th colspan="3">工程 1：</th><th colspan="3">工程 2：</th><th colspan="3">工程 3：</th><th colspan="3">工程 4：</th></tr>
<tr><td rowspan="4">生态</td><td>01. 目标内容（编码 1）</td><td></td><td></td><td></td><td></td><td></td><td></td><td></td><td></td><td></td><td></td><td></td><td></td></tr>
<tr><td>02. 达标度评价（打分）</td><td></td><td></td><td></td><td></td><td></td><td></td><td></td><td></td><td></td><td></td><td></td><td></td></tr>
<tr><td>03. 工程的效果（打分）</td><td colspan="3"></td><td colspan="3"></td><td colspan="3"></td><td colspan="3"></td></tr>
<tr><td>04. 目标间协调性（打分）</td><td colspan="3"></td><td colspan="3"></td><td colspan="3"></td><td colspan="3"></td></tr>
<tr><td rowspan="4">经济</td><td>05. 目标内容（编码 2）</td><td></td><td></td><td></td><td></td><td></td><td></td><td></td><td></td><td></td><td></td><td></td><td></td></tr>
<tr><td>06. 达标度评价（打分）</td><td></td><td></td><td></td><td></td><td></td><td></td><td></td><td></td><td></td><td></td><td></td><td></td></tr>
<tr><td>07. 工程的效果（打分）</td><td colspan="3"></td><td colspan="3"></td><td colspan="3"></td><td colspan="3"></td></tr>
<tr><td>08. 目标间协调性（打分）</td><td colspan="3"></td><td colspan="3"></td><td colspan="3"></td><td colspan="3"></td></tr>
<tr><td rowspan="4">社会</td><td>09. 目标内容（编码 3）</td><td></td><td></td><td></td><td></td><td></td><td></td><td></td><td></td><td></td><td></td><td></td><td></td></tr>
<tr><td>10. 达标度评价（打分）</td><td></td><td></td><td></td><td></td><td></td><td></td><td></td><td></td><td></td><td></td><td></td><td></td></tr>
<tr><td>11. 工程的效果（打分）</td><td colspan="3"></td><td colspan="3"></td><td colspan="3"></td><td colspan="3"></td></tr>
<tr><td>12. 目标间协调性（打分）</td><td colspan="3"></td><td colspan="3"></td><td colspan="3"></td><td colspan="3"></td></tr>
<tr><td colspan="2">13. 生态与经济协调性评价（打分）</td><td colspan="3"></td><td colspan="3"></td><td colspan="3"></td><td colspan="3"></td></tr>
<tr><td colspan="2">14. 生态与社会协调性评价（打分）</td><td colspan="3"></td><td colspan="3"></td><td colspan="3"></td><td colspan="3"></td></tr>
<tr><td colspan="2">15. 经济与社会协调性评价（打分）</td><td colspan="3"></td><td colspan="3"></td><td colspan="3"></td><td colspan="3"></td></tr>
</table>

续表

评价（打分）	工程 1:	工程 2:	工程 3:	工程 4:
16. 此工程与其他生态工程协调性评价（打分）				
17. 此工程与总体西部规划协调性评价（打分）				

（二）请您对各工程的重要程度与影响进行选择与评价（按照编码选择评价）

编码 1. 重要程度：极为重要（5 分）；比较重要（4 分）；一般重要（3 分）；比较不重要（2 分）；极为不重要（1 分）

编码 2. 带来好处或坏处：A. 社会保障覆盖率　B. 人民的生活质量　C. 当地的生态环境　D. 当地的经济发展　E. 林农的收入　F. 农村劳动力就业　G. 国家资金政策支持　H. 各类专业技术人员　L. 其他______________（农村综合发展）

编码 3. 影响程度：极大提高（5 分）；略微提高（4 分）；没有改变（3 分）；略微恶化（2 分）；极大降低（1 分）

项目	工程 1:	工程 2:	工程 3:	工程 4:
18. 此工程的重要程度（编码 1）				
19. 此工程给当地带来好处（编码 2）				
20. 此工程带来好处的程度（编码 3）				
21. 此工程给当地带来坏处（编码 2）				
22. 此工程带来坏处的程度（编码 3）				

（三）据前面的分析与评价，提出提高林业生态工程的生态、经济与社会目标达标度与效果等建议

23. 促进西部林业生态工程生态、经济与社会目标之间协调性的建议。

____

24. 您认为选择怎样的路径可以促使生态环境建设与西部地区脱贫致富可以结合起来？

____

（四）请对您参与的各个工程的工作过程协调性进行评价（打分）

打分原则：非常满意（5 分）；比较满意（4 分）；一般满意（3 分）；比较不满意（2 分）；非常不满意（1 分）

项目	工程 1:	工程 2:	工程 3:	工程 4:
25. 参与的工作 A= 制定；B= 执行；C= 监督；D= 评估；E= 变迁（政策调整）				
26. 是否具有操作性、更严谨？（打分）				
27. 是否做到上级下级结合？（打分）				
28. 是否做到专业和民主结合？（打分）				
29. 是否长期和短期规划结合？（打分）				

续表

项目	工程 1：	工程 2：	工程 3：	工程 4：
30. 各部门协商效率如何？（打分）				
31. 资金间的协调性？（打分）				
32. 不同工作之间的协调性？（打分）				
33. 与其他部门之间的合作分工是否协调？（打分）				
34. 上级与本级之间的协调性（打分）				
35. 本级与下级之间的协调性（打分）				
36. 您对工程的总体满意程度（打分）				

（五）请对您参与的各个工程工作过程主要矛盾进行评价（打分）

37. 总体而言，您认为生态工程实施管理过程中主要矛盾体现在哪些方面？（多选）

（1）**管理机构类**：A. 多头管理，各自为政　B. 机构重叠，管理混乱　C. 其他______________

（2）**管理过程类**：A. 林业执法不严　B. 政策变化　C. 科技手段跟不上　D. 工作量太大　E. 操作难度大　F. 农民不支持与理解　G. 后续管护问题难　H. 缺乏其他部门的配合　I. 其他____________

（3）**工程人员类**：A. 林业队伍缺乏　B. 素质偏低　C. 缺乏流动　D. 服务意识淡　E. 其他_____

（4）**工程资金类**：A. 资金投入不足　B. 资金挪用　C. 工作经费不足　D. 其他______________

38. 根据以上的问题，请提出工作过程的相关改进建议（制定、执行、监督、评估与变迁）。

A. 同级部门的工作____

B. 上级部门的工作____

C. 下级部门的工作____

E　林业制度

E1. 集体林权改革

1. 哪年进行的集体林权改革？__________

2. 2011 年底林改完成情况？集体林地到户率__________；林权证到户率__________；

3. 林权流转面积：__________　　4. 林权抵押贷款林地面积：__________

5. 参加森林保险林地面积：__________　　6. 森林资源资产评估面积：__________

（1）初始承包评估面积：__________　　（2）林地流转评估面积：__________

7. 林业合作组织数量：__________

（1）家庭合作林场：__________　（2）股份制林场：__________　（3）“三防”协会：__________
（4）专业协会：__________　（5）农户林业专业合作社：__________　（6）其他：__________

E2. 2011 年采伐许可证分配情况

采伐指标如何分配：1= 按需分配 / 根据农户情况；2= 根据农户申请；3= 照顾困难家庭；4= 根据资源状况 / 按森林清查的面积蓄积 / 根据全省成过熟林的比例和总蓄积量 / 立地条件 / 以疏伐为主，根据实地勘测 / 竹林面积；5= 平均分 / 按户数；6= 其他；7= 村民代表讨论；8= 招标；9= 根据市场行情（保留价格高的树种）；10= 村里统一规划 / 根据村限额 / 生产计划；11= 上级分配 / 上级有最高限额；12= 有审

批就行 / 砍后去卖时批就可以；999= 无指标，不分配，不太管，无规定，不严格

项目	选项 / 说明	木材	竹材
01. 你村砍伐木材或竹材需要采伐许可证吗？	1= 是，2= 否		
02. 采伐许可证由谁申请？	1= 村里根据农户报上来的砍伐量统一申请；2= 农户本人；3= 其他（说明）		
03. 采伐许可证向谁申请？	1= 乡林业站；2= 县林业局；3= 乡政府；4= 县政府；5= 其他（说明）		
04. a. 2010 年村里有多少农户申请采伐许可指标？	户		
04. b. 实际有多少农户获得采伐许可指标？	户		
04. c. 2010 年村里农户共申请多少采伐量？	立方米（　　）/ 根（　　）		
04. d. 村里共获得多少采伐许可量？	立方米（　　）/ 根（　　）		
05. 采伐指标是如何分配的？	编码		

E3. 本村是否有关于林地资源经营管理的乡规民约（例如乱砍滥伐者要请全村人吃饭、看戏等，政策法规体系之外的）？如果有，形成的历史有多久？到现在还是否有效？

E4. 村在森林资源经营管护过程中的问题与困难（按重要程度排序）________________

1. 深丘坡陡 / 土壤贫瘠　2. 缺水 / 降雨　3. 牲畜践踏　4. 偷盗　5. 缺乏资金　6. 缺乏劳力　7. 缺乏技术　8. 缺乏市场信息　9. 缺乏喜欢的种苗　10. 政策 / 规定障碍　11. 税费高　12. 交通运输差　13. 不稳定权属　14. 林农或林牧争地争林　15. 采伐指标难申请　16. 其他，如____________

E5. 01. 您认为国家对林业和生态建设应先解决什么问题，才能把我国目前的林业生态建设成果保持下去？首先（　　），其次（　　），再次（　　）。

A. 加大投入　B. 加强机构建设　C. 给予优惠政策　D. 培养科技人才　E. 补偿制度　F. 提供信贷资金　G. 技术服务　H. 产权激励（土地承包方式不合理等）　L. 产品销售支持　M. 其他（如缺水、鼠害等）____________

02. 请对以上问题说明理由并提出相关建议。

（1）________________________________

（2）________________________________

（3）________________________________

F　村资源情况

1	调查村的海拔	米	
2	调查村的年均温度	摄氏度	
3	调查村近 20 年来的年均降雨量	毫米 / 年	

G 村收支情况

G1. 村财务支出（此表可由乡镇财务部门帮助填写，单位：万元）

	项目	2000 年	2005 年	2008 年	2011 年
1	本年总收入				
2	其中：林业生产经营收入				
3	林地承包收入				
4	生态效益补偿费				
5	林改工作经费				
6	一事一议财政奖补				
7	其他营林补贴				
8	农业补贴				
9	其他收入（包括财政转移支付等）				
10	本年总支出				
11	其中：林业生产经营支出				
12	道路建设、维护				
13	医疗卫生				
14	环境卫生				
15	其他				
16	村集体资产（指年底时的情况，包括现金、银行存款和应收款）				
17	村集体负债（包括借款和应付款）				

G2. 林产品生产情况

林副产品编码：61= 笋；64= 竹麻；204= 野菜；20401= 苦菜；20402= 荠菜；20403= 蕨菜；20404= 飞花菜；33= 核桃 / 山桃；34= 栗子 / 板栗；77= 泡核桃；78= 椎栗；136= 榛子；140= 松果；101= 菌类；10101= 木耳；10102= 蘑菇（野生食用菌）；10103= 松茸；10104= 菌类（牛肚菌）；10105= 羊干菌；10106= 红菌；10107= 榛蘑；10108= 松树伞蘑；200= 药材 / 中草药；20001= 灵芝；20002= 山药；220003= 薄芥子；155= 杜仲；138= 林下参（人参）；67= 太子参；65= 厚朴（药材）；160= 花卉；16001= 茉莉花；16002= 菊花；161= 樱花；162= 花木；169= 海棠；170= 玉兰花；48= 油柰（柰李）；43= 油茶；40= 沙棘；9= 茶叶；其他

1. 您村主要的林副产品有哪些：________________________________

2. 您村销售林副产品的渠道有（按销售量的多少排序）________________________

   1. 国营收购　2. 中间商　3. 加工厂　4. 集市　5. 通过林业专合组织　6. 林权交易中心
   7. 其他

3. 您村销售林副产品遇到过困难吗？

   1. 有　2. 无　3. 说不清楚

4. 如有，您村销售林副产品遇到的主要问题或困难是什么？____________________

5. 您村主要树种有哪些：____________________

6. 您村销售木材的渠道有（按销售量的多少排序）____________________

1. 国营收购　2. 中间商　3. 加工厂　4. 集市　5. 通过林业专合组织　6. 林权交易中心

7. 其他

农户代码：

问卷评价：优良中差

______省（自治区、直辖市）西部林业生态建设调查问卷（农户表）

您好！我们正在做一项科研调查，目的是了解您对西部林业生态建设的看法和意见。您的回答有助于国家林业生态建设政策的完善，感谢您的配合。

市（地区）：________________________________

县（区）：________________________________

乡（镇）：________________________________

村：________________________________

本次受访者姓名：________________________________

民族：________________________________

电话号码：________________________________

调查员姓名：________________________________

电话号码：________________________________

调查日期：________________________________

一、家庭基本情况

A1. 家庭基本特征

注：

家庭成员指的是每年在家三个月以上，或者与家里有经济联系的人。

与户主关系编码：1= 户主；2= 配偶；3= 孩子；4= 孙辈；5= 父母；6= 兄弟姐妹；7= 女婿，儿媳，姐夫，嫂子；8= 公婆，岳父母；9= 亲戚；10= 无亲戚关系；11= 奶奶、爷爷；12= 其他（请说明）

学历编码：1= 小学；2= 初中；3= 高中（职高）；4= 本科；5= 硕士及以上

01. 您家 2011 年有几口人？　　02. 您家 2008 年有几口人？

03. 您知道如下哪些林业生态工程？（多选题）

1= 退耕还林（草）工程；2= 三北和长江流域等重点防护林体系建设工程；3= 天然林资源保护工程；4= 京津风沙源治理工程；5= 速生丰产用材林基地建设工程；6= 野生动植物保护及自然保护区工程；7= 荒漠化治理工程；8= 生态公益林工程；9= 石漠化综合治理工程；10= 湿地保护与恢复工程；11= 以上均不知道（跳过 C2 和第四部分）

04. 您家参与了哪些林业生态工程？（多选题）

1= 退耕还林（草）工程；2= 三北和长江流域等重点防护林体系建设工程；3= 天然林资源保护工程；4= 京津风沙源治理工程；5= 速生丰产用材林基地建设工程；6= 野生动植物保护及自然保护区工程；7= 荒漠化治理工程；8= 生态公益林工程；9= 石漠化综合治理工程；10= 湿地保护与恢复工程；11= 以上均未参加（跳过 C2）

2008 年至今的家庭成员或特征变化	05. 您家 2008 年以后家庭成员有变化吗	06. 家里是否有商人	07. 您家户主有变化吗	08. 家里是否有护林员	09. 家里是否有（或曾有）参军人员	10. 您家最高学历是什么	11. 您家里是否有村组及以上干部	12. 您家里是否有在校生
1= 有；0= 没有								

A2. 家庭人口（如户主与受访者为一人，只填户主即可）

个人编码		受访者	户主
13. 与户主的关系	编码		
14. 性别	1= 男； 2= 女		
15. 户口类型	1= 农； 2= 非农； 3= 没户口		
16. 年龄	周岁		
17. 文化教育年限	年		

续表

个人编码		受访者	户主
18. 是否党员	1= 是; 0= 否		
19. 是否现在是或曾是村干部	1= 现在是; 2= 曾是但现在不是; 0= 否		
20. 是否现在在或曾在林业部门工作	1= 现在是; 2= 曾是但现在不是; 0= 否		
21. 是否现在是或曾是村民代表	1= 现在是; 2= 曾是但现在不是; 0= 否		
22. 是否现在是或曾是小组组长	1= 现在是; 2= 曾是但现在不是; 0= 否		
23. 是否参加了医疗保险	1= 是; 0= 否		
24. 是否使用了医疗保险	1= 是; 0= 否		
25. 是否参加了养老保险	1= 是; 0= 否		

二、劳动力配置与收入状况

B1. 家庭劳动力配置情况表(注意调查以“家庭”为单位)

注:

1. **打工月数**指拿周薪、月薪或年薪等工作的月数。

2. **打工地点 / 自营地点:** 1= 本村; 2= 本乡; 3= 本县; 4= 本省(请写明市、县); 5= 外省(请写明省、市、县); 6= 其他(请注明)

3. **打工总收入**指实物收入与现金收入之和。

4. **自营**是指自己开小店、包工程、跑运输、开旅店、加工厂、加工作坊等(如有多个地点,都标出,中间用“,”号隔开)。

5. **涉林编码:** 1= 林业工程; 2= 自然保护区; 3= 林木采伐; 4= 林副产品经营; 5= 其他(请注明)。请将编码写在相应问题后的括号内,若涉及多个,逐一填写。

1. 2011年在外打工月数	2. 2011年打工地点	3. 2011年打工人数	4. 2011年在外打工的总收入	5. 其中：涉林打工月数（ ）	6. 其中：涉林打工地点（ ）	7. 其中：涉林打工总收入（ ）	8. 2011年在家种地月数	9. 2011年在家经营自家林地月数	10. 2011年在非自家林地经营的月数	11. 2008年在外打工月数	12. 2008年打工地点	13. 2008年打工人数	14. 2008年在外打工的总收入	15. 其中：涉林打工月数（ ）	16. 其中：涉林打工地点（ ）	17. 其中：涉林打工总收入（ ）	18. 2008年在家种地月数	19. 2008年在家经营自家林地月数	20. 2008年在非自家林地经营的月数
月数	代码	人	元	月数	代码	元	月数	月数	月数	月数	代码	人	元	月数	代码	元	月数	月数	月数

21. 近三年（2008—2011 年）家庭打工收入是否有明显变化：1= 增加　2= 无变化　3= 减少

B2. 农户家庭其他支出与收入（元）

注：

1. **生活消费支出**包括食品、衣着、居住、家庭设备用品及服务、医疗保健、交通和通讯、文化教育娱乐用品及服务、其他商品和服务支出。

2. **经营费用支出**指以家庭为基本生产经营单位从事生产经营活动而消费的商品和服务、自产自用产品。住户的自产自用产品，不计算为费用支出；库存的化肥、农药也不计算为本期费用支出。

3. **亲朋好友转移性收入**指因婚丧嫁娶和礼尚往来产生的收入。

	工资性收入	经营性收入					转移性收入							财产性收入		支出								
		林业收入	农业收入	畜牧业收入	自营性收入	其他经营收入	林业：退耕还林补贴	林业：生态公益林补贴	林业：抚育补贴	林业：种苗补贴	农业：粮种+农机+农资	亲朋好友转移性收入	其他	林业（林地租赁+买卖青山等）	其他	生活消费支出	家庭经营费用支出	其中：雇用人的支出	雇用工数（单位：个工）	购置生产性固定资产支出	税费支出	财产性支出	转移性支出	其他
2011 年																								
2008 年																								

注：1 个工 =1 个劳动力工作 1 天。

三、林地地块情况

C1. 地块信息

是否拿到林权证 1= 拿到　2= 没拿到　拿到是哪年____；

2011年，您家总共有多少块林地？____块；面积____亩；您家总共有多少块农地？____块；面积____亩；

2008年，您家总共有多少块林地？____块；面积____亩；您家总共有多少块农地？____块；面积____亩；

C2. 林地具体情况（包括自家经营、转入自家经营以及自家林地转出的林地地块，要与林权证上的地块相对应）（2011年）

注：

02. 参加的工程：1= 退耕还林（草）工程；2= 三北和长江流域等重点防护林体系建设工程；3= 天然林资源保护工程；4= 京津风沙源治理工程；5= 速生丰产用材林基地建设工程；6= 野生动植物保护及自然保护区工程；7= 荒漠化治理工程；8= 生态公益林工程；9= 石漠化综合治理工程；10= 湿地保护与恢复工程；11= 其他（请注明）

04. 起源：0= 天然林；1= 人工林

05. 林种：1= 防护林；2= 用材林；3= 经济林；4= 薪炭林；5= 特种用途林

15. 获得方式：1= 自留山；2= 原责任山确权承包；3=“谁造谁有”承包；4= 集体分林到户；5= 通过招标拍卖等方式承包；6= 退耕还林地；7= 从他人那里转包；8= 租赁；9= 其他方式

16. 有证情况：0= 无证；1= 有林权证；2= 有土地承包经营权证；3= 有退耕还林证；4= 有其他证（请注明）

18. 是否联户：1= 是，0= 否

20. 是否转入与转出：0= 否；1= 转入；2= 转出

21. 流转方式：1= 抵押；2= 转让；3= 出租；4= 转包；5= 互换；6= 入股；7= 其他（请注明）

22. 转给何人或从何人转入：1= 本村单户经营；2= 外村单户经营；3= 本村以小组为单位联户经营；4= 本村农户间联户；5= 外村联户经营；6= 本村与外村联户；7= 本村大户经营；8= 外村大户经营（大户，指拥有 50 亩以上林地的农户）；9= 外村集体；10= 本村集体；11= 小组集体；12= 公司；13= 林场（尽量分为国有林场和村以上政府所有）：131= 国有林场；132= 村以上上级政府所属林场；14= 林业站；999= 没有确权

01	02	03	04	05	08	09	10	12	14	15	16	17	18	19	20	21	21	22
编码	参加的工程	面积（亩）	起源	林种（5大林种）	离家多远（米）	离公路多远（米）	离最近的自然保护区有多远（米）	有无灌溉条件	获得时间	获得方式	有证情况	获得年份	是否联户	您家的份额（写百分数）	是否转入与转出	流转方式	哪年转出	转给何人
1																		

续表

01	02	03	04	05	08	09	10	12	14	15	16	17	18	19	20	21	21	22
编码	参加的工程	面积（亩）	起源	林种（5大林种）	离家多远（米）	离公路多远（米）	离最近的自然保护区有多远（米）	有无灌溉条件	获得时间	获得方式	有证情况	获得年份	是否联户	您家的份额（写百分数）	是否转入与转出	流转方式	哪年转出	转给何人
2																		
3																		
4																		
5																		
6																		
7																		
8																		

四、工程参与情况评价表

编码	指标	工程 1：退耕还林（草）工程	工程 2：生态公益林工程	工程 3：天保工程	工程 4：其他：	工程 5：其他：
1	您家是否参与林业生态工程建设 1= 参与；2= 没参与					
2	您家没有参与林业生态工程的原因是什么 1= 没有工程可以参与；2= 有工程但没有机会参与；3= 其他（请注明）： ________					
3	您家是否愿意参与林业生态工程 5= 非常愿意；4= 比较愿意；3= 一般；2= 比较不愿意；1= 非常不愿意					

续表

编码	指标	工程 1：退耕还林（草）工程	工程 2：生态公益林工程	工程 3：天保工程	工程 4：其他：	工程 5：其他：
4	您家愿意参与林业生态工程的主要原因是什么（多选，限选 3 项） 1= 可以得到补助增加收入；2= 可以学到东西，提高能力；3= 可以有更多就业机会；4= 家里劳动力不足；5= 种地不赚钱；6= 其他（请注明）					
5	您家不愿意参与林业生态工程的原因是什么（多选，限选 3 项） 1= 收入受影响；2= 农业生产受影响；3= 林业生产受影响；4= 生活受影响；5= 其他原因（请注明）					
6	您平时对林业生态建设工程关心吗 5= 非常关心；4= 比较关心；3= 一般关心；2= 不太关心；1= 不关心					
7	您认为林业工程的目标是什么（多选，限选 3 项） 1= 保护生态环境；2= 提高林农生活水平；3= 促进农民就业；4= 促进社会和谐发展；5= 促进林业发展 6= 减少贫困；7= 产业结构转型；8= 生物多样性保护；9= 其他（请注明）					
8	您认为目标实现是否圆满 5= 非常圆满；4= 比较圆满；3= 一般圆满；2= 较不圆满；1= 非常不圆满					
9	您觉得林业生态工程重要吗 5= 非常重要；4= 比较重要；3= 一般重要；2= 较不重要；1= 非常不重要					
10	您主要通过哪些渠道了解林业生态工程的（多选，限选 3 项） 1= 报刊；2= 电视广播节目；3= 村委会干部；4= 亲戚邻居；5= 网络；6= 其他（请注明）					
11	您认为近十年来您村的生态环境是否有改善 5= 明显改善；4= 有些改善；3= 没有变化；2= 有些恶化；1= 明显恶化					

续表

编码	指标	工程1：退耕还林（草）工程	工程2：生态公益林工程	工程3：天保工程	工程4：其他：	工程5：其他：
12	您对工程的“种苗政策”满意吗 5=非常满意；4=比较满意；3=一般满意；2=较不满意；1=非常不满意；0=没有参加，不清楚					
13	您对工程的“采伐政策”满意吗 5=非常满意；4=比较满意；3=一般满意；2=较不满意；1=非常不满意；0=没有参加，不清楚					
14	您了解此工程相关的补偿政策吗 5=非常了解；4=比较了解；3=一般了解；2=较不了解；1=非常不了解					
15	您对工程的补偿标准满意吗（粮食补助；现金补助；生态补偿等） 5=非常满意；4=比较满意；3=一般满意；2=较不满意；1=非常不满意；0=没有参加工程，不清楚					
16	您对县乡政府落实国家这些补偿政策感觉怎么样 5=非常好；4=较好；3=一般；2=不太好；1=非常不好					
17	您对国家出台的林业生态建设政策满意吗 5=非常满意；4=比较满意；3=一般满意；2=较不满意；1=非常不满意；0=没有参加，不清楚					
18	您对林业生态工程实施总体情况满意吗 5=非常满意；4=比较满意；3=一般满意；2=较不满意；1=非常不满意；0=没有参加，不清楚					
19	您对林业生态工程实施过程满意吗（如指标分配、政策兑现、检查验收等） 5=非常满意；4=比较满意；3=一般满意；2=较不满意；1=非常不满意；0=没有参加，不清楚					

续表

编码	指标	工程 1：退耕还林（草）工程	工程 2：生态公益林工程	工程 3：天保工程	工程 4：其他：	工程 5：其他：
20	您对林业生态工程检查验收方式满意吗 5= 非常满意；4= 比较满意；3= 一般满意；2= 较不满意；1= 非常不满意；0= 没有参加，不清楚					
21	您对林业生态工程实施不满意的主要原因是（多选，限选 3 项） 1= 没有机会参与；2= 没有收入或补贴不够；3= 工程实施不公平；4= 工程政策经常变化；5= 没有参加，不清楚；6= 其他原因（请注明）					
22	你认为林业生态工程实施存在哪些主要问题（多选，限选 3 项） 1= 工程指标分配不公；2= 工程信息不透明；3= 工程资金投入不足；4= 工程补偿额度不够；5= 工程期限过短；6= 工程管理不到位；7= 没有参加，不清楚；8= 其他（请注明）					
23	您认为林业生态工程实施有何主要影响（多选，限选 3 项） 1= 增加收入；2= 减少收入；3= 增加就业机会；4= 减少就业机会；5= 改善生态环境；6= 恶化生态环境；7= 过得比以前好；8= 过得比以前差；9= 其他影响（请注明）					
24	您认为近十年来林业生态工程政策变化状况如何 5= 变得非常好；4= 变得比较好；3= 没有明显变化；2= 变得不太好；1= 变得非常不好					
25	您对下一步林业生态工程实施，有哪些希望（多选，限选 3 项） 1= 延长工程期；2= 增加工程补偿或补贴额度；3= 扩大工程实施范围；4= 增加工程参与机会；5= 增加工程资金投入；6= 加强工程管理；7= 加强工程科学技术服务；8= 完善工程配套服务；9= 其他（请注明）					

续表

编码	指标	工程 1：退耕还林（草）工程	工程 2：生态公益林工程	工程 3：天保工程	工程 4：其他：	工程 5：其他：
26	您对林业生态工程有什么其他希望、意见或建议（请注明）					

以下有参与工程的农户才作答

编码	指标	工程 1：退耕还林（草）工程	工程 2：生态公益林工程	工程 3：天保工程	工程 4：其他：	工程 5：其他：
27	您家哪年开始参与工程（年）					
28	您家哪年退出工程（年）					
29	您家是怎么参加该工程的 1= 经过村民大会或户主会讨论决定参与与否；2= 村委会直接确定参与户；3= 完全自愿；4= 其他（请说明）					
330	您家参与工程的方式 1= 出地；2= 出劳动力；3= 出地又出劳动力；4= 其他（请说明）					
31	您家参与工程得到了哪些补偿或收益（可多选） 1= 粮食补助；2= 现金补助；3= 生态补偿金；4= 管护工资；5= 林产品或林副产品；6= 其他补偿或收益（请说明）					
32	您认为工程实施过程中农户是否有充分的参与机会 5= 非常充分；4= 比较充分；3= 一般；2= 较不充分；1= 没有					
33	您认为工程宣传状况如何 3= 宣传到位；2= 宣传不到位；1= 不清楚					
34	林业生态工程实施对您家经济收入有哪些影响 5= 明显增加；4= 略有增加；3= 没有变化；2= 略有减少；1= 明显减少					

续表

编码	指标	工程1：退耕还林（草）工程	工程2：生态公益林工程	工程3：天保工程	工程4：其他：	工程5：其他：
35	林业生态工程实施对您家就业机会有哪些影响 5= 明显增多；4= 略有增多；3= 没有变化；2= 略有减少；1= 明显减少					
36	林业生态工程实施对您家生活环境有否影响（如卫生条件等） 5= 明显改善；4= 略有改善；3= 没有变化；2= 略有恶化；1= 明显恶化					
37	林业生态工程实施对您家生活质量有哪些影响（如吃穿用等） 5= 明显提高；4= 略有提高；3= 没有变化；2= 略有降低；1= 明显降低					
38	林业生态工程实施对您家生产经营水平有哪些影响（如种植技术、管理能力等） 5= 明显提高；4= 略有提高；3= 没有变化；2= 略有降低；1= 明显降低					
39	林业生态工程实施对减贫有何影响 5= 明显减少了贫困状况；4= 略微减少了贫困状况；3= 没有影响；2= 贫困状况略有恶化；1= 贫困状况明显恶化					
40	您在参与林业生态工程实施过程中需要哪些服务（多选题） 1= 工程信息服务；2= 实用科学技术培训服务；3= 资金贷款服务；4= 管理能力培训；5= 政策法律咨询服务；6= 林业合作组织建设服务；7= 其他服务（请注明）					
41	您家工程任务完成情况 1= 全部按期完成；2= 大部分按期完成；3= 大部分没有按期完成					
42	政府提供了什么技术（多选题） 1= 种苗；2= 灌溉；3= 补植；4= 栽种；5= 病虫害防治；6= 防火；7= 其他（请注明）					

续表

编码	指标	工程 1：退耕还林（草）工程	工程 2：生态公益林工程	工程 3：天保工程	工程 4：其他：	工程 5：其他：
43	就您家的情况来说，参与工程的面积是多还是少呢 1= 面积太少了，能够多一点就好了；2= 面积太多了，能够少一点就好了；3= 面积正合适；4= 面积多少都无所谓					
44	如涉及树种选择，您家选择某个树种的方式是： 1= 政府指定的；2= 自己选择的；3= 跟别人学的；4= 其他（请说明）					
45	您对选择生态林树种的方式的态度是 5= 完全赞同；4= 基本赞同；3= 无所谓；2= 基本不赞同；1= 完全不赞同					
46	您对第一轮补助的看法 3= 明显高于原有收入水平；2= 与原有收入水平持平；1= 明显低于原有收入水平					
47	您对第二轮补助的看法 3= 明显高于原有收入水平；2= 与原有收入水平持平；1= 明显低于原有收入水平					
48	如果工程导致您家收入增加，原因是什么 1= 工程的补助合理；2= 工程副业使收入增加；3= 打工收入；4= 其他（请注明）					
49	如果工程导致您家收入减少，原因是什么 1= 补贴太低；2= 工作难找；3= 农业收入减少；4= 其他（请注明）					
50	您觉得，在此生态工程的过程中，什么样的人家受益最多 1= 原来家境较困难的人家；2= 原来家境较好的人家；3= 那些有权的人家；4= 那些有关系的人家；5= 大家受益情况差不多；6= 不好说					

续表

编码	指标	工程 1：退耕还林（草）工程	工程 2：生态公益林工程	工程 3：天保工程	工程 4：其他：	工程 5：其他：
51	树木长大的时候，预期有没有权利采伐 1= 有权；2= 没有权利；3= 不能预期以后的政策；4= 有权但是这种树木没有商业价值；5= 有权但是树木垂死；6= 有权但所在地是陡坡或难以接近的地区而不会采伐；7= 其他（请注明）					
52	您认为林业生态工程项目对您家人外出打工的影响程度 5= 非常大；4= 比较大；3= 一般；2= 比较小；1= 非常小					
53	国家停止补贴后，您的选择是 1=继续保持；2=林地全部改作他用；3= 林地部分改作他用；4= 其他（请注明）					
54	如林地退出工程并改作他用，您的原因是什么 1= 口粮不足；2= 收入不够；3= 模仿别人；4= 其他（请注明）					
55	您家是否有因为参与工程导致的贷款 1= 有（大致数额请注明）；2= 没有					
56	如有贷款，贷款的用途是 1= 工程种苗；2= 工程灌溉；3= 工程补植；4= 病虫害防治；5= 防火；6= 栽种；7= 补贴家用；8= 其他（请注明）					
57	您认为林业生态工程中村干部的作用如何 5= 非常大；4= 比较大；3= 一般；2= 比较小；1= 非常小					
58	您认为工程是否应该继续 1= 应该；2= 无所谓；3= 不应该					
59	您对林业生态工程实施政策或保障措施有哪些希望或建议					

五、其 他

E1. 燃料和能源使用

		您家用不用此项能源 1= 用；0= 不用。	主要用途： 1= 做饭； 2= 照明； 3= 取暖； 4= 其他用途	您家距购买或采集此能源的地点的距离（公里）（如果送货上门就写 0）	设备及劳务支出费用（元）	2011 年用了多少量（度，吨，升，立方米）	2011 年花了多少钱（元）	2008 年用了多少量（度，吨，升，立方米）	2008 年花了多少钱（元）
1	电					度		度	
2	煤					公斤		公斤	
3	木炭					公斤		公斤	
4	薪柴					公斤		公斤	
5	沼气					立方米		立方米	
6	秸秆 / 野草					公斤		公斤	
7	液化气					立方米		立方米	
8	汽油					升		升	
9	煤油					升		升	
10	柴油					升		升	
11	其他（请注明）:								

调查表编码：
查 表 人：
复 核 人：

______省（自治区、直辖市）西部林业生态建设调查问卷（政府表）

您好！我们正在为国家重大社科基金项目做一项调查，以了解和认识林业生态建设政策。对于您将要回答的问题，将受到《统计法》的保护，我们将自始至终尊重您的个人隐私，真诚地为您保守秘密！

市（地区）:______________________________
县（区）:______________________________
乡（镇）:______________________________

填表日期：　　年　月　日

一、被调查人基本情况

1. 您在哪个科或部门工作?

A. 计划财务科 B. 植树造林科 C. 森林资源管理科 D. 政策法规与宣传科 E. 野生动植物保护与自然保护区管理科 F. 编制人事科 G. 办公室 H. 其他____________

2. 您的性别:A. 男 B. 女

3. 您的年龄:A. 20~30 岁 B. 30~40 岁 C. 40~50 岁 D. 50~60 岁 E. 60 岁以上

4. 您的文化水平:A. 小学及以下 B. 初中 C. 高中(中专) D. 大专 E. 本科 F. 硕士及以上

二、林业生态工程项目总体情况

(一)本省(市、县、乡、村)目前正在执行的林业生态项目情况与评价

编码 1. 工程名称:A. 天然林资源保护工程 B. 退耕还林工程 C. 生态公益林工程 D. 野生动植物与自然保护区建设工程 E. 石漠化综合治理工程 F. 速生丰产用材林工程 G. 湿地保护与恢复工程 H. 三北及长江中下游等防护林工程 I. 平原绿化和绿色通道工程 J. 其他____________

编码 2. 了解或参与程度:非常高(5 分);比较高(4 分);一般(3 分);比较低(2 分);非常低(1 分)

编码 3. 影响程度:极大促进(5 分);一般促进(4 分);没显著影响(3 分);一般制约(2 分);极大制约(1 分)

	工程一	工程二	工程三	工程四
1. 工程名称(编码 1)				
2. 工程开始时间(年,月)				
3. 工程结束时间(年,月)				
4. 了解程度(编码 2)				
5. 您参与了哪些工程(选择打勾)				
6. 参与程度(编码 2)				
7. 在西部大开发中占什么地位? A. 首要地位 B. 次要地位 C. 其他________				
8. 对西部地区社会发展影响?(编码 3)				
9. 对西部地区经济发展影响?(编码 3)				
10. 对西部地区生态发展影响?(编码 3)				

11. 您认为制约西部地区经济与社会发展的主要原因是什么?首先(　　)其次(　　)再次(　　)

A. 投入不足 B. 生态环境恶化 C. 扶持政策太少 D. 基础设施落后 E. 水土流失严重,农业基础薄弱 F. 资金、技术与人才匮乏 G. 其他____________

(二)林业生态工程与西部开发其他工作目标间的协调性

12. 总体而言,您认为林业生态建设与耕地粮食问题有多大冲突?

A. 极大冲突 B. 一般冲突 C. 没有冲突

冲突体现在哪些方面?____

13. 总体而言,您认为林业生态建设与水利建设有多大冲突?

A. 极大冲突　B. 一般冲突　C. 没有冲突

冲突体现在哪些方面？________________

14. 总体而言，您认为林业生态建设与草原畜牧建设有多大冲突？

A. 极大冲突　B. 一般冲突　C. 没有冲突

冲突体现在哪些方面？________________

15. 总体而言，您认为林业生态建设与环境保护有多大冲突？

A. 极大冲突　B. 一般冲突　C. 没有冲突

冲突体现在哪些方面？________________

16. 总体而言，您认为林业生态建设与基础设施建设有多大冲突？

A. 极大冲突　B. 一般冲突　C. 没有冲突

冲突体现在哪些方面？________________

17. 您认为林业生态建设还与哪些方面存在冲突？冲突体现在哪些方面？冲突大吗？（如人口资源、扶贫、电力等）________________

三、各工程情况

（一）请对各个工程的生态、经济与社会目标是否达标与效果等给予评价（打分）

填表时，编码只选填表人认为最重要的 3 个目标。

编码 1. 生态目标：A. 保护生物多样性　B. 遏制生态环境恶化　C. 涵养水源　D. 增加森林覆盖率　E. 防风固沙　F. 庇护农田　G. 保护牧场　H. 加快自然保护区建设　L. 野生动植物拯救工程　M. 加强天然湿地保护　N. 其他________

编码 2. 经济目标：A. 提高林农收入水平　B. 促进林业产业的发展　C. 促进参观旅游　D. 增加地方财政收入　D. 其他________（经济可持续发展等）

编码 3. 社会目标：A. 促进农民就业　B. 提高农民生活质量　C. 引导农民脱贫致富　D. 增加社会保障覆盖率　E. 妥善分流安置国有林业企业富余职工　F. 促进社会可持续发展　G. 其他________

打分原则：非常满意（5 分）；比较满意（4 分）；一般满意（3 分）；比较不满意（2 分）；非常不满意（1 分）

工程	评价（打分）	工程一的目标			工程二的目标			工程三的目标			工程四的目标		
生态	1. 目标内容（编码 1）												
	2. 达标度评价（打分）												
	3. 工程的效果（打分）												
	4. 目标间协调性（打分）												
经济	5. 目标内容（编码 2）												
	6. 达标度评价（打分）												
	7. 工程的效果（打分）												
	8. 目标间协调性（打分）												

续表

工程	评价（打分）	工程一的目标			工程二的目标			工程三的目标			工程四的目标		
社会	9. 目标内容（编码 3）												
	10. 达标度评价（打分）												
	11. 工程的效果（打分）												
	12. 目标间协调性（打分）												
13. 生态与经济协调性评价（打分）													
14. 生态与社会协调性评价（打分）													
15. 经济与社会协调性评价（打分）													
16. 此工程与其他生态工程协调性评价（打分）													
17. 此工程与总体西部规划协调性评价（打分）													

（二）请您对各工程的重要程度与影响进行选择与评价（按照编码选择评价）

编码 1. 重要程度：极为重要（5 分）；比较重要（4 分）；一般重要（3 分）；比较不重要（2 分）；极为不重要（1 分）

编码 2. 带来好处或坏处：A. 社会保障覆盖率　B. 人民生活质量　C. 当地生态环境　D. 当地经济发展　E. 林农收入　F. 农村劳动力就业　G. 国家资金政策支持　H. 各类专业技术人员　L. 其他__________（农村综合发展）

编码 3. 影响程度：极大提高（5 分）；略微提高（4 分）；没有改变（3 分）；略微降低（2 分）；极大降低（1 分）

工程	工程一				工程二				工程三				工程四			
18. 工程的重要程度（编码 1）																
19. 工程给对当地好处（编码 2）																
20. 工程好处的程度（编码 3）																
21. 工程对当地的坏处（编码 2）																
22. 工程坏处的程度（编码 3）																

（三）据前面的分析与评价，提出提高林业生态工程的生态、经济与社会目标达标度与效果等建议

23. 促进西部林业生态工程生态、经济与社会目标之间协调性的建议

____

24. 您认为选择怎样的路径可以促使生态环境建设与西部地区脱贫致富结合起来？

____

（四）请对您参与的各个工程的工作过程协调性进行评价（打分）

打分原则： 非常满意（5 分）；比较满意（4 分）；一般满意（3 分）；比较不满意（2 分）；非常不满

意（1分）

工程	工程一	工程二	工程三	工程四
25. 参与的工作：A= 制定；B= 执行；C= 监督；D= 评估；E= 变迁（政策调整）				
26. 是否具有操作性、更严谨？（打分）				
27. 是否做到上级与下级结合？（打分）				
28. 是否做到专业和民主结合？（打分）				
29. 是否长期和短期规划结合？（打分）				
30. 各部门协商效率如何？（打分）				
31. 资金间的协调性？（打分）				
32. 不同工作之间的协调性？（打分）				
33. 与其他部门之间的合作分工是否协调？（打分）				
34. 上级与本级之间的协调性（打分）				
35. 本级与下级之间的协调性（打分）				
36. 您对工程的总体满意程度（打分）				
37. 此工程一年大概能开多少次会？				
38. 你参加过多少次 / 年？				
39. 你参加的会平均每次多少人参加？				

（五）请对您参与的各个工程工作过程主要矛盾进行评价（打分）

40. 总体而言，您认为生态工程实施管理过程中主要矛盾体现在哪些方面？（多选）

（1）**管理机构类**：A. 多头管理，各自为政　B. 机构重叠，管理混乱　C. 其他________

（2）**管理过程类**：A. 林业执法不严　B. 政策变化　C. 科技手段跟不上　D. 工作量太大　E. 操作难度大　F. 农民不支持与理解　G. 后续管护问题难　H. 缺乏其他部门的配合　I. 其他________

（3）**工程人员类**：A. 林业队伍缺乏　B. 素质偏低　C. 缺乏流动　D. 服务意识淡　E. 其他______

（4）**工程资金类**：A. 资金投入不足　B. 资金挪用　C. 工作经费不足　D. 其他________

41. 根据以上的问题，请提出工作过程的相关改进建议（制定、执行、监督、评估与变迁）

A. 同级部门的工作________________

B. 上级部门的工作________________

C. 下级部门的工作________________

42. 您认为国家对林业和生态建设应先解决什么问题，才能把我国目前的林业生态建设成果保持下去？首先（　　），其次（　　），再次（　　）

A. 加大投入　B. 加强机构建设　C. 给予优惠政策　D. 培养科技人才　E. 补偿制度　F. 提供信贷资金　G. 技术服务　H. 产权激励　L. 产品销售支持　M. 其他________

43. 请对以上问题说明理由并提出相关建议。

（1）________________________________

（2）________________________________

（3）________________________________